平安京の四〇〇年

王朝社会の光と陰

朧谷寿 著
伊東ひとみ 編集協力

ミネルヴァ書房

平安京の四〇〇年——王朝社会の光と陰

目次

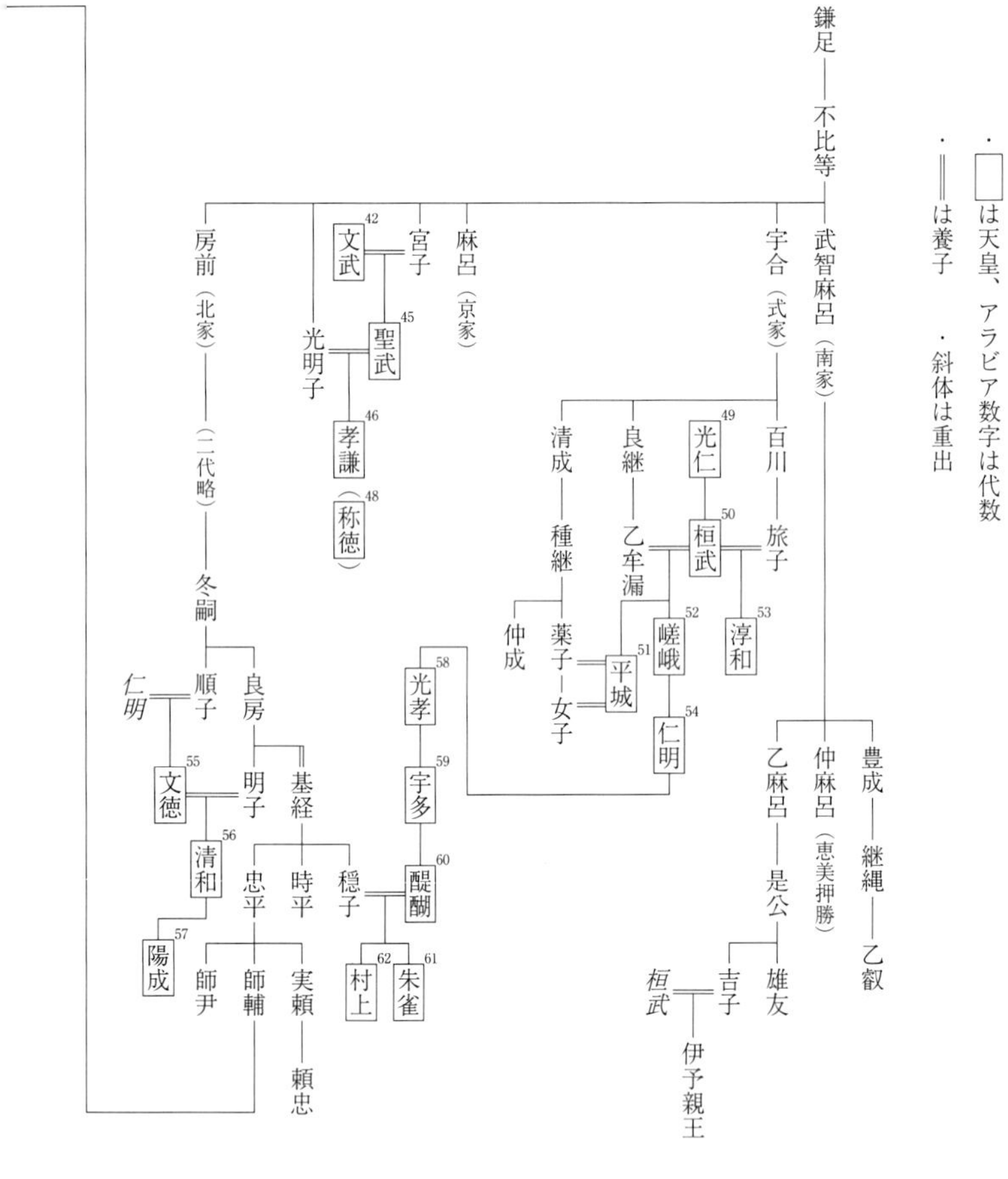
・□は天皇、アラビア数字は代数
・＝は養子　・斜体は重出
鎌足
不比等
武智麻呂（南家）
宇合（式家）
麻呂（京家）
宮子
光明子
房前（北家）
42 文武
45 聖武
46 孝謙
48 （称徳）
豊成
継縄
乙叡
仲麻呂（恵美押勝）
乙麻呂
是公
雄友
吉子
桓武
伊予親王
百川
旅子
49 光仁
50 桓武
良継
乙牟漏
清成
種継
仲成
薬子
女子
51 平城
52 嵯峨
53 淳和
54 仁明
58 光孝
59 宇多
60 醍醐
61 朱雀
62 村上
（二代略）
冬嗣
良房
順子
仁明
55 文徳
明子
基経
56 清和
57 陽成
忠平
時平
穏子
実頼
師輔
師尹
頼忠

五摂家）と天皇

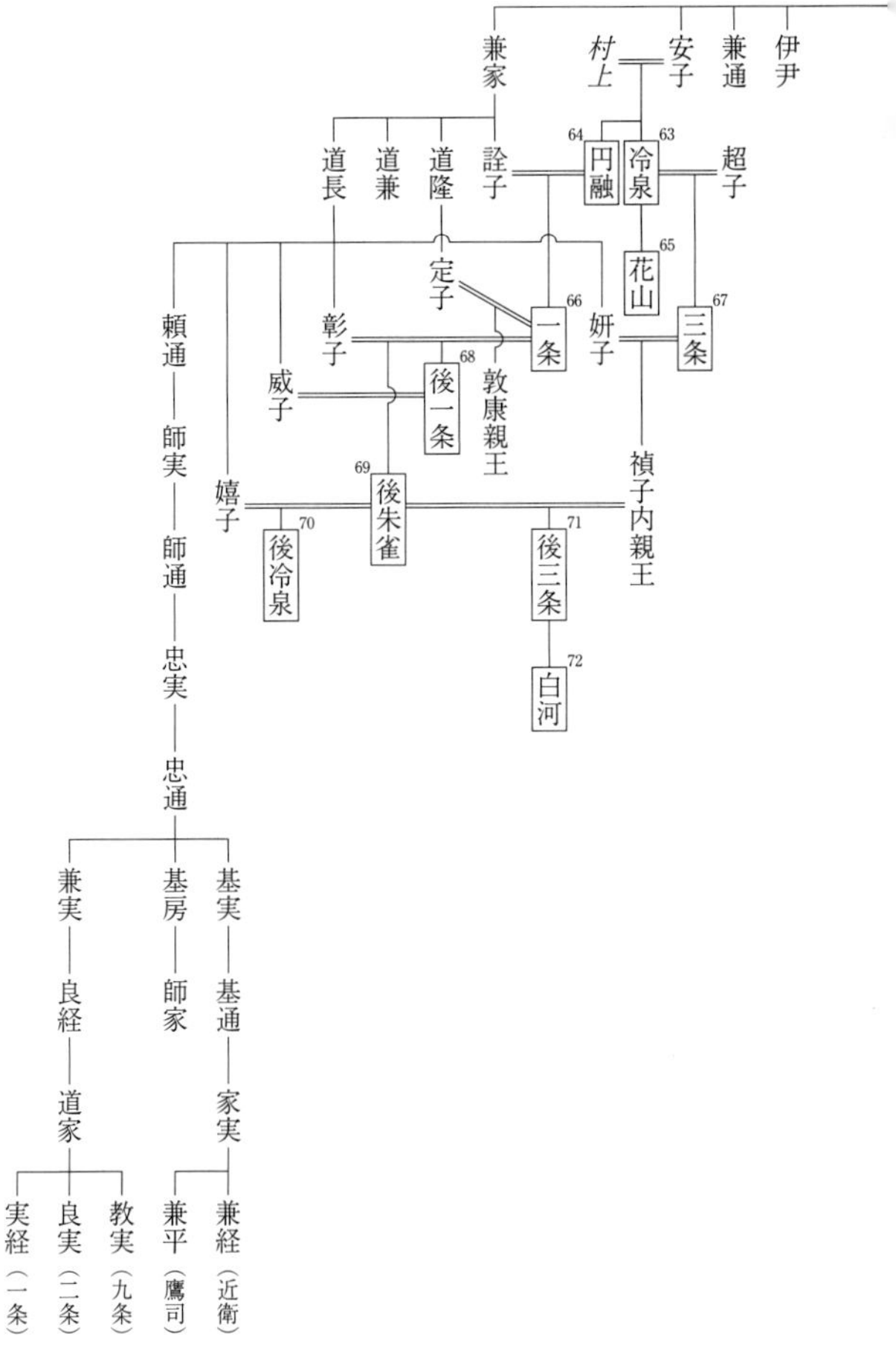
伊尹
兼通
安子
村上
兼家
超子
63 冷泉
64 円融
詮子
道隆
道兼
道長
65 花山
定子
66 一条
67 三条
妍子
彰子
敦康親王
68 後一条
威子
頼通
69 後朱雀
禎子内親王
嬉子
70 後冷泉
71 後三条
72 白河
師実
師通
忠実
忠通
基実
基房
兼実
基通
師家
良経
家実
道家
兼経（近衛）
兼平（鷹司）
教実（九条）
良実（二条）
実経（一条）

藤原氏（四家〜

平安時代の天皇

	天皇	生年	践祚	年齢	譲位日	崩御日	在位期間	享年／院政
50	桓武	737	781・4・3	45		806・3・17	26	70
51	平城	774	806・3・17	33	809・4・1	824・7・7	4	51
52	嵯峨	786	809・4・1	24	823・4・16	842・7・15	15	57
53	淳和	786	823・4・16	38	833・2・28	840・5・8	11	55
54	仁明	810	833・2・28	24		850・3・21	18	41
55	文徳	827	850・3・21	24		858・8・27	9	32
56	清和	850	858・8・27	9	876・11・29	880・12・4	19	31
57	陽成	868	876・11・29	9	884・2・4	949・9・29	9	82
58	光孝	830	884・2・4	55		887・8・26	4	58
59	宇多	867	887・8・26	21	897・7・3	931・7・19	11	65
60	醍醐	885	897・7・3	13	930・9・22	930・9・29	34	46
61	朱雀	923	930・9・22	8	946・4・20	952・8・15	17	30
62	村上	926	946・4・20	21		967・5・25	22	42
63	冷泉	950	967・5・25	18	969・8・13	1011・10・24	3	62
64	円融	959	969・8・13	11	984・8・27	991・2・12	16	33
65	花山	968	984・8・27	17	986・6・23	1008・2・8	3	41
66	一条	980	986・6・23	7	1011・6・13	1011・6・22	26	32
67	三条	976	1011・6・13	36	1016・1・29	1017・5・9	6	42
68	後一条	1008	1016・1・29	9		1036・4・17	21	29
69	後朱雀	1009	1036・4・17	28	1045・1・16	1045・1・18	10	37
70	後冷泉	1025	1045・1・16	21		1068・4・19	24	44
71	後三条	1034	1068・4・19	35	1072・12・8	1073・5・7	5	40
72	白河	1053	1072・12・8	20	1086・11・26	1129・7・7	15	77/44
73	堀河	1079	1086・11・26	8		1107・7・19	22	29
74	鳥羽	1103	1107・7・19	5	1123・1・28	1156・7・2	17	54/28
75	崇徳	1119	1123・1・28	5	1141・12・7	1164・8・26	19	46
76	近衛	1139	1141・12・7	3		1155・7・23	15	17
77	後白河	1127	1155・7・24	29	1158・8・11	1192・3・13	4	66/34
78	二条	1143	1158・8・11	16	1165・6・25	1165・7・28	8	23
79	六条	1164	1165・6・25	2	1168・2・19	1176・7・17	4	13
80	高倉	1161	1168・2・19	8	1180・2・21	1181・1・14	13	21
81	安徳	1178	1180・2・21	3		1185・3・24	6	8
82	後鳥羽	1180	1183・8・20	4	1198・1・11	1239・2・22	16	60/24

注：33代の在位期間の平均は，14年ほど。践祚年齢の平均は，18歳ほど。摂関期（清和～後冷泉まで15代）の践祚年齢の平均は，19歳ほど。院政期（堀河～後鳥羽まで10代）の践祚年齢の平均は，8歳ほど。33代の享年の平均は，43歳ほど。生没年の月日は和年号の月日，ゆえに西暦年にすると1ヵ月前後ずれる。宇多・崇徳・堀河・後鳥羽天皇は立太子と践祚が同一日。堀河以前の在位中崩御の天皇は『中右記』嘉承2年7月19日条参考。歴代の立太子例（『玉葉』治承2年12月15日条「言仁親王」）。践祚と即位が同日の帝なし，8日～数ヵ月後，践祚年齢の若い天皇（六条7ヵ月，安徳1年4ヵ月，近衛2年6ヵ月）。東宮を経ず践祚（光孝，後白河，六条（二条帝の病死））。表記の月日は和年号対応ゆえ，西暦年に変えると1ヵ月ほどずれる。

図版一覧

序　山紫水明の平安京

山紫水明――京都にうってつけの言葉である。

東西北の三方を山に囲まれ、南に開かれた地勢。平安遷都の際の詔《みことのり》に京の地勢を「山河襟帯《さんかきんたい》」とはよく言ったものである。鴨川をはじめとして山間《やまあい》からの細い流れが集まって川となり、平安京の南北の大路・小路に沿って幾本も流れていた。この川の水が京内に営まれた皇族、貴族たちの邸宅に設けられた池を潤した。近世の京の街を描いた『洛中洛外図屛風』には、西洞院通りや室町通りに沿って流れる川が家並とともに描かれ、随所に小橋が架かっている描写がみられる。このような自然の景勝が人々の風雅な暮らしを呼びこみ、情趣豊かな美意識を育《はぐく》んできたのである。

その京都は言うまでもなく、八世紀末の桓武《かんむ》天皇（七三七～八〇六）による遷都から十九世紀半ばの明治天皇（一八五二～一九一二）による東京遷都までの千年あまりの間、王城の首都として君臨し続けてきた街だ。このような日本の都市は京都を措《お》いてほかに存在しない。京都は平安京の名のもとにわが国の古代の最後の都として四百年の命脈をたもち、武士の世になってからも、それを土台として新たな時代を幾層にも積み重ねてきた。そして首都を返上した後も、現在に至るまで多くの人々を惹きつけてやまない、それが京都である。

王城の地、平安京。このうるわしき都を舞台に皇族、貴族ら富裕層は栄華を極め、『源氏物語』に代表される王朝文化が花開き、「みやび」や「もののあはれ」といった日本的美意識が醸成されてきた。しかし、貴族たちの雅な暮らしに表徴されがちなこの時代は、一方では度重なる疫病蔓延《えきびょうまんえん》や飢饉《ききん》に悩まされ、目に見えない怨霊《おんりょう》や社会不安に怯《おび》える時代でもあった。

平安時代には、疫病に罹《かか》った人たちは為《な》す術《すべ》なく自然消滅を待つしかなかった。疫病は貧富や身分の差などお構いなしに人々に襲いかかってくる。そんな恐ろしい疫病は怨霊の仕業《しわざ》だと考えられ、富裕層は神仏に縋《すが》って疫神退散の読経などに明け暮れ、庶民は巷《ちまた》に流れる噂や巫女《ふじょ》の妖言《ようげん》に振り回されながら災厄《さいやく》の除去をひたすら祈った。現代なら誰もがワクチンの恩恵に浴せるが、当時の人々は手を拱《こまね》いているほかなかった。したがって多数の人の死をもって消滅という結果となったのである。

奇しくも、こんにち新型コロナウイルスが世界的に蔓延し、日本国内で感染症一例目が検知された令和二年（二〇二〇）一月から二年以上が過ぎても終息の気配が見えていない。平安時代に比して格段に文明が発達したのに、である。私たちはむろんそれが怨霊の仕業とは思わない。けれども科学的にウイルスを分析したり、ワクチンを作ったりすることはできても、いまだウイルスを撲滅することは叶わない。感染症対策と経済活動の両立が叫ばれつつも、ずっと手探りの日々が続いており、生活が成り立たなくなってしまっている人たちも少なくない。

目に見えないコロナウイルスが可視化したそうした現代社会のありようは、平安時代に重なって見える。かの時代と現代は一般に思われている以上に繋がっている。現代人と平安人とはそう遠くないところで生きている。研究者として、幾多の時代の歴史が重層している京都の地に長年住み、平安時代について研究してきて、つくづくそう思う。

もちろん、時代が違えば国のありようや社会の仕組みが異なる。現代と同じはずもない。しかし千年以上も前の時代でも、そこに生きる人々の日々の営みや恙《つつが》なく暮らしたいという切実な思いは今と変わりなく、遠い過去は現代にも、たしかに流れ込んでいる。昨今、新型コロナウイルスによって〝当たり前の日常〟が奪われる体験をするなか、疫病退散を祈願して御霊会《ごりょうえ》を催した平安人のことを身近に感じた人もいるのではなかろうか。

日本の美の原点である王朝文化を生み出した平安の都の人々は、私たちに似た人でもあった。同時に、その背景には彼らの暮らしを支えた多くの庶民の忍従の暮らしがあったことも忘れてはならない。その具体的な姿は史料の制約があり、残念ながらほとんど知ることができない。こんにち拠り所とする日記をはじめ記録の類の書き手が皇族、貴族、官人に限られていることに、その原因がある。極端な言い方をすれば、彼らが書き留める世界は、彼らが身を置く世界に限られるからである。庶民の識字率がすこぶる低いと想像されるこの時代にあっては、知られる多くのことは貴族社会に関することといっても過言ではない。ただ、日記などに散見する姿に加えて、『今昔物語集』をはじめとする説話集や絵巻物などの絵画史料に庶民の暮らしを垣間見ることができる。

王朝社会の光と影――彼らの生きた時代、彼らが繰り広げた歴史から、この混迷の令和を生きる私たちはいったい何を読み取ることができるのだろうか。彼らの生きたありようから何かを学ぶためには、当時の社会の実像について知らなければならない。そこで、さまざまな史料に加えて考古学的知見なども用いて、できるかぎり詳しく彼らの時代と社会をレリーフしてみたい。

その際、一研究者の立場、という堅苦しい制約、そしてなににもまして史料に支配される物言いの限界などにより、いささか専門的な記述が多く感じられるかもしれない。が、遠い過去の他人にみずからのありようを重ね、人の世について考えてみたい、そんな思いを抱いている読者に、何ほどか、参考にしていただければと願うばかりである。なお、漢文体の史料は原則として読み下し文とした。

第一章　平安京誕生の裏側

1　皇統を繋いだ女帝たち

女帝の登板

平安京の創始者は誰もが知る第五十代桓武《かんむ》天皇（七三七〜八〇六）であるが、平安京を語る前に、まずは桓武天皇が登場する以前の皇統の動きを見ておくことにしよう。

中国の都城制に則《のっと》ってわが国で最初に登場したのが、七世紀末期に第四十一代持統《じとう》天皇（六四五〜七〇二、在位六九〇〜九七）によって開かれた藤原京である。しかし、この都は長くは続かず、十六年後の和銅三年（七一〇）同じ大和国の北辺に、第四十三代元明《げんめい》天皇（六六一〜七二一、在位七〇七〜一五）によって新たな都が造られた。平城京の誕生であり、奈良時代の幕開けとなる。

どちらの天皇も女帝であることに象徴されるように、日本の古代においては、六世紀末の第三十三代推古《すいこ》天皇（五五四〜六二八）から八世紀後半つまり奈良時代末期の称徳《しょうとく》天皇（七一八〜七〇、在位七六四〜七七〇。孝謙《こうけん》〔在位七四九〜五八〕の重祚《ちょうそ》〈一人が二度帝位に即くこと〉）までの間に、六名八代（二名の重祚）

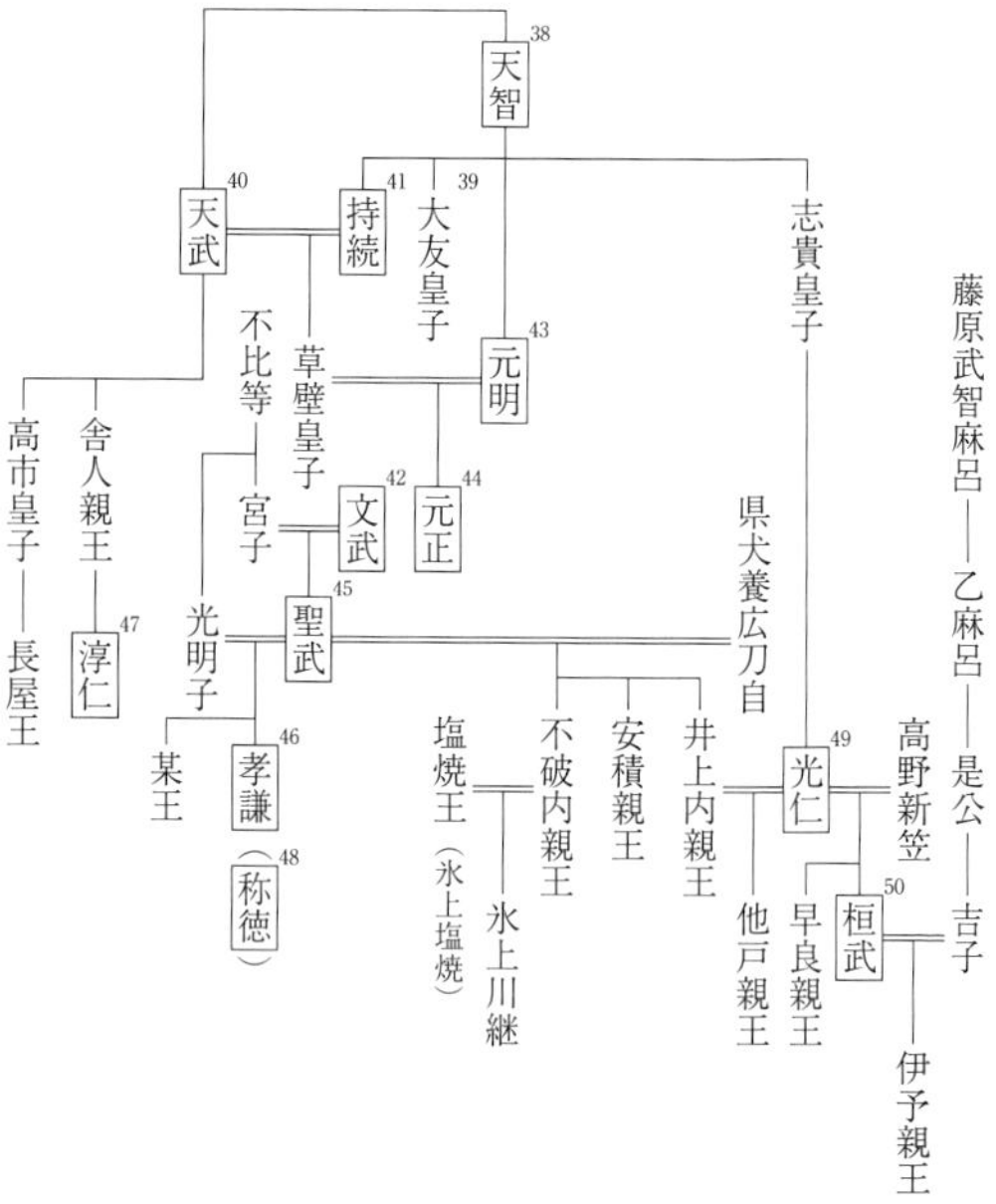

天智・天武系天皇と藤原氏四家
39代大友皇子は弘文天皇（648～672，在位671～672）

の女帝が存在するのである。ちなみにこの後、女帝は江戸時代に入って二人しか出ていないが、いずれも男帝となるべき適任者がいない中での登板であった。そして八六〇年ぶりに登場した第百九代明正《めいしょう》天皇（一六二三～九六）という追号は、奈良時代の元明・元《げん》正《しょう》両女帝の一字ずつを取っているからふるっている。

そもそも女帝の登場は、繋ぎの意味が大きいと言われている。平安時代になると摂関制や院政といった後見の制度が確立して幼帝の出現を促がすことになるが、まだこの時代には、即位は三十歳以上というのが不文律のようで（村井康彦「王権の継受―不改常典をめぐって」）、幼帝の出現は考えられなかった。そこで、天武→草壁皇子→文武→聖武という天皇家の嫡系相続を実現するために中継ぎ的存在として持統・元明・元正という女帝の出現をみたのである。

祖母が担った中継ぎ役

大化の改新を行った中大兄皇子《なかのおおえのおうじ》として知られる天智《てんじ》天皇（六二六～七一、在位六六八～七一）が四十六歳で崩御したあと、第一皇子の大友皇子と天皇実弟の大海人皇子《おおあまのおうじ》が皇位継承をめぐって争った壬申の乱（六七二）。古代史上、最大とされるこの内乱に勝利して皇位に即いたのは大海人皇子、のちの天武天皇（?～六八六、在位六七三～八六）であった。「天皇」を称号とし、「日本」を国号とした最初の天皇ともいわれる天武天皇は、権威と権力を併せ持つカリスマとして、天皇を中心とする中央集権的な国家体制の形成を進めた。その治世は十四年間、即位からは十三年間にわたったが、天武天皇十五年（六八六）に病気で崩ずる。

その時点で第一皇子の草壁皇子《くさかべのおうじ》（六六二～八九）は二十五歳。皇太子となって五年を経ていたが、当時としては即位にはもう少し待たねばならない年齢であったことから母の鸕野讃良《うののさらら》（のちの持統天皇）が

天智天皇

持統天皇

「称制」、つまり即位はせずに政務を執った。ところがその三年後、二十八歳で皇子が皇位に即くことなく薨去してしまう。そのため翌年、鸕野讃良はみずからが正式に即位し、持統天皇（六四五～七〇二、在位六九〇～九七）として国政を推進した。

この持統の即位は、亡き草壁皇子の子である軽《かる》皇子（当時七歳）の成長を待つことにあったという（瀧浪貞子『女性天皇』）。持統天皇は天武系統に皇位を伝えることに心を砕き、軽皇子を十五歳で皇太子に、その五ヵ月後には即位させて文武《もんむ》天皇（六八三～七〇七、在位六九七～七〇七）とし、その後もみずからが上皇として後見した。

こうした持統天皇の施策は先例として、以降の皇位継承に大きな影響を与えることになるのだが、しかし、持統天皇が五十八歳で崩御後、わずか五年にして文武天皇が二十五歳で崩じたのは思いもよらぬことであった。時に、天皇の夫人となっていた藤原不比等《ふひと》（六五九～七二〇）の娘の宮子が生んだ首《おびと》皇子（のちの聖武天皇）はわずか七歳になったばかり。そこで、首皇子の祖母であり故文武天皇の母の阿閇《あへ》皇太妃が四十七歳で即位して元明《げんめい》天皇となった。

天智天皇の第四皇女で持統天皇とは異母姉妹の阿閇皇太妃は、持統天皇が生んだ天武天皇の子、草壁皇子の妃であった（前天皇の妃で天皇の生母の呼称である皇太妃は、草壁皇子の妃の阿閇には本来当てはまらないが、息子の文武天皇の即位後に称号付与された）。それまでの女帝がみな皇后経験者だったなか、皇后を経ずに即位したのは元明天皇が初めてで、何としても孫の首皇子に皇位を繋ごうと苦心したことが窺える。

聖武天皇に繋がれた皇位

その後、元明天皇は首皇子を十四歳で立太子させるが、若年ということで、皇位は首皇子ではなく、皇子の伯母にあたる娘の氷高《ひだか》内親王（父は草壁皇子、文武天皇の実姉）に譲る。皇太子妃から即位した元明天皇も異例だったが、その母を継いで三十六歳で即位した元正《げんしょう》天皇（六八〇～七四八、在位七一五～二四）は結婚すらしておらず、独身で即位した初めての女帝であった。また女帝から女帝へ、母娘二代にわたる皇位継承も唯一の事例である。

盧舎那仏（大仏）

東大寺

こうして父帝の文武天皇の早世後、祖母の元明天皇、伯母の元正天皇が中継ぎを務めてきて、最終的に首皇子が晴れて即位したのは二十四歳の時であった。聖武《しょうむ》天皇（七〇一～五六、在位七二四～四九）の登場である。

聖武天皇の在位は四半世紀におよび、国際性に富んだ壮大で華麗な天平文化の花が開いた。しかし、そのいっぽうで皇位継承はというと、これはすんなりとはいかなかった。

聖武は皇太子時代、不比等の娘で宮子の義妹の光明子《こうみょうし》（七〇一～六〇）と結婚し、やがて光明子は皇后となる。二人の間に初めての皇子、基王《もといおう》が誕生したのは神亀四年（七二七）のことである。天皇の喜びは大変なもので、その証拠に、生まれて一ヵ月あまりで皇太子にしている。ところが、皇子は病を得て生後一年で他界してしまう。天皇夫妻、そして将来に大きな期待を寄せていた藤原南家の武智麻呂《むちまろ》（六八〇～七三七）の落胆は大きかった。何より聖武天皇にとってこの出来事は悲痛極まりなく、天皇は東大寺の起源とされる前身寺院の造営へと駆り立てられたのである。

さらに、天平九年（七三七）には九州で発生した天然痘が全国に広がって平城京にも押し寄せ、当時政権の中枢にいた藤原四兄弟や多くの政権担当者が犠牲になった。海外との交易が盛んだった九州からの流行という点で、海外からもたらされた可能性が高い。後に見るように疫病の大流行は平安時代にもあったし、こんにちの日本の新型コロナウイルスもその歴史に連なっている。凄《すさ》まじいことに、天平の天然痘大流行により当時の人口の三割前後の人が死亡したという。東大寺の大仏造立は、この天然痘の病気平癒を祈願するものであった。

孝謙女帝と道鏡

期待の皇子、基王の夭折した後、聖武天皇と光明皇后の間には男子ができず、聖武天皇と県犬養広刀自《あがたいぬかいのひろとじ》との間に生まれた安積《あさか》親王も十七歳で急逝。けっきょく皇位を継いだのは、基王の実姉の阿倍《あべ》内親王である。阿倍内親王は父の譲位を受けて即位し、孝謙《こうけん》天皇となった。この女帝の政治は光明皇太后と藤原仲麻呂《なかまろ》（七〇六〜六四）によって進められた。

そして聖武が崩ずると、今度は仲麻呂の意を受けて淳仁《じゅんにん》天皇（七三三〜六五、在位七五八〜六四）が即位した。いっぽう譲位して上皇となった孝謙は、秘法などで病気を治してくれた道鏡《どうきょう》（?〜七七二）を重用するようになり、次第に淳仁天皇や藤原仲麻呂（改名して恵美押勝《えみのおしかつ》）らと対立関係になっていった。やがて仲麻呂が叛乱を起こすも敗死、淳仁天皇は廃されて淡路国に配流となり、代わって孝謙が重祚《ちょうそ》して称徳天皇となった。

称徳天皇は道鏡を太政大臣禅師に任じ、その一族の弓削《ゆげ》氏を優遇し、ついには法王に任じて天皇に準じる地位に就ける。こうして称徳天皇＝道鏡の体制が確立されるなか、「道鏡を後継の天皇に」との宇《う》佐八幡神《さはちまんしん》の託宣《たくせん》（神が人にのりうつりその意思を告知すること）が下ったと報告がなされたが、和気清麻呂《わけのきよまろ》（七三三〜九九）らが宇佐八幡宮へ赴いて確認したところ偽りだった、という宇佐八幡宮神託事件が起きた。この復命が天皇の怒りを買い、清麻呂とその一党は左遷の憂き目にあったが、おかげで道鏡の皇位継承が食い止められたことは幸いであった。そして翌年、称徳天皇が発病して崩御。死因は天然痘とされている。道鏡は下野国（現在の栃木県）の薬師寺に左遷となり、ここで生涯を終えた。当然のことながら、清麻呂たちは無事に復位している。

僧の道鏡が宮廷に入って宗教界・政界の両面において頂点を極め、さらに皇位をうかがったことは類を見ない現象といえよう。もし女帝の死がなかったならば歴史は大きく変わっていたに違いない。ただ、それはそれとして両親・配偶者・相談すべき兄弟のいない孤独な女帝からしたら、父から引き継いだ天武系への後継問題など悩みは尽きなかったであろう。宮廷に渦巻く陰謀術数、すり寄ってくる貴族官人たち。気を休める時がなかった女帝が、呪力によってわが身を癒してくれる僧に安らぎと愛情を感じ、すべてを託してしまった気持ちも、わからないでもない。一概には責められないであろう。

なお、称徳天皇の後継者は予定されぬままだった、というのが通説だが、いやそうではなく、白壁王《しらかべおう》擁立の構想は早くからあり、称徳はそれを藤原永手《ながて》（七一四～七一）に託した、との説もある（瀧浪、前掲書）。

2　天武系天皇から天智系へ

天智系光仁天皇の擁立

ここまで女帝の登場に焦点をおいて皇位継承を見てきたが、その後の継承も含め別の角度から見たら、そこには藤原氏をはじめ諸氏を巻きこんでの政争があったことはいうまでもない。とりわけ藤原四家（南・北・式・京家）の葛藤と消長は、その後の藤原氏の生き方を大きく左右することになるので、ここからはそこのところもおさえつつ見ていこう。

さて、問題は称徳天皇の次帝を誰にするか、である。それをめぐって、この際、天智系から、という左大臣藤原永手（北家）や藤原良継《よしつぐ》（七一六～七七）・百川《ももかわ》（七三二～七九）兄弟（式家）らの思惑により、白羽の矢が立ったのは白壁王であった。天智天皇の孫（志貴皇子の第六子）にあたる白壁王は、天武系からの天皇が一世紀も続いていた時世でもあり、それまでは帝位とは縁のない官人の道を歩んでいた。五十八歳にして大納言になっている事実がその立場を如実に物語っていよう。そんな白壁王が称徳天皇の崩御日に皇太子となり、二ヵ月後に即位した。六十二歳という破格に高齢の光仁天皇《こうにん》（七〇九～八一、在位七七〇～八一）の出現である。

この光仁天皇即位から三年目に、皇后の井上《いのえ》内親王（七一七～七五）と、その所生の皇子で東宮の他戸《おさべ》親王（七六一～七五）が天皇を呪詛した廉《かど》で廃され、それから三年間の幽閉の後、二人は揃って謎の死を遂げている。井上内親王は聖武天皇の娘であり、白壁王との間に生まれた他戸親王は女系ではあるものの天武天皇系の血を引く一人であった。

もしも呪詛が事実だったとすれば、不安定な情勢のなかで東宮側が他戸即位を急いだ焦りがそうさせたのかもしれない。しかし、この事件で黒子のように怪しく立ち働いていた人物がいた。藤原百川である。じつは他戸親王の廃太子と入れ替わるようにして、三十七歳の山部《やまのべ》親王（光仁天皇の皇子で、生母は高野新笠《たかののにいがさ》）が東宮になっているのである。そうした動きをみると、親王母子の追い落としは、山部擁立を狙った百川たちの陰謀の可能性が高く、この点は慈円《じえん》（一一五五～一二二五、関白藤原忠通の子、天台座主）が『愚管抄《ぐかんしょう》』（第三）で指摘しているところでもある。いずれにしても、その不自然さゆえに暗殺説も根強く唱えられる親王母子の死は、天武系の血筋を絶つ結果となった。

東宮となって八年後、山部親王は父の譲位に伴い四十五歳という異例の高年齢で即位した。桓武天皇（七三七～八〇六、在位七八一～八〇六）の出現である。

氷上川継事件の真相

桓武即位の翌年には、氷上川継《ひかみのかわつぐ》による謀反事件（皇位を主張）が起きている。実際には未遂に終わって川継は伊豆国（現在の静岡県東部）に流されたのだが（のちに復権）、これは山部親王の即位を見る前に逝った策士、百川の死後、天武系の復権をねらって皇位奪取を図り、失敗に終わった事件と見なされている。

じつは、川継の父の塩焼王《しおやきおう》（氷上《ひかみ》塩焼、?～七六四）は天武天皇の孫で、かつて仲麻呂の乱の時に推されて「今帝」と称したが、仲麻呂とともに敗死している。また、母の不破《ふわ》内親王は聖武天皇を父とし、井上内親王とは同母姉妹（称徳女帝とは異母姉妹）。川継事件に連座して娘とともに淡路国へ流されている。さらに川継事件を遡ることおよそ十年、不破内親王は、称徳天皇を呪詛した廉《かど》で一時、追放されたこともある。時あたかも天皇が道鏡を皇位に即《つ》けようとしていた頃、内親王は子の氷上志計志麻呂《しけしまろ》の擁立を願って、その行動に出たという次第である（栄原永遠男『天平の時代』）。

そうした両親をもつ川継による謀反事件は、天武皇胤《こういん》による皇位奪還の最後の事件といえるものであるが、その背景には即位間もない桓武天皇が、皇位をめぐる対立者を排斥して自己の足固めを狙ったものとの見解が正鵠を得ていよう（木本好信『藤原四子』）。陰謀事件の虚実はともかくとしても、そこに関わったのが天武系の人たちであったことを思う時、天智系に対する強い反感があったことを意識せざるを得ない。そんな状況下、桓武天皇は天武系を否定し、新たな天智系の皇統への道を歩むこととなるのである。

桓武が山部親王と呼ばれた青・壮年期は、皇位争いや陰謀が渦巻き、殺伐としていた。上述のように桓武即位後ですら天武系が巻き返しの動きを示したくらいだから、ましてや親王時代には天智系の山部親王が皇太子に擁立されるなど本来ならあり得なかった。それが実現したのは、ひとえに藤原式家、とりわけ百川の働きによる。桓武天皇はそのことを十二分に感得していた。卒去時《そつきょ》に従三位参議であった百川に従二位右大臣を追贈し（桓武崩後に正一位太政大臣）、良継の娘乙牟漏《おとむろ》（七六〇〜九〇、平城天皇の生母）、百川の娘旅子《たびこ》（七五九〜八八、淳和天皇の生母）をそれぞれ妃に迎えたのも、その表われである。

藤原四家の攻防において、八世紀半ばに内乱（藤原広嗣《ひろつぐ》の乱）を起こして印象を悪くした藤原式家ではあったが、百川らの登場によって名誉を回復し、式家が藤原氏をリードする立場に立ったのである。

桓武天皇の母は渡来系氏族

晩年の平城京で即位した桓武天皇は、律令体制の確立にむけて中央集権化を促進するには、この都が十分に機能しなくなっていることを痛感していた。なによりの障害は、諸国の物資を速やかに中央に運ぶうえでの水陸の便の悪さであり、とりわけ流通を容易にする水運において平城京は致命的であった。加えて仏教勢力からの離脱、さらには、「天武系の都」というイメージで塗り固められた地を一新したいという願望からの棄都という要素も見逃せない。それは革命思想（天武系→天智系）によるものと言ってもよい。

これらの理由から桓武天皇は密かに遷都を模索していた。そして即位四年目にしてそれを実行したのである。この都遷りは大和国から山背（城）国への遷都でもあった。

さらにもう一点、桓武天皇の遷都前後に活躍した藤原氏に渡来人と婚姻関係を持つ人が多く、天皇自身も百済王氏《くだらのこきしし》の娘を数人も妃にしていることを忘れてはならない。この事実から、天皇と渡来氏族との関わりの深さが注目される。

桓武天皇（延暦寺蔵）

まず、長岡・平安両京相地の勅使となり、平安京造宮の初代長官となった小黒《おぐろ》麻呂《まろ》（七三三〜九四、北家）の妻は、新羅から渡来した秦嶋麻呂《はたのしままろ》の娘で、その子の葛野麻呂《かどのまろ》（七五五〜八一八）は平安京造宮に貢献し、かつ遣唐大使に任命されている。また、右大臣に至った藤原継縄《つぐただ》（七二七〜九六、南家）の妻は桓武天皇の後宮で力をもった尚侍《しょうじ》（「ないしのかみ」と読み、後宮十二司の一つである内侍司の長官。天皇の秘書役の女官）の百済王明信《みょうしん》で、その子の乙叡《たかとし》（七六一〜八〇八）は天皇の寵遇を得ている。乙叡といえば、遷都前年に桓武天皇が都造りを視察後に乙叡の邸に行幸して休息し、四位以上の者に衣を賜わっている（『類聚国史』延暦十二年八月二十六日条）。

さらに、藤原百川の兄弟の清成《きよなり》と綱手《つなて》はともに秦朝元《はたのちょうげん》の娘を妻とし、そこに所生の清成の子である種継《たねつぐ》は長岡京造宮の最高責任者となっている。いずれも天皇から篤い信頼を得た人たちである。

こういったことは何に起因するのであろうか。その理由は、桓武天皇に渡来人の血が流れていた、ということに尽きる。桓武の母は既出のとおり高野新笠だが、その父親は、百済系渡来氏族の流れをくむ和乙継《やまとのおとつぐ》である。『続日本紀』では、和氏の祖は百済の武寧王《ぶねいおう》とされている。

桓武天皇が新都を構えた長岡京と平安京は、渡来氏族が蟠踞《ばんきょ》する地であった。平城京においてドロドロした権力闘争を見てきた天皇が新天地で心の拠り所としたのは、渡来人を介して結びつくこうした人々ではなかったか。

ここで想起されるのは、二十一世紀を迎えた天皇（現上皇）誕生日を前にして宮内庁で行われた記者会見（平成十三年〈二〇〇一〉十二月十八日）のことである。以下はサッカーのワールドカップに関連して、韓国に対する「陛下の関心、思い」を聞かせて欲しい、という宮内記者会代表質問に対する天皇のご回答である。

高野新笠陵

（前略）私自身としては、桓武天皇の生母が百済の武寧王の子孫であると、続日本紀に記されていることに、韓国とのゆかりを感じています。武寧王は日本との関係が深く、この時以来、日本に五経博士が代々招へいされるようになりました。また、武寧王の子、聖明王は、日本に仏教を伝えたことで知られております。（後略）

桓武天皇の血脈が今日においてなお強く認識されていることを知る。

3　平城京からの脱出

短期に終わった長岡京

本来なら桓武の永住の都となるはずの長岡京において、遷って二年目にして造京責任者の中納言藤原種継（七三七～八五）が暗殺されるという事件が起きている。しかも事もあろうに、累が皇太弟の早良《さわら》親王（七五〇～八五）におよんで東宮を廃されて乙訓寺に幽閉され、さらに淡路国へ配流される途中、親王は食を絶って船中で憤死している。遺骸は淡路に送られて葬られた。

そもそも桓武天皇即位の時、一回りも年下の実弟の早良親王が皇太子になったのは、父、光仁天皇の意志によるもので百川も同意していたらしい。しかし桓武天皇が皇統を自家に繋ぎとめるためには、第一皇子である安殿《あて》親王の立太子は最大の要件であり、桓武がそれを思わぬはずがない。だが、まずは自分の即位が先決だったから、立太子に関しては口を挟むことができなかったであろう。

ところが、父や百川がこの世にいなくなってみると、そのことが強く意識され、皇子の立太子への道を探っていたのではなかろうか。そこへ思いがけず種継暗殺事件が起きた。それに手を下したのが大伴氏であり、皇太子は婚姻を通じて大伴氏に近い関係にあった。そこで桓武天皇は、皇太子も種継暗殺に関わっていた、として廃太子に追い込んだ、との考えは十分に成りたち得る。いっぽう早良親王の種継暗殺への積極的関与説もある（目崎徳衛「桓武天皇と怨霊」、木本好信『藤原種継』）。

早良親王の死後、代わって皇太子となった安殿親王（のちの平城《へいぜい》天皇）が病気になり、天皇の母と二人の妃（藤原乙牟漏と旅子）が相次いで崩じ、さらには建設中の長岡京が二度の大洪水によって大打撃をうけた（『日本紀略』延暦十一年六月二十二日、八月九日条）。これほどまでに天皇の身辺で不吉な事が相ついだら、誰もが亡き早良親王の祟りによるもの、と思ったに違いない。とりわけ桓武天皇自身の胸は痛んだであろう。事ここに至って、この都に留まることへの恐怖を感じ取った天皇は、もはやこれまで、と再度の遷都を決意し、造都中の長岡京を十年で放棄して、平安京へ遷ることになった。

平安遷都

『日本紀略』延暦十二年（七九三）正月十五日条に「大納言藤原小黒麻呂、左大弁紀古佐美らを遣わして山背国葛野郡宇太村の地を相せしむ。都を遷さんがためなり」とあって、桓武天皇は近臣に新都の地を調査させている。遷都は延暦十三年（七九四）十月二十二日であるから一年十ヵ月前のことである。一ヵ月あまり後には「葛野に幸し、新京を巡覧す」（延暦十二年三月一日条）と、天皇みずからも新京の地を覧て廻っている。さらに三ヵ月後には諸国に命じて新宮の諸門を造らせ（同、六月二十三日条）、遷都の四ヵ月前には諸国から人夫五千人を調達して新宮の掃除をさせている（延暦十三年六月二十三日条）。そして迎えた遷都。その詔には次のように述べられている（同、十一月一日条）。

詔すらく、云々。山勢実《まこと》に前聞に合《かな》い、云々。此の国の山河襟帯《さんがきんたい》にして、自然に城を作《な》す。この景勝に因《よ》りて、新号を制すべし。宜しく山背国を改めて山城国と為《な》すべし。また子来《しらい》の民、謳歌の輩、異口同辞して、号して平安京と曰《い》う。

三方を山に囲まれ、京外の東西に鴨川と葛野川（現在の桂川）が流れ、京内には南北の通りに沿って

平安京復元模型（1000分の１）

幾本もの川が流れていた。そのような新京の地を「山河襟帯」と表現している。山を襟、河を帯に譬《たと》えたのであり、見事というべきか。まさに四神相応の地、つまり東に青竜、西は白虎、南に朱雀、北は玄武といった四神に相応しい地勢であった。そして遷都後は、山背国を山城国と称することにしたのである。「平らかに安らけき京《みやこ》」を意味する「平安京」には、桓武天皇の切なる思いが込められている。これが天に通じたのか、平安京は古代の最後の都として四百年の命脈を保ち、それ以降も首都として君臨することとなった。

　翌年の正月十六日、新京を讃《たた》える宴が宮中で催され、踏歌（大地を足で踏みながら歌い舞う中国伝来の古代歌舞）が行われた（『類聚国史』巻七十二「踏歌」）。踏歌は「とうか」と音読するが、「あらればしり」とも訓《よ》み、「阿良礼走」、「霰走」と書く。歌曲の終わりに「万年《よろずよ》阿良礼《あられ》（いつまでもそうあってほしい）」という囃子詞《はやしことば》を繰り返しつつ足早に退くことからそう呼ばれた。歌舞に秀でた者が召され、四節の漢詩

飛行船から見た京都御苑（2008年３月23日）

を音読するごとに侍臣らが「新京楽（新年楽）、平安楽土、万年春」と囃したて、大地を踏みしめながら歌い舞う。漢詩と囃子詞から、新年を言祝ぎ、新京を讃歌し、安寧と永続を念願していることが見てとれる。

　そしてこの翌年の元旦、つまり遷都して一年三ヵ月後、天皇は大極殿《だいごくでん》の高御座《たかみくら》に臨んで臣下の拝賀を受けられた。平安京における朝賀の儀は、ここに始まったのである。

　「平安京」の名辞に関して、「平安京は百王不易《ひゃくおうふえき》（天皇代々の不変）の都なり。東に厳神あり、西に猛霊を仰す。厳神は賀茂大神、猛霊は松尾霊社是なり。二神の鎮護に依りて、万代の平安を期す。然して則ち永々遷宮すべからず」という興味深い記述がある。これは、寿永二年（一一八三）の平家都落ちの直前のこと、源（木曽）義仲《よしなか》（一一五四～八四）が逃げる平家を追って京へ迫った時に一公卿が「ある古記に曰う」として引用しているものであり（『吉記』）、「百王不易の都」はまさに桓武天皇の意思の表徴であった。

ちなみに、わが国において都城といわれる本格的な都は七世紀末の持統女帝の藤原京にはじまり、そのちょうど百年後が平安遷都にあたるのである。なお、「京都」という言葉は、そもそも首都を表わす一般名称であった。中国の漢代から三国に至る王朝の首都を「京都」と呼んでいるが（『文選《もんぜん》』）、わが国においては、天平十二年（七四〇）の聖武天皇の恭仁京《くにきょう》遷都に関しての「恭仁宮に幸し、始めて京都を作るなり」や、延暦三年（七八四）の桓武天皇の長岡京についての「新たに京都を遷す」（いずれも『続日本紀』）をもって例証とされる。これは「みやこ」と訓んだようで、豊前国の京都郡も同じ訓みである（現在の福岡県京都郡）。この「京都」が平安京を指す固有名詞化するのは十一世紀末にはじまる院政期あたりからである。

桓武天皇と造都

桓武天皇の生涯は端的に言えば次のようなことになろう。

……徳度は高く峙《そばだ》ち、天姿は嶷然《ぎょくぜん》たり。文華を好まず、遠く威徳を照らす。宸極《しんきょく》に登りてより、心を政治に励まし、内には興作《こうさく》を事とし、外には夷狄を攘《う》つ。当年の費えたりと雖《いえど》も、後世の頼とす。

意訳すれば、徳は高く、その姿はひときわ優《すぐ》れ、文化の方面は好まなかったが、威徳は天下に遍《あまね》き、即位後は政治に勤《いそ》しんだ。なかでも造都と征夷は莫大な出費となったが、長い目で見るとよい事をしたと言えるものだ、ということになろう。崩伝に記されている桓武天皇評であるが（『日本後紀』大同元年四月七日条）、天皇の生きざまを端的に言いあてていよう。

記された大同元年（八〇六）は新都に遷って十二年目のことである。当時としては並はずれて長寿を保った桓武天皇であるが、その七十年は波瀾に富んだ生涯で、とりわけ後半生は造都と征夷に明け暮れるものだった。

その天皇が造都事業の停止を決断したのは、崩御の前年のことだった。それは「天下の徳政相論」として知られる。長岡京を含めると二十年におよんだ造都工事、それに加えて蝦夷の経略（詳細は鈴木拓也『戦争の日本史3　蝦夷と東北戦争』参照）と民の疲弊《ひへい》は大きく、このままいけば国家の存亡が危ぶまれる、と天皇は感じたのであろう。ともに信頼の篤い参議の藤原緒嗣《おつぐ》（七七四～八四三）と菅野真道《すがののまみち》（七四一～八四一）の二人に天下の徳政（よい政治）について意見を戦わせたのである。そして緒嗣の「まさに今、天下の苦しむ所は軍事と造作なり。これを停《とど》むれば百姓は安んぜん」を採用した。一方の真道が反対の意見を述べたことは言うまでもない（『日本後紀』延暦二十四年十二月七日条）。この相論を天皇が考え付いた方策とする見解がある。つまり桓武天皇の一人芝居というのである（滝川政次郎『京制並に都城制の研究』）。これに対して賛否両論あるが当否は保留としておく。

ともかく造都事業は終わることになった。ただし完全な撤退を意味するものではなく、造宮職は廃止したものの、その仕事は木工寮や修理職《しゅりしき》に引き継がれ、規模の縮小を図りつつ、以降も造都は緩慢に続けられることになった。征夷は桓武の崩御を以て終息と見なしてよい。

桓武天皇によって遷都された平安京は、崩御の時点においてなお造都過程にあった。したがって天皇は、整然となった都の姿を目にすることなく崩じたのである。この都が都市としての景観を整えるまでにはかなりの年数と経費を要することになる。

「都ぞ春の錦なりける」

よく知られた次の一首は、都として栄えていた時点での京の様子を謳歌したものである（小沢正夫校注『古今和歌集』〈日本古典文学全集七〉通釈もこれに依拠）。

　　花ざかりに京を見やりてよめる

見わたせば柳桜をこきまぜて都ぞ春の錦なりける

（青々と芽を吹いた柳が紅の桜と織り成して都は春の錦を敷き延べたようだ）

詞書によると、これは街なかに佇んで詠んだものではなく、ちょっとした高台から京の街を見晴るかして詠んだ一首である。

作者は平安前期の僧で、歌人として三十六歌仙の一人に挙げられる素性《そせい》である。百人一首に「今来むと言ひしばかりに長月の有明の月を待ち出でつるかな」が採られている。出家前の素性は良岑玄利《よしみねのはるとし》といい、父の宗貞《むねさだ》は出家して遍昭《へんじょう》（八一六～九〇）と称した。百人一首の「天つ風雲のかよひ路吹きとじよをとめの姿しばしとどめむ」（出家以前の歌）で知られる僧だ。そしてこの遍昭の父、すなわち素性の祖父は良岑安世《やすよ》といい、桓武天皇の皇子であった。つまり、賜姓皇族《しせいこうぞく》（姓を賜って臣下となること）だったのである。さらに言えば、安世は後に述べるように摂関家の礎《いしずえ》を築いた藤原冬嗣《ふゆつぐ》の異父弟にあたる。彼らの母の百済永継《くだらのながつぐ》は藤原内麻呂《うちまろ》の妻となって冬嗣らを生み、後に桓武天皇の女孺《にょじゅ》（内侍司に属し雑役に携わる女官）となって安世を生んだのである。

ちなみに素性は京を去って大和国の石上寺《いそのかみでら》に隠棲している。しかし、これは「厭離の念に徹して山中深く跡を没する心境には遠い。彼は俗界の周辺で、迷悟の間をむしろたのしげに徘徊していた」（目崎徳衛『百人一首の作者たち―王朝文化論への試み』）とされ、その証拠に宮中や貴族邸での歌合などに出詠したりしている。醍醐天皇（八八五～九三〇）から馬を遣わされ早く参上するように仰せつかり、さっそく参上したともあり（『後撰和歌集』巻第十六）、都と絶縁していたわけではなかったようである。とりわけ『古今和歌集』には撰者を除いて最大の入集を誇る歌人だけあって、周囲が放っておかなかった。

その一例として醍醐天皇の父、宇多《うだ》上皇（八六七～九三一）の話が伝わる。醍醐天皇によって代始改元された昌泰《しょうたい》元年（八九八）、宇多上皇は菅原道真《すがわらのみちざね》（『宮滝御幸記』）や紀長谷雄《きのはせお》（『紀家集』）ら多くの側近を従えて大和国吉野の宮滝御幸を敢行した（『扶桑略記』昌泰元年十月二十～十一月一日）。上皇は旅の途中で石上寺に隠棲していた素性を呼び出し、素性が馬でやって来ると感嘆したという。「和歌の名士」素性は一週間ほど同道し前駆を勤め、歌作も行われた。道真の「このたびは幣もとりあへず多向山もみぢの錦かみのまにまに」という一首は、詞書によって、この折に詠まれたことが知られる。これに対して素性は「手向けにはつづりの袖も切るべきにもみぢに飽ける神やかへさむ」と応じた（『古今和歌集』巻第九）。

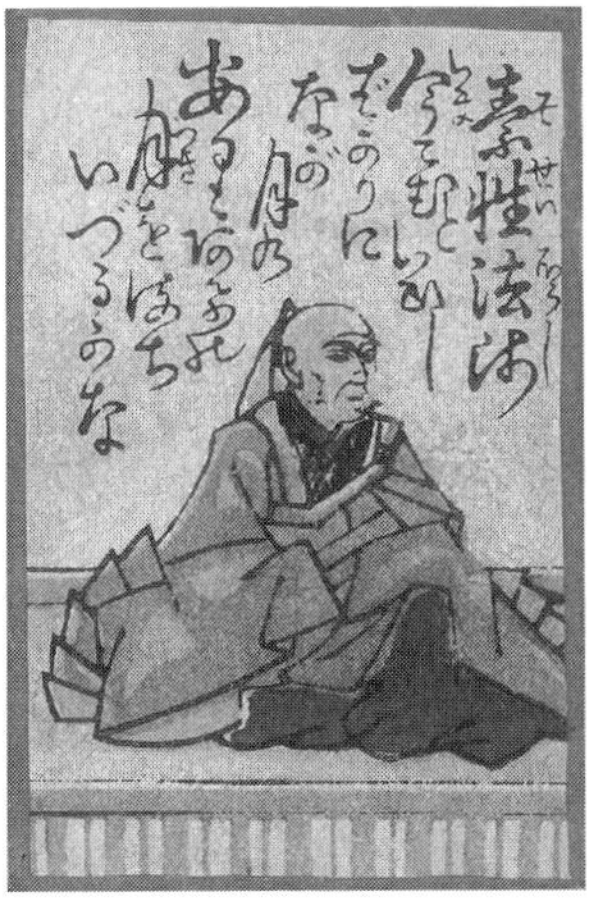

素　性

歌人としての素性に深入りしたが、要は素性が桓武天皇の曾孫ということである。そうなると、「見わたせば」の歌は、一介の僧が漠然と春の京を詠んだのに止まらず、この都は曽祖父が開いたもの、という強い思い入れが込められているとみたい。詠まれた時期は九世紀後半以降と考えられるから、都としての体裁も整い、ある種の住み分けがみられるようになっていたであろう。

4 藤原四家の攻防

仕組まれた伊予親王事件

すでに述べたように桓武天皇には三十名を超す多くの皇子女がおり、その母親の数名が渡来系の女性であったことは、ほかの天皇に見られない特質といえよう。そのようななかにあって天皇夫人となっていた藤原吉子（?〜八〇七、南家）を母にもつ伊予《いよ》親王（?〜八〇七）は父からとくに愛され、自邸への行幸をしばしば受けた。また、親王は京外の北野や宇治などに別業を構えて遊興を楽しんだ。

ここで南家出身の吉子の父について見ておこう。彼は名を是公《これきみ》（七二七〜八九）といい、山部親王（桓武天皇）の立太子に際して春宮大夫となり、近臣として重きをなし、翌年には参議となって公卿の末席に連なった（四十八歳）。このとき先輩として三年前に参議となっていた式家の百川（四十三歳）がいた。その後、是公は桓武天皇の即位の直後に中納言に進み、翌年に大納言、次の年に右大臣と矢継ぎ早に昇進を重ね、廟堂の頂点を極めて桓武政権に重きをなした。これには、強敵の百川が桓武即位の直前に死去したことも幸いした。

その是公が桓武在位中に六十三歳で亡くなっている。この外祖父の死は伊予親王にとっては少なからず負の要因となったに違いない。桓武天皇が七十歳で崩御した翌年の大同二年（八〇七）、伊予親王は謀反の疑いをかけられ、母とともに川原寺《かわはら》（弘福寺《ぐふく》、奈良県明日香村）に幽閉され、服毒自殺してしまったのである（冤罪とわかって後に復位）。

陰謀事件ゆえに真相は闇の中だが、注目すべきは、累が大納言藤原雄友《おとも》（七五三～八一一、伊予国へ配流）と中納言藤原乙叡《たかとし》（免職）におよんでいることである。時の廟堂の頂点にいたのは左大臣藤原内麻呂《うちまろ》（七五六～八一二、北家）で、次位に先の二人がいた。雄友は吉子の実兄、乙叡は桓武の側近で、両人とも南家の出自である。この後、南家の勢力は大きく後退し、藤原氏で公卿として残るのは北家と式家となった。

それを思う時、平城天皇《へいぜい》（七七四～八二四、在位八〇六～〇九）の即位直後に起きたこの事件は、藤原氏南家を朝廷から追い落とし、北家に近い皇太弟（のちの嵯峨《さが》天皇）に圧力をかける意図のもと仕組まれた可能性が高いと考える。そして、それをもっとも望んでいたのは式家の藤原仲成《なかなり》（七六四～八一〇）・薬子《くすこ》（?～八一〇）兄妹ではなかったか。この事件を境にして、平城天皇と兄妹との結びつきがいっそう強固なものになっていく。その延長上に、薬子の変を位置づけることができるのではなかろうか。

薬子の変と「定都」

桓武天皇に代わって即位した平城天皇は、既述の立太子の事情が影響しているのか、早くから早良親王の怨霊に悩まされ、病弱であった。そのため大同四年（八〇九）四月、わずか丸三年の在位で実弟の皇太弟、神野《かみの》親王に譲位してしまう。嵯峨天皇（七八六～八四二、在位八〇九～二三）の登場である。この直後に薬子の変が起きている。

『日本後紀』大同四年（八〇九）四月三日の記事には「尚侍従三位藤原朝臣薬子常に帷房《いぼう》に侍り、矯託《きょうたく》百端なり。太上天皇甚だ愛し、其の姧《かん》を知らず。平城に遷都せんとす」（薬子は常に上皇の傍らに侍り、何かにつけ上皇の命と偽っては良からぬことを企み、上皇は愛に走り、その悪巧みに気づかない）とある（読み下し文は黒板伸夫・森田悌編『日本後紀』による）。薬子の娘も東宮時代の天皇（安殿親王）に入っているので母娘で天皇と深い関わりをもったわけである。

この年の十二月、平城上皇は平城京に遷幸し、いったん廃都となった平城京の造営に着手するのである。弘仁元年（八一〇）九月には「太上天皇の命に依りて平城に遷都せんと擬す。正三位坂上大宿祢田村麻呂・従四位下藤原朝臣冬嗣《ふゆつぐ》・従四位下妃朝臣田上等を造宮使と為す」（九月六日条）とある。ここに冬嗣（七七五〜八二六）が入っているが、彼は嵯峨天皇の側近として蔵人所の創設に関わり、初代の頭《とう》に任じられている（三月十日）。冬嗣らが造宮使に任じられた数日後には次のようなことが記されている（九月十日条）。

遷都の事に縁りて人心騒動す。（中略）尚侍正三位藤原朝臣薬子は、……太上天皇に近《ちかづ》き奉《まつ》る。今太上天皇の国を譲り給える大き慈《いつくしみ》、深き志《みこころ》を知らずして、己《おの》が威権《いきおい》を擅《ほしいまま》に為《せ》んとして、御言《みこと》に非《あら》ぬ事《こと》を御言《おげん》と云《い》いつつ、褒《ほ》め貶《くだ》すこと心《こころ》に任《まか》せて、曾《かつ》て恐《おそ》れ憚《はばか》る所《ところな》无し。如此《かかるあ》悪しき事種々在れども、太上天皇に親み仕え奉るに依りて、思し忍《しぬ》びつつ御坐《おおましま》しき。然《しか》るになお飽《あ》き足《た》らずとして、二所朝廷《ふたところのみかど》をも言い隔てて、遂には大き乱を起す可く、また先帝《せんてい》の万代宮《よろずよのみや》と定め賜える平安京《たいらのみやこ》を、棄て賜い停《や》め賜いてし平城《なら》の古京《ふるきみやこ》に遷さんと奏し勧めて天下を擾《みだ》乱り、百姓《おおみたから》を亡弊《ついや》す。また其の兄仲成は、己《おの》が妹の能からぬ所をば教え正さずして、還りて其の勢を恃《たの》みて、虚詐事《いつわりごと》を以て、先帝の親王・夫人を凌ぎ侮りて、家を棄て路に乗りて東西に辛苦《くるし》みせしむ。如此罪悪《かかるつみ》数え尽すべからず。

藤原薬子が平城上皇に近づき、上皇の勅語でないのを勅語と称して欲しいままに振るまい、恐れ憚るところがなかった。そして桓武天皇が創建した平安京を棄てて平城古京に遷都しようとした（これは上皇の意志と思われる）。まさに朝廷が二ヵ所に出現するようなもので、天下を乱すことに繋がる事態である。兄の仲成は、それを糺《ただ》すことをせずに同調しているという。

結果として仲成は拘禁のうえ射殺された。上皇と薬子は東国へ赴かんとしたが、天皇軍に行く手を阻《はば》まれ、上皇は平城京に還って剃髪出家し、薬子は自殺して果てた。上皇の重祚《ちょうそ》と平城遷都（還都というべきか）を意図した企ては、天皇側のいち早い対処によって失敗に終わった。そしてこれを契機として、平城京は二度と顧みられることがなくなった。

それにしても、四半世紀を経て平城旧都への還都が云々されるということは、この期におよんでもなお平城京にはかなりの居住者がいたことが察知される。この事件はそれを背景として起きたのである。しかも、平城京と平安京の間には十年の長岡京時代が存在しており、まだまだ不安定な情況にあったと言ってよい。さらに薬子兄妹の父が藤原種継ということに着目すると、造京途中で父が無念の死に遭遇した長岡京を棄てて平安京に遷ったことに、兄妹は違和感をもっていたのではないか。その点で、薬子が上皇とともに平城旧京への道を選んだのは当然の成りゆきであったかと思う（村井康彦『古京年代記』ほか）。

ここで想起されるのは『方丈記』の次の一文である。

治承四年水無月のころ、にはかに都遷り侍りき。いと思ひの外なりし事なり。おほかた、この京のはじめを聞ける事は、嵯峨の天皇の御時、都と定まりにけるより後、すでに四百余歳を経たり。

治承四年（一一八〇）、平清盛（一一一八〜八一）は福原遷都を試みている。そもそも遷都と言えるか問題であるが、それは天皇が中心となって調査選地したうえでの遷都とは大きく異なっていた。後白河法皇、高倉上皇、安徳天皇はじめ一部の貴族たちが福原に赴いたものの、清盛や子息、家司らの邸を居所としており、第一に条坊（京域）がゆったり取れる広さの土地ではなかった。『平家物語』には、京の家を壊して筏《いかだ》にし、家財道具をそれに積んで鴨川や桂川から淀川経由で福原へと運び、京は田舎になってしまった、とあるが、そんなに大げさなことはなかった。

右大臣藤原兼実（一一四九〜一二〇七）の『玉葉』によると、山門や南都勢力からの逃避が目的であったという。公卿ら貴族のなかには反対者が多く、京に留まるものが多かった。そうした人たちの声に加えて山門勢力の猛烈な反対に遭い、けっきょく五ヵ月で還都を余儀なくされた。

が、問題は、そのことよりも「嵯峨天皇の時に平安京が定まった」という部分である。鴨長明は平安京の創始者が桓武天皇であることを承知のうえで、あえて「嵯峨天皇定都論」を云々しているのである。そこには薬子の変が強く意識されているとみられているが、そのとおりであろう。

藤原北家の躍進

薬子の変後に大きな躍進を遂げ、摂政・関白を輩出し、明治の制度廃止まで摂関家を独占したのは藤原北家であった。人臣摂政の初例となった藤原良房《よしふさ》（八〇四〜七二）以降、道長《みちなが》あたりまでは第四章

「藤原北家をめぐる王朝ドラマ」の「摂政・関白と藤原北家」以下の項で詳述するので、それ以前の北家の動きを見ておこう。

藤原四家のなかでいち早く頭角をあらわした南家は仲麻呂（七〇六～六四）の後、同母兄の豊成《とよなり》（七〇四～六五）、その子継縄《つぐただ》（七二七～九六）がそれぞれ右大臣となって頂点に立ち、それ以降も子孫に公卿を出してはいるが、いずれも歴史に残る活躍はみられない。

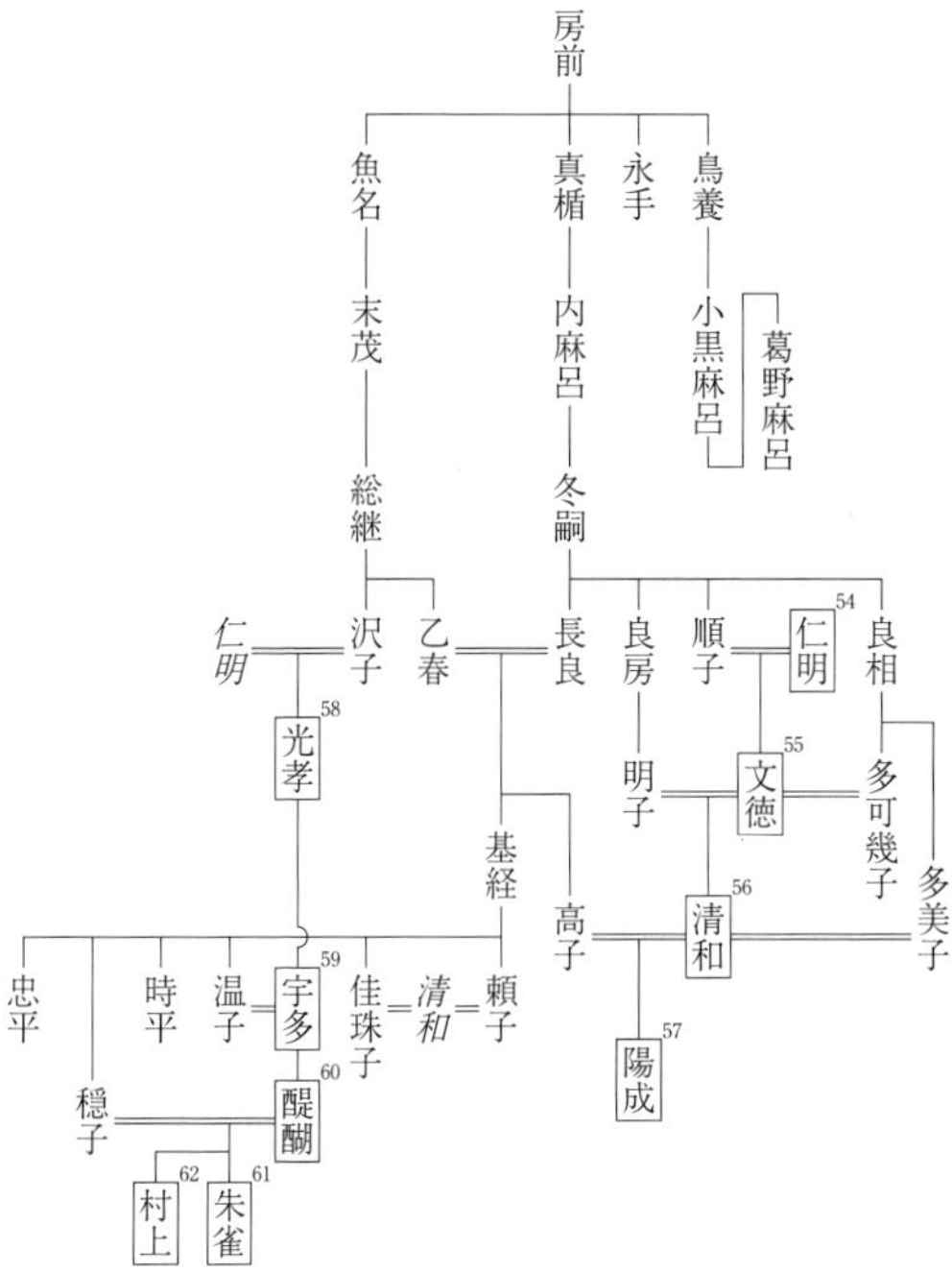

初期の藤原北家と入内

南家の是公（既出）が死去した延暦八年（七八九）の翌年、廟堂の頂点にいたのは継縄（六十四歳、南家）であったが、実質的には次位の北家の小黒麻呂（五十八歳、七三三～九四）がその地位にあったようなものである。小黒麻呂に対する桓武天皇の信任は絶大なものがあり、後に藤原種継（式家）とともに長岡遷都（山城遷都）の推進者となったほか、その後の平安京の土地の下見など極めて重要な任務を行っている。しかし平安遷都の直前、それを見ずして病死している。

北家躍進の契機という点で注目されるのは藤原総継《ふさつぐ》であろう。生没年も不詳の総継が後世に名を遺すことになったのは、二人の娘が縁づいた先があまりにも高名なところゆえである。その一人、沢子は東宮正良《まさら》親王（のちの仁明《にんみょう》天皇）に入り、三親王と一内親王を生み、その中の時康《ときやす》親王が即位して光孝《こうこう》天皇となった。この即位により改元（元慶九年→仁和元年）が行われ、このとき亡き総継は正一位太政大臣を追贈されている（『三代実録』仁和元年九月十五日条）。沢子はすでに半世紀近く前にこの世を去っているが、その薨去記事によると、女御沢子は後宮で随一の寵姫であった、という。そこに父のことも見え、総継は死去の時点では従五位下紀伊守であったことが知られる（『続日本後紀』承和六年六月三十日条）。

もう一人の娘、沢子の姉妹の乙春は、嵯峨天皇の近臣で北家興隆の基礎をつくった冬嗣の長男の長良《ながら》（八〇二～五六）に嫁している。そこに誕生した基経《もとつね》（八三六～九一）は叔父（長良の実弟）良房（八〇四～七二）の養子となり、基経の実妹の高子《たかいこ》（八四二～九一〇）は良房を後見とした。つまり、男児のいなかった良房は基経に摂関を継嗣させたのであり、その前提として天皇家との外戚関係の構築に努めている。

このように基経が叔父の養子となって政権掌握の要の役を担ったわけだが、どうして彼らの父、長良は冬嗣の嫡男でありながら、冬嗣の後継者にならなかったのだろうか。

長良、良房、良相《よしみ》ら同母兄弟のなかで公卿（参議）になった年齢の早い順は、良房（三十一歳）、良相（三十六歳）、長良（四十三歳）となる。その後の昇任をみると、良房は一年後には七名を超えて権中納言、そして四十五歳で右大臣になっている。長良が権中納言になるのは五十三歳の時で、二年後には死去している。良相が権中納言になるのは三十九歳（このとき兄の長良を超える）、その後も累進して四十五歳で右大臣に至り、十一年後に死去している。長良と同じ歳であった。長良は、良房はともかくとして良相にまで官位を超えられている。病弱でもなければ政治的な失策もない。それどころか、仁明天皇には東宮時代から近侍し、信頼は篤かった。「志は高潔にして心は広く情愛深い、兄弟の仲が頗るよかった」との記述も見え（『文徳実録』斉衡三年七月三日条）、風雅を好とした文人であったようである。どうやら、それゆえに政界への関心が薄く、その結果、良房が後継となったのであろう。

人臣摂政の創始

天皇家との外戚関係についていえば、冬嗣の娘の順子も仁明天皇の皇太子時代に入侍しており、そこに生まれた道康《みちやす》親王が東宮となると、そこに良房の娘の明子《あきらけいこ》が入っている。親王が即位して文徳《もんとく》天皇（八二七〜五八）となると明子は女御となり、その年に惟仁《これひと》親王が誕生すると、九歳で即位させて清和《せいわ》天皇（八五〇〜八〇）とし、良房は外祖父としてその政治を後見した。史上初の幼帝の出現であり、藤原氏による摂政の創始である。やがて天皇が成長すると後見役となっている姪の高子を入れて女御とし、そこに生まれたのが次代の陽成《ようぜい》天皇（八六八〜九四九）である。

この天皇は九歳で即位し、在位九年にして十七歳で退位、享年八十二歳と寿命だけは長く、平安時代の天皇の中で傘寿を越したのは陽成天皇だけである。退位については、病状が甚だしいため摂政基経によって廃されたというが、病気に関する記述はなく、長寿でもあったことから、宮中での殺人事件など天皇の異常な乱行に起因するようである。

陽成天皇の後継をめぐって、みずから立候補した人がいる。その人は、嵯峨天皇を父にもち、姓を賜わって臣下となり（賜姓源氏）、陽成譲位の時には左大臣として廟堂の頂点にいた源融《みなもとのとおる》（六十三歳、八二二〜九五）である。天皇譲位に関わる公卿会議で「近き皇胤《こういん》を尋ねば、融らも侍るは」と言い放ったという（『大鏡』第二）。

この時、別格で天皇の後見として関白太政大臣を務めていたのが、基経（四十九歳）であった。「天皇に近い皇胤を求めるのなら、融がおります」と主張する融の発言に対して、基経は「皇胤なれど、姓賜はりて、ただ人にて仕へて、位に即きたる例やある」、つまり賜姓皇族となって朝廷に奉仕した人で帝位に即いた例はない、と一蹴した。そして担ぎだしたのが光孝天皇であった。

この天皇は仁明天皇の皇子で、基経とは母同士が姉妹、つまり基経とは従兄弟の関係にある。ただ、五十五歳という高年齢での即位は周囲も当人も予測しないものであった。その証拠に、親王として常陸《ひたち》太守《たいしゅ》、中務卿《なかつかさきょう》、大宰帥《だざいのそち》、式部卿《しきぶきょう》といった官職を歴任しており、なにより東宮を経験していなかった。桓武から安徳《あんとく》まで三十二名の平安時代の天皇の中で東宮を経験していないのは、光孝のほかに後白河《ごしらかわ》とその孫の六条《ろくじょう》天皇だけである。後白河天皇の場合は近衛《このえ》天皇の十七歳での急病死があり、六条天皇の場合は父の二条《にじょう》天皇の重篤により二歳での即位という、どちらも異常事態での登用だった。なお、五十五歳は平安期の即位の最高齢で、次いで桓武の四十五歳、あとは三十代以下である。

光孝天皇は即位の三年後に崩御。その直前に尚侍藤原淑子（八三八〜九〇六、光孝天皇の擁立にも関わる）は兄の基経を説得して、臣籍降下していた光孝天皇の第七皇子で猶子の源定省《さだみ》を復籍して親王とし、即位に導いた。宇多天皇の登場である。

第二章　ニュータウン平安京

1　平安京という都市

政治的な人工都市

一般に遷都というと、街路が整備されて役所・殿舎・住宅などが出来上がり、すぐに普通の暮らしがスタートすると思いがちであるが、それはこんにち的な考えであって、この時代には遷都後に本格的な都造りが始まるのであった。その何よりの証拠は、先にふれたように造京使の藤原種継が長岡遷都の翌年、造京工事の視察中に暗殺されたという事実である。また『日本後紀』に、遷都から三年近く経過して、遠江・駿河・信濃・出雲などの国々から二万人余の人夫を徴発し、造宮役に供したという記事がみえ（延暦十六年三月十七日条）、このことも本格的な都造りが遷都後に始まっていたことを示唆するものである。

きわめて政治的なこの都市は、比較的人の集住が少ない地を求めて設定されている。遷都の時点では、おそらく道路と宅地の区画を示す縄張りが縦横に張り廻らされ、建物もまばらで遥か彼方まで見渡せたに違いない。ただ、生活に欠かせない市（東西の市）の設置は早めになされていたことが文献から知られる。あとは、都造りに必要な最小限度の役所（施設）ぐらいはあったであろう。

居住者も、平城京・長岡京など旧京からの移住者をはじめ、大多数が地方からの流入者で構成されていた。遷都二年後の大和・河内国の十六人が右京に貫付《かんぷ》（貫附とも書く。戸籍を与えてその土地の住人とすること）されたのを初見として、多い時には弘仁六年（八一五）の大和国の六十四人など、九世紀末あたりまで地方民の京への移住を示す京貫記事の頻出が、そのことを物語っていよう。

移住の際、王族や特別な人に対しては、新京に居宅を構えるための造作料として国稲《こくとう》（朝廷から給与の稲）が与えられている。遷都の数ヵ月前のこと、百済王明信《くだらのこきしみょうしん》（藤原継縄の妻、桓武天皇の後宮に入り尚侍）、五百井女王《いおいのおおきみ》（光仁天皇の孫）、置始《おきそめ》女王、和気広虫《わけのひろむし》（清麻呂の姉）ら十五人は新京への造宅料を賜わっている（『類聚国史』延暦十三年七月九日条）。また、二年後には、大和国の大枝長人《おおえのながひと》、河内国の大枝氏《うじ》麻呂《まろ》、大枝諸上《もろがみ》（以上は正六位上以上）、正七位下菅原常人《つねひと》、従七位上秋篠前継《あきしののまえつぐ》ら十一人が右京に貫付されている（みな朝臣。『日本後紀』延暦十五年七月十九日条）。これらを早い例として宅地の貫付記事が記録に散見し、このように京への貫付を認められた者（戸籍所持者）を京戸《きょうこ》とよんだのである。ただし、助成を受けられる人ばかりではなく、大半の者は宅地の提供はあっても自弁で居宅を造作せねばならなかった。

さらに、造都に関わって注目されるのが、遷都後に見られる天皇の「京中巡幸」である。その頻度も年に数回から多い時には延暦十七年の八回ということもあった。目的は造京の様子を巡覧することにあった。新京の都としての景観が整うまでにはかなりの年数と費用を要したのである。

それでも年を経るにともない造都も形を成してきた。それを証明するものに火事の記事がある。延暦二十一年（八〇二）、左京の百姓宅四十家あまりが焼失し、朝廷から被災者に米と塩を賜わっている（『日本紀略』六月十二日条）。遷都から七年ほどが経過した時点で、左京域に人家が立ち並んでいたことを思わせる。なお、ここで「百姓」とあるのは農民のことではない。古代から近世までの「百姓」は商人・船人・手工業者・芸能民など幅広い職能民が含まれている（網野善彦「日本人の聖なる空間」）。このほか九世紀で広範囲におよぶ火事としては、左京域で大同三年の百八十家（『日本後紀』）、承和九年（八四二）の二十家（『続日本後紀』）、仁和元年（八八五）の三百余家（『三代実録』）、右京域で承和十四年（八四七）の三十余家（『続日本後紀』）、仁和二年（八八六）の百余家（『三代実録』）などがある。被災地は左京・右京ともに大内裏の東西の官衙町《かんがまち》（次項で詳述）が多く、それ以外の場所もその近隣である。

平安京に居住した人々

本貫の地を離れて都に住むことを余儀なくされた貴族・官人たちは、在所の土地を手放して都市住人化の道をたどることになる。こうして京を本貫とする都市民が形成されていったのである。

先に京の住民についてふれたが、平安京には、いわゆる京戸と称する彼らのような人々のほかにも多くの住人がいた。その者たちは地方から徴発されて京にやって来て、一定の期間、官衙町などに住みこんで勤務にあたった。言ってみれば、地方からの単身赴任者といったところである。

右に紹介した火事の記事をひもとくと、「左衛士町《さえじ》」「織部司織手町《おりべのつかさおりて》」「左兵衛府駕輿丁町《さひょうえふかよちょう》」「木工町《もく》」「衛門町」などの町名が見える。たとえば「左衛士坊失火、百八十家を焼く、物を賜う、差あり」（『日本後紀』大同三年十月八日条）、「織部司織手町災、百姓の廬舎数烟（家数軒）を焼く」（『続日本後紀』承和六年閏正月十五日条）、「左京木工町災、廬舎廿烟を燔く」（同、承和九年七月十九日条）、「西京衛士町災、百姓の廬舎三十余烟を焼く」（同、承和十四年八月二十一日条）などである。これらはみな官衙町《かんがまち》であり、ここでの火災記事が平安初期に多いのは造都と関わっているからである。

官衙町は諸司厨町《しょしくりやまち》ともいい、地方から上番《じょうばん》（勤務に上ること。たとえば衛士は一年交替）してきてそれぞれの役所で働く下級官人たちの休息・宿泊施設として、役所ごとに設けられていた。『拾芥抄《しゅうがいしょう》』（中巻「宮城部」）によれば、それは大内裏の東西に多く所在し、全部で三十数ヵ所、四十町ほどにおよんでいる。長屋形式らしく、そこに地方からやってきた人たちが集団で寝食起居していたものと思われる。彼らは京戸には入らないが、平安京の人口といった場合には頭数になっているようである。

さてその人口だが、これが一筋縄ではいかない。なにせ戸籍関連の史料など残っておらず、漠然とした史料から推量に推量を重ねて算定するほかなく、幾人かの研究者がそれを試みているが、いずれも推量の域にとどまっている。一般に想定されているのは、平安京（および周辺）には、おおよそ十数万の人々が居住していたということである。

平安京の都市構造

七世紀末の藤原京に始まるわが国の都は、中国の洛陽《らくよう》や長安《ちょうあん》といった都城制に範をとったものであった。かの地では周囲を羅城《らじょう》といわれる高い城壁が廻っており、その遺構はこんにちでも目にすることができる。これらは夷狄《いてき》の侵略から都を守る防備の役を担《にな》っていた。しかし、わが国の場合、その痕跡は文献からも、発掘調査の成果からもうかがえない。島国という特殊性から、莫大な経費を要して城壁を築造する必要はなかったのであろう。

それでも京の玄関口にあたる南端の九条大路（南極大路とも）と朱雀《すざく》大路の交わる場所には羅城門が

開かれ、その左右には土塀のようなものが設けられていた。こんにちの九条通りの北に存在する東寺の南大門と、それに取りつく塀のような恰好ではなかったかと思う。それも西端、つまり西京極《きょうごく》大路までは伸びていなかった。そもそも西京極大路の南部と九条大路の西部は途中で街路が消滅しており、京外と一体化していたことが発掘調査などで確認されている。その様子は、建都一二〇〇年記念事業で制作された平安京復元模型（一〇〇〇分の一。京都市の平安京創生館に陳列されている）からもうかがえる。わが国の都城は無防備であった。

西安の羅城（明代のもの）

二重の楼閣を誇った羅城門は九世紀初めの台風で倒れ、その後に再建されたが、十世紀終わりの暴風雨で倒壊して以降は荒れるにまかされた。十一世紀前半、道長が法成寺《ほうじょうじ》の造営にあたって羅城門の礎石を持ち去っているので、この時点では建物はなく、基壇や礎石が露出していたのである。その荒廃ぶりは、十二世紀

羅城門模型（京都駅前）

羅城門跡の碑

前半に成った『今昔物語集』所収の「羅城門ノ上層ニ登リ死人ヲ見タル盗人ノ語」（芥川龍之介『羅生門』の原話）で知られるようなありさまであった。

羅城門を入ると幅二八丈（約八四メートル）の朱雀大路が北へ延び、東西の二条大路と交叉する北側に開かれた朱雀門に至る。この朱雀門を中心南門として南北約一・四キロ、東西約一・二キロの一郭を大内裏《だいだいり》（平安宮）と称した。

大内裏を中央北部に取り込んだ平安京は、東西が東京極大路から西京極大路まで約四・五キロ、南北は九条大路から一条大路（北極大路とも）まで約五・二キロ、縦長の長方形で、総面積は二六・七九平方メートルであった。京内は、中央を南北に走る朱雀大路で二分され、その東側が左京、西側が右京とされた。これは古代中国の「天子は南面す」という思想に倣ったもので、天皇が大内裏から南を向いて見たときの左右である。そして左京、右京はさらに、南北に走る大路と、これらと直交しながら東西に走る大路によって大きく区画された（平安宮部分は除外）。

それらの区画のうち、南北縦貫路によって区分される列は坊、東西横断路によって区分される列は条と呼ばれた。坊は朱雀大路を中心に左京と右京にそれぞれ一坊から四坊（朱雀大路に近いほうから一坊、二坊、三坊、四坊の順）、条は九条から一条（南から順に）と、その北に半条分の北辺《きたのべ》がついた。

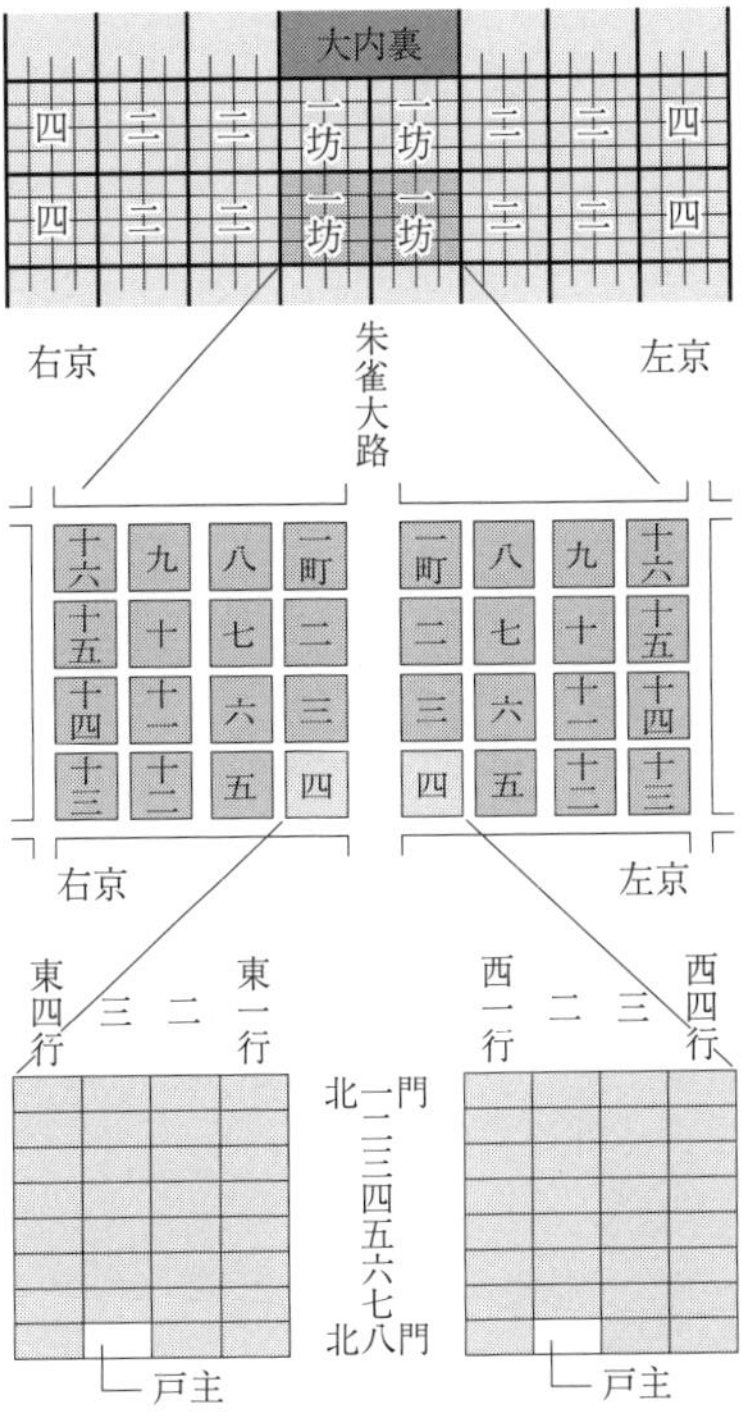

平安京の住所表示
（京内は左京・右京ともに条坊制で表示。それは，条・坊・町・戸主という方法で地番を示した）

こうした条と坊の分割によって形成されるブロックも坊と言われ、各坊はさらに縦横それぞれの三本の小路によって十六分割されていた。この小区画が町と呼ばれるもので、前の図に示したように、朱雀大路側の北から南に千鳥式に一から十六と定められ、京内の場所はたとえば「右京五条四坊二町」のように表示された。また四町を一つの単位としたものは保と呼ばれ、一保は一・二・七・八町、二保は三・四・五・六町、三保は十一・十二・十三・十四町、四保は九・十・十五・十六町から成っていた。すなわち一坊＝四保＝一六町となる。

条坊制の基本単位となる一町は、一辺四〇丈（約一二〇メートル）の正方形で、その面積は一四、四〇〇平方メートル、約四、三〇〇坪であった。そしてこの町は四行八門制《しぎょうはちもんせい》（四行は東西に四分割、八門は南北に八分割する地割制度）によってさらに細分化され、朱雀大路に近いほうから左京は西一行から西四行、右京は東一行から東四行、南北においては北から北一門から北八門と区分された。

こうしてできた東西一〇丈（約三〇メートル）、南北五丈（約一五メートル）の細長い一郭が一戸主《へぬし》と呼ばれ、宅地としての最小区画とされた。その面積は一〇丈×五丈＝五〇平方丈＝約四五〇平方メートル、約一三〇坪あまりということになる。それぞれ通路部分を取られるから実際には少し狭くなるが、それでも一〇〇坪を下回ることはないから、こんにちと比べれば豊かな住宅地といえ、一町家がいかに広大であったかがわかる。ただし、一戸主以下での土地売券も存在するから、実際には一戸主のさらなる細分化もみられ、家地の広狭には大きな差があった。

2　左京・右京の開発事情

位階と住居の広狭

居住する宅地の広狭は、位階に応じて決められていた。平安時代に定められた明確な規定はないのだが、その広狭は奈良時代の聖武天皇の難波京での規定に準じている。それによれば、一町に住めるのは三位以上のいわゆる公卿（一部四位を含む上級貴族）であり、四・五位（一般に殿上人といい、中・下級貴族）は半町以下、六位以下は四分の一町以下とされていた（『続日本紀』天平六年九月十三日条）。そして庶民は一戸主を基本としていた。それは文献に徴しても確認できる。

たとえば九世紀半ばの記事に、「左京采女町西北地、四分の一を以て右衛門権佐従五位下《じゅごいげ》橘朝臣海雄に賜う」（『続日本後紀』承和九年六月四日条）とある。従五位クラスの官人が四分の一町というのは妥当なところである。そう考えると、受領クラスの宅地もこの程度と理解してよい。受領の場合、国の等級によって四〜六位に分かれるので宅地の広さに差はあるものの、二分の一町か四分の一町が相当であった。

ところが、『日本紀略』の長元三年（一〇三〇）の記事に、「諸国吏の居処、四分の一宅を過ぐべからざるに近来、多く一町家を造営し、公事を済まさず。また六位以下、築垣並びに檜皮葺の宅を停止すべし」（『日本紀略』四月二十三日条）とあるように、財力に物を言わせて一町家を造り、禁を破って屋根を檜皮葺にする者が多く現われた。

これとほぼ同時期のこととして、藤原実資（九五七〜一〇四六）は造宅規制の太政官符を日記に引用し

東三条殿模型（京都文化博物館蔵）

ている（『小右記』長元三年五月十四日条）。それによると、一町の敷地に住み、大路に門を開くことを許されるのは三位以上の公卿に限られるが、近年では身分を弁《わきま》えずに垣根を設け、大門を構えて敷地いっぱいに大きな建物を造る者が増えているといい、それを厳しく禁制して、違反した者は官職を剝奪し永く任用しない、とある。

この禁制が交付されて間もなく、散位《さんい》従五位下源相高《すけたか》なる者の邸宅が検非違使によって破却されている。この男は散位（位階だけあって官職に就いていない者をいう）で無職だったにもかかわらず、「盗《ひそか》に舎屋を作り、高大屋を構え、檜皮葺を営む」とあるから（『小右記』長元三年六月二十三日条）、違反を承知で造作していたらしい。罪名勘申《ざいめいかんじん》（罪名を調べて上申すること）のところで「顕《あき》らかに奢侈の心を以て空しく憲法の厳《きび》しさを忘れ…」と、憲法無視が云々されている（『小右記』長元三年六月二十八日条）。

このように取り締まりが強化されたものの、違反者は跡を絶たなかったようである。とりわけ富裕な受領たちは禁制などお構いなしに豪邸を造り、院・摂関家・上級貴族らに進上していた。それは院政期に入ると顕著となり、院の近臣となって数国の受領を歴任した下級貴族たちが、任国で得た富財をもとに院御所を造進するなどして院政を支えたのである。しかも、そうした行為を成功《じょうごう》と称して院が正式に認めており、受領たちの中には、その見返りとして任官・叙位された者も多くいた。まさしく売官売位が罷りとおっていたのである。

一方、規定を墨守している例も見られる。十二世紀初頭のこと、故権大納言藤原宗通《むねみち》の六角東洞院新造宅は「これ法の如く一町家」（『中右記』元永元年十一月二十六日条）とある。また白河上皇の大炊殿《おおいどの》や近臣藤原基隆《もとたか》の三条大宮亭も「法の如く一町家」（『中右記』長治元年十一月二十八日、天仁元年七月二十六日条）と記されている。

東三条殿跡の碑

邸宅の構造としては貴族の場合、一町の中央に寝殿を建て、そこを中心として東西北に対の屋を廊で繋《つな》ぎ、南に池と中島を配し、これを挟む形で釣殿（泉殿）を設けるというのが、後世いうところの寝殿造として想像図とともに一般に膾炙《かいしゃ》している。そのため貴族が一律にこういう屋敷で生活を営んだという誤解を与えかねない。しかし実際には、このように完備した邸はあまり見られなかったであろうことは、摂関家伝領の東三条殿に西の対がなかったことからも察せられる。貴族にも階層があって、すでに述べたように一町の広さに住めるのは、ほんの一握りの上級貴族であり、大半の者は叶えられなかったのである。庶民に至っては、『年中行事絵巻』ほかに見られる長屋形式の家が多かった。その集住の様子は前述の平安京復元模型によってもうかがい知れる。

現存する土地売買の証文

この時代の家地の売買はどうなっていたのであろうか。今と違ってさぞかしルーズだったと思われがちだが、さにあらず、こんにちと変わらぬ手続きを行っていたのである。つまり、売り人と買い人がそれぞれ保証人を立て、役所に申請して契約書（売券）を交わしている（土地売買に関して考古学的見地からの詳細な研究に寺升初代「平安京の土地売券」がある。朧谷「邸宅の売買と相続」参照）。その際の土地表記は、早い段階では先に述べた条坊制に依拠していた。

土地売券は、原則として役所と買主が所持したであろうから、平安時代四百年に限っても夥しい数の売券が存在したはずだが、残っているのはわずかにすぎない。そうした土地売券を多く所収しているのが、竹内理三編『平安遺文《いぶん》』（平安時代の古文書などを編年で編集した史料集。一九四七年以降漸次刊行された。以下の引用は号数のみを記す）である。

収録文書の中で年紀がもっとも早いのは、醍醐天皇時代の延喜十二年（九一二）七月十七日付の売券（二〇七号、天理図書館蔵）である。これは、左京七条内の土地売買について七条令《うながし》（令とは四坊の行政管理者で、四坊から成る各条に一人ずつ置かれた。条令、坊令ともいう）が発給した解《げ》（被官官司からの上申文書）、すなわち「七条令解《しちじょうりょうげ》」で、この売券を見ると、売買されたのは左京七条一坊十五町西一行北四五六七門の四戸主分の土地であることが知られる。

この土地はその後、延長七年（九二三）、天暦三年（九四九）、天元二年（九七九）などたびたび転売され、持ち主が何度も代わっている。驚くべきことに、そうした土地取引を示す売券がおよそ五百年後の

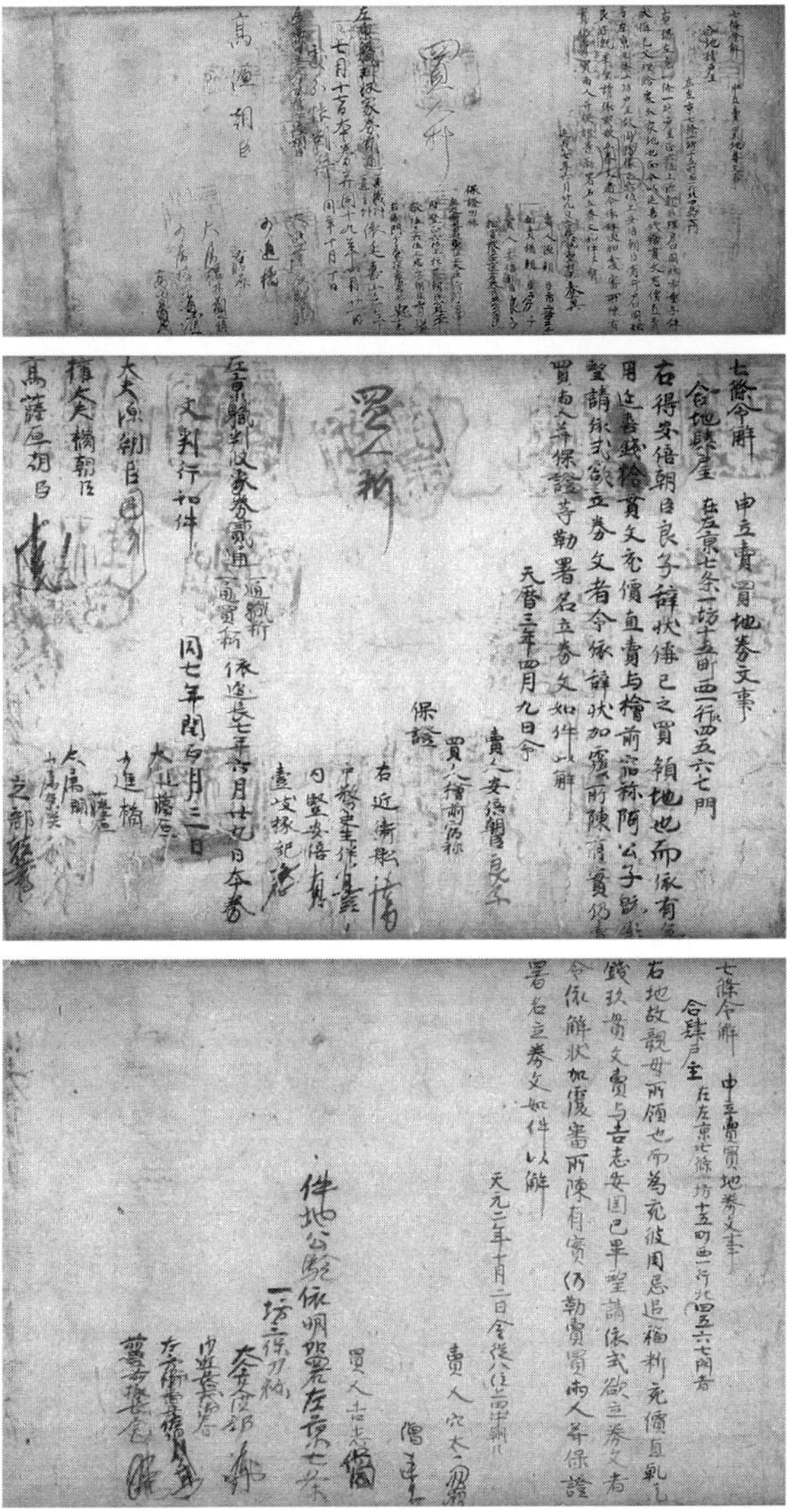

七条令解（古代学協会蔵）

室町時代の応永三年（一三九六）十月二十一日付のものまで、なんと二十通あまりも残っている。それらの売券は、東寺百合《ひゃくごう》文書として知られる、東寺（教王護国寺）に伝わる膨大な史料群の中にあった。最終的にこの土地が東寺に寄進され、文書も一括して東寺に納められたことから伝存したのである（ただし現在、何通かは所蔵先が異なる）。

では、現存最古の売券である延喜十二年の証文をさらに詳しく見ていこう。売券の形態を知るために、原文に返り点を付した（割注の部分は付せず）ものを以下に示す。

七条令解　中立賣買家券文事

合壹區地肆戸主在一坊十五町西一行北四五六七門

立物

三間檜葺板敷屋壹宇在庇四面并又庇西北、又在小庇南面、戸五具　大二具　小三具

五間板屋貳宇在一宇庇、南西面、在一宇庇、西面、戸各有壹具

中門壹處

門貳處大小

右、得二散位正（六脱）位上山背忌寸大海当氏辞状一偁、己家以二延喜銭陸拾貫文一充二価直一、売二与左京一条一坊戸主中納言従三位兼行陸奥・出羽・按察使源朝臣湛戸口正六位上同姓理一既畢。望請、依レ式欲レ立二券文一者。令下依二辞状一加中覆審上。所レ陳有レ実、仍勒二売買両人并保証等署名一、立二券文一如レ件。以解。

延喜十二年七月十七日　令従八位上県犬養宿祢「阿古祇」

売人散位正六位上山背忌寸大海「当氏」
買人正六位上源朝臣「理」
「主料」
保証
陽成院釣殿宮舎人長宮處「今水」
右衛門府生正六位上佐伯宿祢「忠生」
内竪従七位布敷「常藤」

左京職判二収家券弐通一（一通職料 一通主料）依二延喜二年五月十七日本券幷同八年九月十九日白紙券等一判行如レ件、同
十二年八月二十八日
大夫源朝臣「長頼」
亮兼伊勢権大掾藤原朝臣「三仁」

大進平
少進小野「高枝」
小野
大属阿刀「平緒」
少属許西部「久範」
少属闕

〈「　」ハ本文ト筆蹟ノ異ナル文字〉

売買の対象となった土地が、左京七条一坊十五町西一行北四五六七門だったことは、文書の二行目に示されている。四戸主分だから、南北二〇丈（約六〇メートル）、東西一〇丈（約三〇メートル）、面積二〇〇平方丈（約一、八〇〇平方メートル）の土地である。「立物」として二棟の建物や門についての記述も

見える。

家地売買の際には、まず売主が買主と価格などを明記した辞状をもって条令に申し立てる。ここでの売主は山背忌寸《やましろのいみき》大海人《おおみの》当氏《まさうじ》で、散位とあるので官職に就いていないことがわかる。買主の源理《おさむ》については、源堪《とおる》の戸口つまり家筋の者という以外には判然としない。両者ともに正六位上とあり、社会的地位は同等である。

記載内容に誤りがないことを確認（覆審）した条令は、二通の解文を作成して売買人両名ならびに保証人に署判させて左京職《しき》（右京職とともに京域内行政を担当した役所。詳しくは後述）に提出し、左京職はこれに証判を加えて一通を手もとに留め（職料）、残りの一通を買得人に返し（主料・買人料）、この手続きを経てはじめて売買が成立したことになる。上掲の売券を作成した令は、従八位上の県犬養宿祢《あがたいぬかいのすくね》阿古《あこ》祇《ぎ》と記されている。

この証文の原本には字面に三十二個の「左京職印」が押されており、いかにも律令政府の公文書といった由緒正しき風情がある。左右の京職は、戸口（戸数と人口）・訴訟・租税をはじめ坊城の修理、京中の掃除など京の行政全般を掌り、京人の暮らしを管理・守護した。その役人の構成は、左右それぞれに大夫、亮《すけ》、大進《じょう》、少進、大属《さかん》、少属の四等官が一名ないし二名おり、その下に坊令、使部らがいた。上掲および延長七年（九二九）の売券には、大夫をはじめ左京職の四等官の署名が見られる。

売買の対象になった地域は、慶滋保胤《よししげのやすたね》（？〜一〇〇二）の随筆『池亭記《ちていき》』によると、左京の中でも四条あたり以北とくらべると地価が安く、一町家は少なくて、それ以下の広さの庶民的な家が多い地域である。当該地が所在する十五町の東南には、街路を隔てて東市が存在していたから、賑わいのある場所と推定される。ちなみに六位相当の保胤本人も、その一郭の四分の一町ほどの土地に住んでいた。

地価については、「延喜銭陸拾貫文」（六十貫文）と記されている。その後、父の理からこの地を伝領した源市童子が延長七年に安倍良子へ売却した売券（二三二号）には延喜銭十貫文とある。後者の売券には建物の記載がないので土地だけの売買ということになるのだろうが、それにしても十七年間で五十貫文の減額とは、差が大きすぎる。

このことに関して中村直勝氏は、「延喜銭拾貫文」は後に書き込まれたものと見なして、これは実際の値ではなく、極めて高価であった、という吉書《きっしょ》（めでたい文書）の類とみている（「延喜銭『拾』貫文」）。さらにこの二十年後、安倍良子は檜前阿公子へ延喜銭十貫文で売却している（二五六号）。

なお、こんにちに残されている平安京内における平安時代の六十通あまりの土地売券を通覧すると、一町以上の売買はほとんど見られない。大半は一戸主から数戸主で、なかには一戸主以下も数例見られる。

地点表示の変遷

東寺百合文書のところで少しふれたが、土地売券で注目されるのは地点表示（所在地の表記）の変遷である。前項で見たのは、律令制度が曲りなりにも維持されていた時代の公文書だけに、条坊制の呼称に則《のっと》ったものであった。それが、時代が下がるとともに徐々に街路名、つまり街路の東西と南北の交点を示して記載する、いわゆるこんにち的な呼称方式へと変化していくのである。

その初見は、嘉保二年（一〇九五）四月四日付の「平某家地直請取状」（一三四三号）である（これは売買文書ではなく請取状）。そこには「六角油小路、東西五丈七尺五寸、南北二丈八尺九寸」とある。条坊でいえば左京四条二坊四保内に所在の地にあたり、面積は一六・六平方丈（一三〇余平方メートル）で

○・三戸主分の土地ということになる。

この四日後の四月八日付の「平某家売券」（一二三四四号）なるものも土地の面積が同一で、その指称から四日付のものと同地と考えられるが、こちらは条坊制による地点表示となっている。さらに三年後の承徳元年（一〇九七）三月五日付の売券（一三九二号）も、同じ地点表示で同一面積なので同地と推定されるが、この売券では条坊名と街路名が併記されている。こうした併記の用例はめずらしく、これを初例として以降二件（一八三二・二六八七号）ほどしか見あたらない。

街路名による地点表示の例として嘉保二年（一〇九五）に次ぐのは、永久三年（一一一五）八月十六日付「源頼子家地相博券」の「在下従二七条坊門一南従二室町一東戌亥角上」である（補四二号）。次いで三例目となるのが、保延元年（一一三五）七月二十七日付の「中原清祐家地売券」（二三二八号）で、その所在地は「在下従二六角一北、室町西面上」と表示されている。「南北三丈六尺、東西肆丈五尺」とあるから、東西にやや長い三分の一戸主ほどの面積の土地だったことがわかる。

これらをはじめとして売券で街路名表記が多く見られるようになるのは十二世紀に入ってから、とりわけ半ば以降である。土地売券はもちろん、貴族の日記などに散見する記載法もそのほとんどが街路名の組み合わせによる表記となっている。管見に入った早いものとして十世紀中期の「待賢門大路（中御門大路）南方、高倉小路東方人宅群盗入来」（『貞信公記』天暦二年〈九四八〉五月十五日条）がある。

このように地点表示が条坊名から街路名へ移行する背景には、街路名の整備が前提となっていることはいうまでもない。人工的につくられた平安京で暮らしを営んでいくうち、人々は必要に迫られて街路に名前を付すようになり、その普及にともなって地点表示も、官が定めた条坊名から生活に密着した街路名へと変わっていったのである。

左京・右京の住居域の実態

「平安京の都市構造」の項で述べたように、碁盤目状の平安京の基本単位は町で、都市計画上では、大内裏、神泉苑、東西の寺・市、官衙町などの公的施設を除くと、京内の全町数は千町ほどが想定される。しかし『類聚三代格』所収の太政官符によれば、天長五年（八二八）の時点では「京中は惣て五百八十余町」（天長五年十二月十六日付）といい、想定数の半数強にすぎなかった。おそらくその程度しか開発されていなかったというのが、遷都からほぼ三十年後の実状であったろう。

同時期のこととして、「京中を巡検するに閑地少なからず。或は貧家疎漏し徒《いたずら》に空地を余し、或は高門占買して曾《かつ》て作営せず。……条に課し戸に喩《さと》し、勤めて営作せしむ。而るに人稀にして居少なく耕営を事とせず。徒《いたずら》に日月を過ごし稍《ようや》く藪沢《そうたく》と成る」（天長四年〈八二七〉九月二十六日付「太政官符」『類聚三代格』所収）とある。これに先立つ弘仁十年（八一九）にも同様の主旨で太政官符（十一月五日付）が下されているが、どうやら通達どおりに事が運ばなかったようで、改めてこの官符が出されている。それほどに営作（建築や土木工事を行うこと）は進んでいなかったのである。

なかなか宅地開発が進まない一方で、閑地を耕作地として利用する者は多かった。さすがに京中で水田を営むことは許されなかったが、遷都して五十年もたたない承和五年（八三八）、官は「卑湿《ひしつ》の地」という条件付きで「水葱《なぎ》、芹《せり》、蓮《はす》の類」の栽培を許し（『続日本後紀』承和五年七月一日条）、十世紀に入っても「大・小路及び卑湿《ひしつ》の地」では路面をせばめない程度であれば栽培を認めていた（『延喜式』）。しかし十二世紀になると、「溝渠《こうきょ》を開鑿《かいさく》して往来を煩わし、道路を侵奪《しんだつ》して田畝《でんぽ》を耕作す」という目にあまる事態が生じるに至り、これを停止している（『兵範記』仁安三年〈一一六八〉十月五日条）。

じつは、『延喜式』制定の延長五年（九二七）の段階で、すでに平安京は都の中央軸だったはずの朱雀大路が昼は多数の牛馬が屯《たむろ》し、夜は盗賊のねぐらと化す状態になっていた。それはひとえに右京域の衰退による。都市化が進んでいたのはおもに左京域であって、そもそも低湿地の多い右京域は、造都当初から所領、沼沢、田畠が広がっていた。その湿潤な土地柄はいかんともしがたく、右京の人口は時代とともに増えるどころか減少し、未開発のまま荒廃の一途をたどるばかりであった。十世紀後半における その衰退ぶりは、「東西二京を歴見するに、西京は人家漸《ようや》く稀にして、殆《ほとほと》に幽墟に幾《ちか》し。人は去ること有りて来《きた》ること無く、屋《いえ》は壊《やぶ》るること有りて造ること無し」という、慶滋保胤《よししげのやすたね》が『池亭記』に書き残した有名な一節でも知られるところである。

整然とした碁盤目状の区画から成る条坊図のような都は机上のもので、現実の平安京は、当初から左京と右京の均衡がとれた都市ではなかったのである。むろん、右京といえども北部の大内裏の周辺には官衙町があり、四条以北に朱雀院（歴代の後院、つまり上皇御所）、宇多院、西宮殿（左大臣源高明第）など大邸宅も存在していた。しかし南西部にはほとんど邸宅は存在しなかったようである。

右京に存在した小泉荘

そのことは侍従《じじゅう》池《いけ》領《のりょう》や小《こ》泉《いずみの》荘《しょう》の存在が如実に物語っていよう。侍従池領とは、仁明《にんみょう》天皇の皇子の本康《もとやす》親王が平安時代前期に六条大路から七条大路にかけて開発した荘園。また小泉荘は、藤原摂関家が伝領したとされる京内最大の荘園地で、平安時代後期に成立したとされている。鎌倉中期に原型が成った『拾芥抄《しゅうがいしょう》』（中巻所収の「宮城部」「諸名所部」「京程部」と附図は、平安京研究に欠くことのできない史料）の「西京図」には、北は六条大路、南は北小路（七条大路の一本北）、東は道祖《さい》（佐比）大路、西は西京極大路に囲まれた十五町ほどに「侍従池領」の記載が見られる。

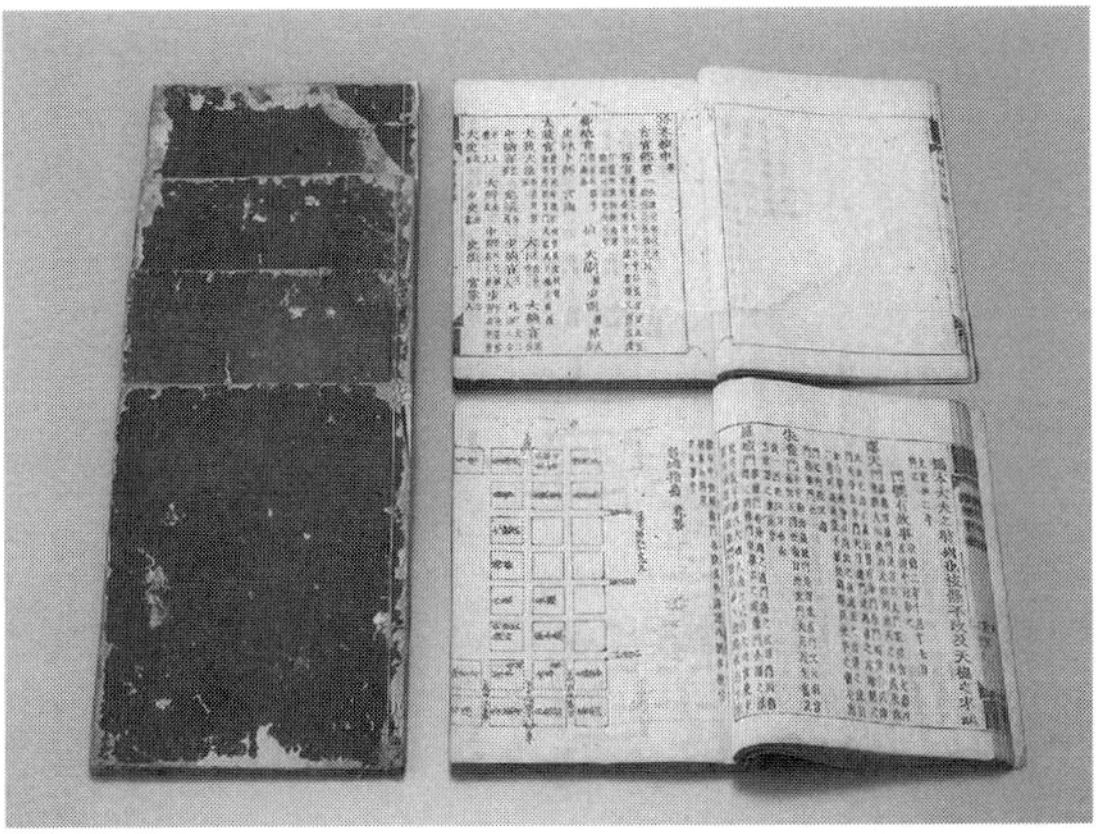

『拾芥抄』（古代学協会蔵）

同じく「西京図」に「小泉」の書き込みもいたるところにあり、その数は六十二町を占めている。また、長久五年（寛徳元年、一〇四四）の「権中納言家牒」（牒とは公文書の一種）なる文書（『朝野群載』巻第二十一所収）には、小泉荘の場所が右京七条三坊・四坊であることや、十世紀初めの大納言藤原保忠《やすただ》（父は菅原道真を失脚させた左大臣時平）にはじまり、養子の関白頼忠《よりただ》、その嫡男、権大納言公任《きんとう》、そして内大臣の教通《のりみち》（公任の女婿）、その子の権中納言信家《のぶいえ》へと伝領されてきていることが記されている。この文書は、券文（土地所有の証明書）を焼失してしまったのでこの相伝の経緯をもって認証してほしい、と願い出たもので、不幸中の幸いと言うべきか、そこから多くのことが知れるのである（詳しくは角田文衛「右京の侍従池領」参照）。

　最近、この小泉荘に関係する遺構が、京都市埋蔵文化財研究所の発掘調査で見つかった。「平安京右京四条三坊三町発掘調査広報発表資料」（二〇二一年六月十五日付）によると、調査地は京都市右京区の市立西院小学校内の敷地で平安京右京四条三坊三町にあたる場所。つまり『拾芥抄』西京図に「小泉」の書き込みがある、小泉荘の一部だった地である。そこから建物跡二棟が発見されたのである。荘園の管理施設の可能性が高いという。さらに都の主要路だった道祖大路を掘削してつくられた道祖川の一部なども発掘されている。道祖川は、右京の基幹排水路の役割を果たしていた西堀川が十世紀代に土砂で埋没してしまったため、その代替措置としてつくられた人工河川で、今回の発掘によってその変遷と構造が明らかになった。道路を削って川に変えてまで排水処理をし、都城の宅地を荘園（耕作地）化していった実態を伝えるこの遺構は、湿地帯に悩まされた右京ゆえの苦労を示すものといえよう。

なお、ほかの文献に照らしてみても、右京の六条あたりが小泉荘であって荒れた田畑が多かったこと（永保二年正月二十日「永作手田充行状」〈『平安遺文』一一八九号〉）、秣《まぐさ》の貢進の実行から「小泉厩」の存在（「西京図」）も確認できる。やはり荘園といっても、大部分は水田であったのだろう（永暦元年三月四日「ゆきの入道下文」〈『平安遺文』五〇三六号〉）。

3　平安宮と天皇御在所

大内裏と内裏

現代人がイメージする麗しい都の景観からはほど遠い話が続いたので、このあたりで雅な大内裏《だいだいり》、内裏についてふれておこう。

大内裏（平安宮）は、東西約一・二キロ、南北約一・四キロの広さを有し、天皇（東宮、后妃ら）の生活空間である内裏、朝賀・朝政など公的な政務や儀式を行った朝堂院《ちょうどういん》（八省《はっしょう》院とも。その中心的な建物が大極殿《だいごくでん》）、饗宴の場としての豊楽院《ぶらくいん》、そして二官八省を要する官庁などから成っていた。今で言えば東京の皇居と霞が関界隈の官庁街を一緒にしたような都市空間と解しておけばよい。

内裏は、大内裏の中央やや東北に位置する。外郭には築地《ついじ》がめぐり、南に建礼門《けんれいもん》、東に建春門《けんしゅんもん》、北

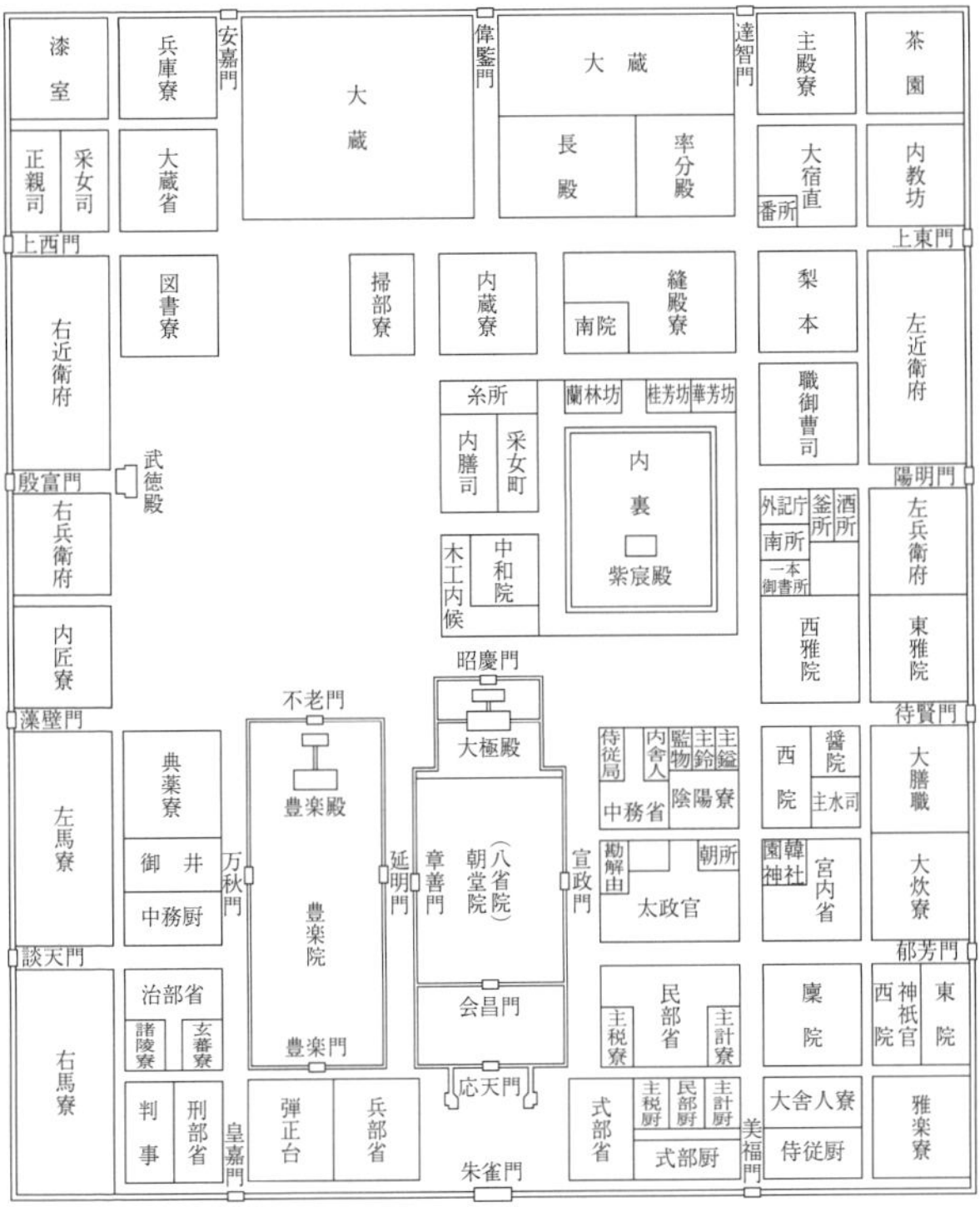

平安京大内裏図

は桂芳坊《けいほうぼう》などを取り込んで朔平門《さくへいもん》が、西には中和院《ちゅうかいん》などを取り込んで宜秋門《ぎしゅうもん》がある。内郭には東西南北に宣陽《せんよう》、陰明《いんめい》、承明《じょうめい》、玄輝《げんき》の諸門があり、この門と回廊に囲まれて十七殿五舎といく棟かの建物がある。このうち、中央の紫宸殿《ししんでん》、仁寿殿《じじゅうでん》、西の清涼殿《せいりょうでん》、後涼殿《こうろうでん》、東の綾綺殿《りょうきでん》、温明《うんめい》殿《でん》という建物以南（ほぼ内郭の二分の一の広さ）が天皇に関わる空間であり、以北の七殿五舎を有する空間が後宮《こうきゅう》である。五舎とは飛香舎《ひぎょうしゃ》（藤壺）、凝華舎《ぎょうかしゃ》（梅壺）、襲芳舎《しゅうほうしゃ》（雷鳴壺《かんなりのつぼ》）、昭陽舎《しょうようしゃ》（梨壺）、淑景舎《しげいしゃ》（桐壺）をいう。襲芳舎は庭に落雷した木があったことによる俗称で、他の四舎は庭に植えていた樹木にちなむ。

天皇の常の居所である清涼殿と至近のところには藤壺、弘徽殿《こきでん》、承香殿《じょうきょうでん》があり、中宮や女御という地位の高い后の御所に充てられることが多かった。道長の娘の中宮彰子は（一条院内裏）藤壺を居所としていたし、『源氏物語』の藤壺中宮、弘徽殿女御もしかり、である。一方、光源氏の母、桐壷更衣の居所は清涼殿からはもっとも離れたところに位置していた。したがって更衣が帝のところへ上がろうとすると、多くの妃たちの殿舎の前を通らねばならず、辱《はずかし》めや汚物を置かれるなどの嫌がらせを受けることになるのである。このような空間認識は王朝文学を理解するうえで必須である。

清涼殿と結ばれる東南の殿舎が紫宸殿で、内裏の正殿である（南殿とも称した）。大極殿での儀式の形骸化にともない、その要素を引き継いで国家の重要な儀式が行われたところであり、紫宸殿は天皇の象徴のような建物といえる。そもそも「宸」とは、天子の住まい、また天子に関する物事に冠する語で、宸翰《しんかん》・宸筆（天皇の真筆）、宸遊（行幸）、宸襟《しんきん》（天皇の心）などの用例がそれを表わしていよう。

内裏と里内裏

桓武天皇の延暦年間（七八二～八〇六）に創始された平安宮の内裏は、天徳四年（九六〇）の火災で全焼したあと、たびたび火災に見舞われている。内裏が焼亡すると再建までの間、天皇は仮の内裏に住むことになる。これを里内裏（詳しくは後述）というが、十一世紀後半の院政期になると、内裏が存在するにもかかわらず里内裏との併用が見られるようになる。そして十二世紀初頭の鳥羽天皇（一一〇三～五六、在位一一〇七～二三）以降、里内裏が常の御在所となり、（本）内裏は儀式を挙行するだけの「はれ」の場と化し、内裏の存在意義が低下していった。

鳥羽天皇が永久五年（一一一七）に新造された里内裏（土御門烏丸殿）へ遷幸したことに関連して『百錬抄』（鎌倉時代後期に成立の編年体の歴史書）には、その土御門烏丸殿のことを「土御門皇居」とあり、「殿舎、大略大内に模す。但し承明門代なし」（永久五年十一月十日条）と記されている。この殿舎は、白河院の近臣で「夜の関白」の異名をとった藤原顕隆《あきたか》の子の顕能《あきよし》の成功《じょうごう》（朝儀の費用や御所・寺社造営に資財を提供して官位を得る一種の売官制度）によって建造されたものだが、「仮」どころか「本」内裏に倣った結構にされており、まさに「今内裏」の趣である。同じ土御門烏丸殿について、関白藤原忠通《ただみち》も「件の所頗る大内の様体を模すを仰せらるや」と記している（『法性寺関白記』〈『忠通公記』〉とも。『歴代残闕日記』巻二十所収〉保安四年正月二十八日条）。

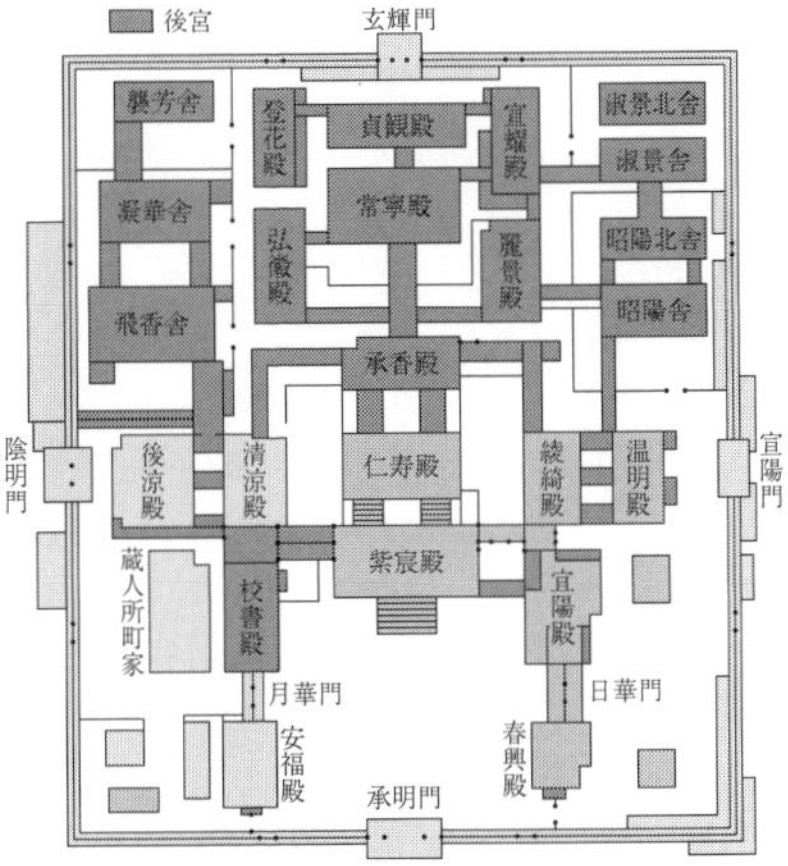

平安宮内裏図

弘徽殿跡の碑

承香殿跡の碑

閑院跡の碑

その後、後白河天皇（一一二七〜九二）のとき信西《しんぜい》（藤原通憲《みちのり》、一一〇六〜五九）による大内裏の復興が行われ、ほぼ半世紀ぶりに晴れて再興成った内裏が御在所とされた。それからしばらくは内裏と里内裏の併用がふたたび常態となったが、しかしそれも結局、一時的なものに終わる。肝心の内裏が、鎌倉時代に入って承久元年（一二一九）の戦火で被災（『百錬抄』七月十三日条）。復興の造作にかかったものの、後堀河天皇（一二一二〜三四、在位一二二一〜三二）の安貞元年（一二二七）、大内裏のほとんどを焼失する火災が発生し、再建途上にあった内裏も焼失してしまう（『百錬抄』四月二十二日条）。以後、再建は放棄され、平安遷都にともなって出現した平安宮の内裏はここに廃絶し、ついに歴史の上から姿を消すこととなった。

後堀河天皇の閑院内裏

その時、後堀河天皇は閑院を御在所としていた。閑院は北家興隆の基礎をつくった藤原冬嗣（七七五〜八二六）の創建で、そのあと孫の関白藤原基経に伝えられ、やがて関白藤原兼通（九二五〜七七）、子の朝光《あさてる》、藤原公季《きんすえ》（閑院太政大臣）、藤原能信《よしのぶ》（九九五〜一〇六五）へと伝領されてきた藤原北家ゆかりの邸宅である（『左経記』長元元年九月十六日条、参照）。

この閑院を里内裏としてはじめて用いたのは後三条天皇（一〇三四〜七三、在位一〇六八〜七二）で、高倉天皇（一一六一〜八一）以後は歴代の皇居として頻繁に使用されるようになった。その静寂閑雅な風情から「閑院」と呼ばれたこの御所も、火災の被害から免れることはできず、やはり幾度か焼失・再建を繰り返している。そうして建てられた殿舎の中でも、順徳天皇（一一九七〜一二四二、在位一二一〇〜二一）の建暦三年（一二一三）に新造された閑院は、それ以前とは大きく異なるものであった。『古今著聞集』（巻第十一―三八四）に次のようにある。

承元に閑院の皇居焼て、即造内裏ありけるに、本は尋常の式の屋に松殿作らせ給たりけるを、此度あらためて大内に模して、紫宸・清涼・宜陽・校書殿・弓場・陣座など、要須の所々たてそへられける。土御門の内裏のかゝりける例とぞきこえし。地形せばくて、紫宸殿の間数をしゞめられける時、賢臣の影も少々留められにけり。

「承元に閑院の皇居焼て」の焼亡とは、承元二年（一二〇八）十一月二十七日の火事のことで、後白河法皇の時代に摂政・関白を務めた松殿こと藤原基房（一一四四〜一二三〇）が新造した閑院が焼失している。その松殿がつくらせた殿舎は一般的な寝殿造だったが、建暦三年新造の閑院は、初めから内裏を意識して造作された、というのである。

そのことは、時の順徳天皇が「新造内裏」の閑院に遷御行幸された時の行事上卿を務めた権中納言藤原光親《みつちか》の日記（建暦三年二月二十七日条）によっても知ることができる（『光親卿記』〈『大日本史料』第四編之十二所収『遷幸部類記』所載〉）。曰く、「指図はこのたび多く大内に模せらる。但し南庭に猶池あり……。紫宸・清涼・宜陽・校書《こうしょ》殿、日華《にっか》・月華《げっか》等門、軒廊《こんろう》・射場殿《いばどの》など大略たがわず。或は間数を縮め、或は寸法を減ず。便宜に随いて斟酌《しんしゃく》あり」。この記述からも内裏を模していることがわかる。

先に述べたように安貞元年（一二二七）に本内裏が焼亡廃絶したから、皇居にふさわしい風格を備えた「閑院内裏」は、本内裏に代わって歴代の御在所として重きをなしていった。ただ、その閑院も、後深草天皇（一二四三～一三〇四、在位一二四六～五九）の正元二年（一二六〇）に焼失したあとは再建されることはなく、廃絶してしまう。

後深草天皇といえば、持明院《じみょういん》統の祖であり、北朝皇統の祖にもあたる。折しも閑院焼失当時は、皇位をめぐって後深草天皇の血統（持明院統）と弟の亀山天皇の血統（大覚寺統）の対立が顕在化してきた時期であった。この天皇家の分断がその後の両統迭立《りょうとうてつりつ》につながっていくわけで、それが多くの里内裏を生むことにもつながった。

その中のひとつ、土御門《つちみかど》東洞院殿《ひがしのとういんどの》（現、京都御所の紫宸殿周辺）は十三世紀前半、持明院統で北朝初代の光厳天皇（一三一三～六四、在位一三三一～三三）が里内裏としたことを契機に北朝方の主たる皇居となり、その後、土御門内裏として定着した。さらに歴代の武将たちの肝いりで敷地・建物を拡大し、やがて禁裏、そして京都御所へと発展していく。なお、禁裏を取り囲むように公家や門跡が集住させられ、いわゆる公家町が形成されるのは豊臣秀吉（一五三七〜九八）の時代である。

いっぽう平安宮（大内裏）の内裏の周辺は内野と呼ばれ、周囲の官衙も廃絶の一途をたどり、徐々に大内裏も消滅していって一般の居住地に取りこまれていった。

里内裏の系譜

話を平安京に戻そう。前述のとおり、内裏が焼亡すると再建まで仮の内裏に住むことになる。内裏の初焼亡は天徳四年（九六〇）であるから平安遷都から一六六年後のことであり、時の村上天皇（九二六〜六七、在位九四六〜六七）は再建までの一年近くを冷泉院で過ごしている（『日本紀略』天徳四年九月二十三日、十一月四日、応和元年十一月二十日条）。

冷然院（「然」は「燃」に通じることから十世紀の再建以降は冷泉院）の記録上の初見は早く嵯峨天皇（七八六〜八四二）の時で、「方四丁にて四面に大路ある京中の家は冷泉院のみ」と言われている（『大鏡』）。大内裏の東に隣接して平安京左京二条二坊三町から六町までの四町を占め、大炊御門《おおいみかど》大路・二条大路・大宮大路・堀川大路に囲まれる大邸宅であった。『大鏡』によれば嵯峨天皇は弘仁七年（八一六）に行幸している。また譲位後にはここを御所とし、皇后の橘嘉智子と十年ほど居住。皇子の仁明《にんみょう》天皇（八一〇〜五〇、在位八三三〜五〇）もたびたび行幸し、内裏修復中は御所としている。

こう言うと仁明天皇の里内裏と思われそうだが、この邸は後院といわれる累代の御所であったので、摂関など外戚の家を充てる里内裏には該当しない。

その意味で里内裏の嚆矢は、初焼亡から十六年後の貞元元年（九七六）、二度目の内裏の焼失の時である。村上天皇皇子の円融《えんゆう》天皇（九五九〜九一）が皇后藤原媓子の父である関白太政大臣藤原兼通《かねみち》（九二五

～七七）の堀河院（第、殿とも）へ遷御して内裏再建までの一年ほどを過ごしたことが、里内裏の歴史の始まりといえよう。『栄花物語』（巻第二）には次のようにある。

かかる程に内裏《うち》も焼けぬれば、帝のおはします所見苦しとて、堀河殿をいみじう造りみがきたまひて、内裏のやうに造りなして、内裏いでくるまではおはしまさんと急がせたまふなりけり。……その日になりて渡らせ給。中宮もやがてその夜移りおはしまして、堀河院を今内裏といひて、世にめでたうののしりたり。

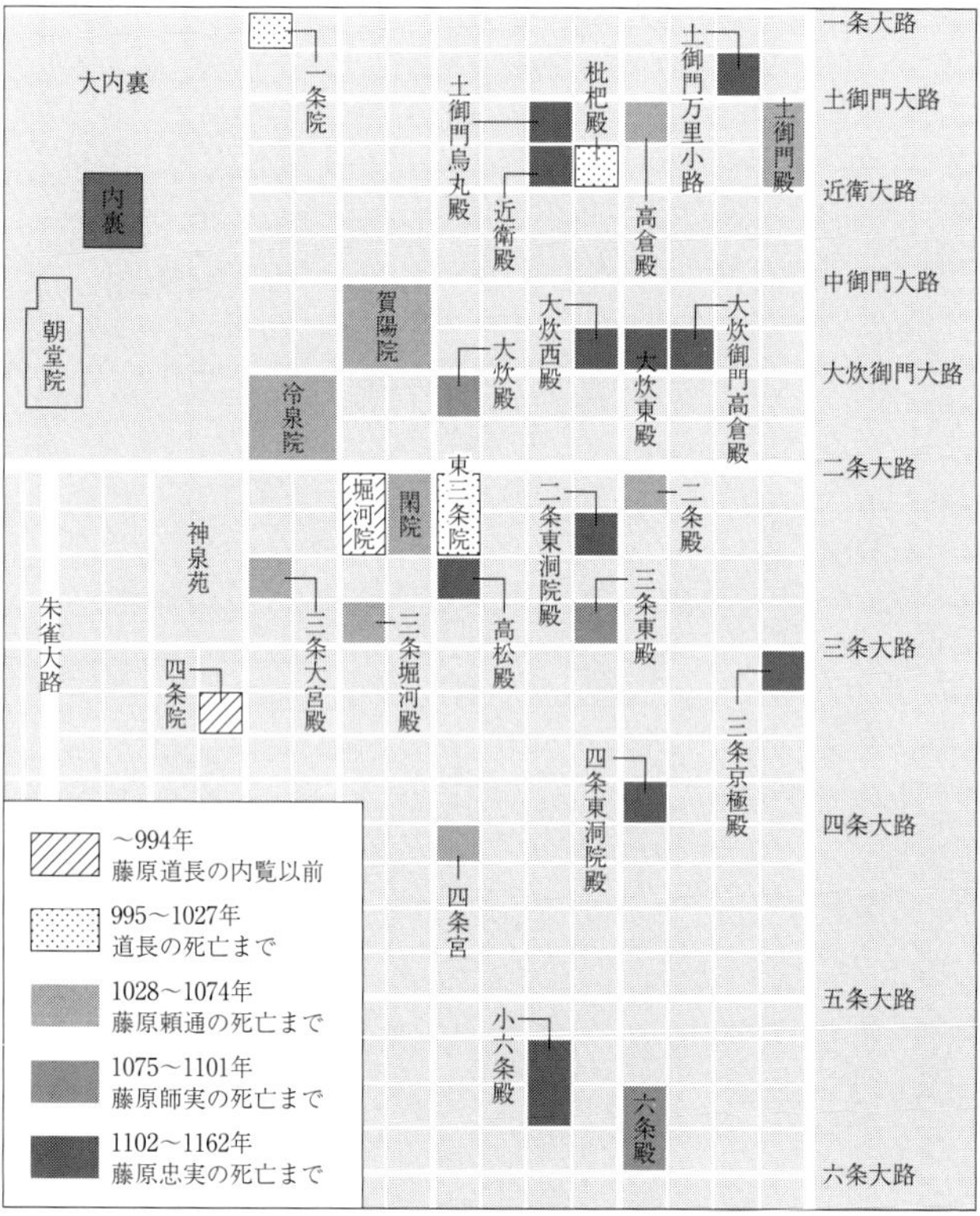

主な里内裏

その年の五月十一日に内裏が焼失し、避難した大内裏内の職曹司《しきのぞうし》が狭苦しいこともあって堀河院に遷御し、一年後に新造内裏へ還御していることは、『日本紀略』にも記述が見える（貞元元年五月十一日、七月二十六日、貞元二年七月二十九日条）。そして、ここにみえる「今内裏」が里内裏の語源になったのである。この名辞は清少納言が『枕草子』で「一条の院をば、今内裏とぞいふ」（二百三十段、九段）と用いている。長保元年（九九九）六月に内裏が焼亡し、翌年の十月に新造内裏へ還御するまでの一年あまりを一条天皇は一条院で過ごしたのである（『本朝世紀』長保元年六月十四・十六日条、『権記』同二年十月十一日条）。

堀河院の発掘
（関白藤原兼通の堀河院は南北２町の広さ。発掘調査でその庭園跡が見つかった）

堀河院は、九世紀後半に摂関となった藤原基経に始まる。平安京左京三条二坊九町から十町にかけてあった基経邸で、京都の堀川の東にあったところからその名がついた。その邸を十世紀後半、兼通が「内裏のように」改修して、娘婿である円融天皇の里内裏としたのである。これ以降、天皇のトップクラスの妃の実家（外戚の邸）を用いるという慣例が、里内裏に踏襲されていくことになる。

ところで、円融天皇が堀河院を里内裏としていた間、兼通はどこにいたかというと、堀河院の東隣にある閑院を当時の所有者だった藤原致忠《むねただ》から入手してそこに住んでいた。東宮の師貞《もろさだ》親王（のちの花山天皇）も閑院の東の対に移っている。堀河院は二条大路を挟んで冷泉院の東南に位置し、その東に閑院、さらに東に兼家の東三条院（第、殿とも）が並存しており、いずれも南北二町の大邸宅であった。

京都御所と平安神宮

先に述べたように、こんにちの京都御所も里内裏から出発している。十二世紀後半には大納言藤原邦綱《くにつな》の土御門東洞院殿（一町）が所在し、六条・高倉天皇の里内裏となり、下って十四世紀から明治維新までの五百年ほどの間、禁裏御所（現在の京都御所）となったのである。その規模は一町から始まり、徐々に拡大されて江戸時代初期には六倍ほどのこんにちの広さになった。

現在、京都御所を含む、南北を丸太町と今出川、東西を烏丸と寺町の各通りで囲まれた「京都御苑」とよばれる場所は、江戸時代には百四十以上の宮家や公家の邸宅が立ち並ぶ公家屋敷街であった。

また、洛東にある平安神宮は、場所こそ東方に移動しているが、その建築は大内裏の正庁であった朝堂院を八分の五のスケールで再現したものにほかならない。ここで出現の経緯を述べておこう。

平安遷都から明治初年まで千年あまりにわたって住み続けてきた天皇・皇族と多くの公家・官人・有力町人たちが東京へ移転したことで、極端な言い方をすれば、知識階層の大量流失となり、京都は俄《にわ》かに寂れた。そんななか、明治二十七年（一八九四）に迎えたのが、平安遷都千百年であった。

これを契機に再生すべく、京都の人たちは祝祭事を盛大に催した。その一つが平安神宮の建設と、それを記念する時代祭の挙行だった。つまり、平安京の諸施設のなかで最も重要な大極殿を中心とする朝堂院の復元であり、それを平安時代へのオマージュを込めて「平安神宮」と命名したのである。社とし

朝堂院大極殿（『年中行事絵巻』）

平安神宮

たことで祭神が必要となり、平安京を造営した桓武天皇を祭神に迎えて創建、昭和十五年（一九四〇）には、京都で生涯を全うした最後の孝明天皇（一八三一〜六六、在位一八四六〜六六）を合祀した。

内国勧業博覧会（第四回）も行事の目玉の一つで、落ち込んだ経済・社会・文化などの挽回をねらって開催された。さらに明治十八年（一八八五）から始まっていた琵琶湖疏水事業も、将来の京都に大きな効果をもたらす

京都・時代祭の清少納言と紫式部

ことになった。

時代祭は、曜日に関係なく毎年十月二十二日に挙行されている。なぜなら、その日は桓武天皇が遷都してきた日（陰暦ではあるが）だからである。定めた人の見識を思い知る。行列は維新勤皇隊から始まり、最後が延暦の武官・文官列となっており、時代を遡る形で行進する。行列の終わりのほうで登場する二基の鳳輦《ほうれん》には二柱の祭神がそれぞれ乗っている。先に進む鳳輦が孝明天皇、後の鳳輦が桓武天皇である。

ここに婦人列が加わったのは昭和二十五年（一九五〇）の再興時からだが、平安時代婦人列のなかで清少納言と紫式部が一つ車に乗って笑顔で愛嬌を振りまいているのを見ると、思わずニヤリとしてしまう。こういう光景は史実では見られなかったからである。

第三章　平安人の昼と夜

1　殿上人にとっての夜

貴族の時間、庶民の時間

「平安時代」と聞いて多くの人がイメージするのは、貴族たちの演出によってつくりだされるところの雅《みやび》な世界であろう。その雰囲気づくりに大きくあずかったのが夜であった。じつは、昼（ここでいうところの昼とは漠然と日昇から日没までをいう）と夜の認識が、この時代とこんにちとでは大きく隔たっている。その明暗ゆえに昼は健康的で夜は不健康という印象は、時代を超えて確かにある。こんにちでは人間の活動の大半は昼に営まれる。それは、平安時代においても大筋では変わらないであろう。ただ問題を複雑にしているのは、身分差の有無である。

つまり平安時代においては、貴族と庶民の行動に大きな隔たりがあった。照明が不自由なこの時代にあって、庶民は日の出とともに働きに出て暗くなると帰って寝る、といった生活リズムであった。

光源氏が夕顔の家に泊まった翌朝のこと、夜明け近くなって隣近所の家々から身分卑しい男たちの声

内裏での除目・叙位――篝火を焚いて挙行の儀式
（『年中行事絵巻』）

や唐臼《からうす》を引く音、砧《きぬた》を打つ音などを微睡《まどろ》みながら聞く、といった場面がある（『源氏物語』「夕顔」の巻）。作者の紫式部は、夕顔の住まいを左京の五条に想定し、板葺きの家としている。平安京のこのあたりは庶民的な雰囲気のある場所であったし、庶民の暮らしぶりを作者は認識していたものと思う。

このように庶民の生活は日昇前から始まったのである。したがって、季節によって労働時間に差があったことはいうまでもない。彼らの暮らしむきは史料の限界から知ることが困難であるが、想像されるのは、家に帰ってもさしたる団欒《だんらん》もなしに早く寝たのであろう、ということである。娯楽の少ない当時のこと、太陽とともに生活があったといえよう。

朝議から夜議へ

その点、貴族は違っていた。当時の日記を読んで思うことは、いかに彼らが夜遅くまで活動しているか、という点である。絵巻などで、篝火《かがりび》を焚《た》いて儀式などが行われている光景をよく見かける。「政治は夜つくられる」の譬《たと》えではないが、種々の議定が夜になることが多い。そのあとで宴会である。それが真夜中から明け方におよぶこともしばしばで、つまり翌日にかかるのである。

たとえば、白河院政間もない康和四年（一一〇二）正月五日の叙位《じょい》（位階を授けること）の儀では、左大臣以下の卿相が仗座《じょうのざ》（陣座《じんのざ》ともいい、左右近衛陣における公卿の座で公事が行われた）に集まって来たのが戌《いぬ》の刻（午後七時〜九時）であった（ちなみにこの時の公卿の総数は二十二人〈うち一人は大宰権帥〉で、この会議に出席したのはそのうち十四人である）。会議の終了時刻の記載はないが、日を越したことは疑いなかろう。右大臣の藤原忠実は候宿《こうしゅく》しており、夜議の場合にはこういった輩《やから》が多かったに違いない。

もっとも政治が夜行われるといったことは当初からではなかった。「朝政」の語が暗示するように政治は本来、朝（午前）に行われたのである。儀式や廷臣や建物などに「朝」の字がつくのはその現れとの指摘もある（朝儀・朝臣・朝廷・朝堂院）。平安時代になってもこの慣習は持続され、朝といわないまでも陽のあるうちに行うのを常とした。ところが村上天皇（九二六〜六七）のとき松明《たいまつ》の消費が増えたという話が説話集に見える（『古今著聞集』巻第三）。これは朝議（儀）から夜議（儀）への移行を示すもので、その背景には朝堂院から内裏へ、という天皇の居住空間の変化が大きく関わっていた（村井康彦『平安貴族の世界』）。いろいろな点において、村上天皇の十世紀半ばという時期は大きな意味をもつが、最大の要素は摂関体制の確立期であったという点である。

貴族という身分

話をすすめるうえで貴族をはじめとする当時の身分階層について、大まかなところを押えておこう。

律令制のもとに定められた身分の制度は位階をベースにしており、律令官人は官職のほかに必ず位階をもっていた。貴族という概念は、三位以上の「貴」と四・五位の「通貴」とからなり、原則として昇

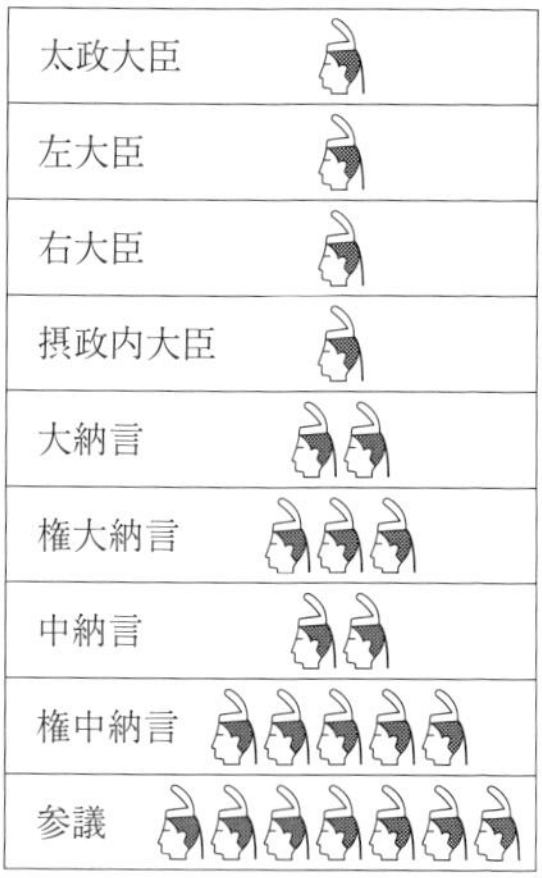

寛仁２年（1018）の公卿構成
（公卿人員が平均的な人数）

殿を許された殿上人《てんじょうびと》たちである。日記や物語などで「上達部《かんだちめ》・殿上人」という記述をよく見かけるが、これは最高幹部である公卿（詳しくは後述）と四・五位の殿上人、つまり貴族を指称している。

彼らは律令官人としては上位にあり（上級官人）、この下に六位以下の中・下級官人がいたが、注目すべきは「五位」の位階である。つまり五位になるか否かが大きな分かれ目で、待遇その他の点で格段の開きがみられ、官人の大半は五位に至らずに終わったのである。しかも昇進にはその人の出自が大きく物をいい、本人の努力次第ということはほとんどなかった。いってみれば、生まれながらにして将来が決定されているようなもので、こんにちでは考えられないことである。

これらの官人を数的に見ると、五位以上の上級官人（いわゆる貴族）は百五十人ほどで、これ以下を含めて律令官人（いわば公務員）の総数は一万人ぐらいになろうか（村井康彦『王朝貴族』ほか）。これが大内裏の中（ごく一部は外）の諸官衙で働く人々である。そして彼らの多くは、勤務を終えると大内裏を出て京内の自宅で過ごしたから、夜の大内裏の人数は昼と比べて極端に少なかったのである（こんにちの東京霞ヶ関界隈が連想されよう）。この官人の総数は家族を含め四、五万人ぐらいになろうか。そして平安京に居住した人口は、おおよそ十数万人と考えられているから、その半数弱を官人とその家族が占めていたことになる。ちなみに、その当時の日本の総人口は五、六百万人ほどと推定されている。

貴族のうちの上層部を公卿といい、大臣から参議まで、位階でいうと三位以上（一部に四位の参議を含む）をさす。そもそも公卿の「公」は太政大臣・左大臣・右大臣、「卿」は大納言・中納言・参議および三位以上（非参議など）の貴族をいう。太政大臣は名誉職であり、右大臣の下に内大臣が時おり置かれることがあった。また大納言、中納言の下にはそれぞれ権大納言、権中納言が常置として存在する。

上級貴族である彼らの人数は年によって異なるが、平安時代の平均は二十人強であり、円融・花山・一条天皇の十世紀末から十一世紀にかけての前と後とで差異がみられ、院政期にかけて増加の一途をたどった。この公卿数に変化が生じるときが摂関の全盛期に向かう時期と重なるのは、考えてみれば当然のことである。

十世紀初頭から十二世紀終わりごろまでの約二百年間（平安時代の中・後期）の公卿（非参議を含む）総計三百九十五人について氏別の統計を取ってみると、藤原氏が二百六十五人（六十七パーセント）、源氏が七十九人（二十パーセント）、平氏が二十四人（六パーセント）となり、このほか大中臣以下十氏あわせて二十七人となる。摂関を独占した藤原氏が圧倒的に多いのはいうまでもないことであるが、院政期に平氏の躍進が見られるのは興味深い。何はともあれ、このひと握りの人たちが国政を動かしていたのである。

出世と家柄

この特権階級である公卿への任官には家柄の良さが物をいった。ここで、公卿人事の一例を『蜻蛉日記』の作者の一人息子、藤原道綱《みちつな》（九五五〜一〇二〇）で見てみよう。

「この上なく高い身分の男との結婚生活はどのようなものなのか尋ねる人がいたら、その時の答えの一例にしてちょうだい」と、みずからの満たされない結婚生活を綴った藤原道綱の母。その結婚した相手は上層階級の藤原兼家（九二九〜九〇）である。兼家と正室の藤原時姫（?〜九八〇）との間には道隆、道兼、道長、そして冷泉天皇に入内した超子（三条天皇の母）、円融天皇に入内した詮子（一条天皇の母）らがいる。つまり道綱は、彼らとは異母兄弟にあたる。

正妻腹の兄弟に比べて昇進は大きく遅れたものの、その家柄の恩恵は受けていて、道長が左大臣として廟堂の頂点に立って間もない長徳三年（九九七、このとき道長三十二歳）、道綱（四十三歳）も昇進を果たし、大納言の職をめぐって争っていた藤原実資《さねすけ》（四十一歳）を尻目に、その職に就いている。時の天皇は甥にあたる一条天皇（十八歳）。その母である異母妹の東三条院詮子（三十六歳）も健在という好条件下での出世であった。

中納言になったのは道綱が一年遅いし（「下﨟」とある）、内々に天皇は「世の許すところは実資にあり」と言っていたという。それなのに道綱に決まったことに実資は納得がいかず、「未だ其の心を得ず」と不満を日記にぶつけている（『小右記』長徳三年七月五日条）。道長の兄だからか、天皇の近臣が政治を執り、母后が権力を恣《ほしいまま》にする時世、無縁のものはどうしたらよいのか、道綱は「僅《わず》かに名字が書ける程度の男なのに」と手厳しい。それほどではなかろうが、たしかに凡庸《ぼんよう》な男ではあったようだ。大納言を二十年あまり務めた道綱は晩年、弟の道長に一、二ヵ月でよいから大臣にして欲しいと頼んだが実現せず、翌年に六十六歳で他界している。このことを耳にした実資は、「一文不通の人（何も知らないヤツ）」が大臣になるなんて世間が許さない、と容赦《ようしゃ》ない言葉を日記に書きつけている（『小右記』寛仁三年六月十五日条）。

かたや、前章で何度か名前が出てきた『池亭記』作者の慶滋保胤は、出世には興味はなかったようではあるが、その著に「朝《ちょう》に在りては身暫く王事に随ひ、家に在りては心永く仏那《ぶつだ》に帰る。予出でては青草の袍《ころも》あり。位卑《ひく》しと雖も職尚《なほ》し貴し」と記している。青草の袍とは、六位の人が身に着ける束帯の色。保胤は大内記《だいないき》（二名、詔勅や宣命の作成を主務とする職で博学多識で文章の達人が選ばれた）というエリート職にあったが、地位は六位に甘んじていた。まさしく家柄に地位が左右された一例と言えよう。

一日の境界

さて話を夜のところへ戻そう。子《ね》の刻（夜中の十一～一時）を過ぎれば翌日という基本的な考えは今も昔も変わらないであろうが、このあたりの時間帯は前日の夜の延長との意識があり、とりわけ当時は強かった。それは時を知る手段の相違からくる時間に対する認識の開きが大きかったからであろう。貴族の日記を見ていると、同じ事柄を記述していながら日時がずれていることが間々ある。

たとえば、長和五年（一〇一六）七月の藤原道長の土御門殿を含む左京東北部の火事について、『御堂関白記』では「廿一日、癸亥《みずのとい》、丑《うし》の終わりばかり」とあるが、『日本紀略』には「廿日、壬戌《みずのえいぬ》、寅《とら》の刻」とある（後者は個人の日記ではなく編纂物であるが日記などに依拠）。ここに示された丑（午前一～三時）と寅（午前三～五時）という時刻は、日の変わり目を意識する時間帯であって微妙なところである。つまり前日とするも当日とするも意識の分かれるところであろう。こういったことに関して橋本万平氏の次の一文は大いに参考となる（『日本の時刻制度』）。

日の境界も……実生活と少しでも関連があるように、夜明けを基準としていた様である。しかし定時法である以上、夜明けの時刻は四季を通じて変化があり、夜明けを標準としていては、極めて複雑でありかつ不便であった。それで夜明けに最も近く、かつ混乱が起こらない丑刻の境で、日附をかえる

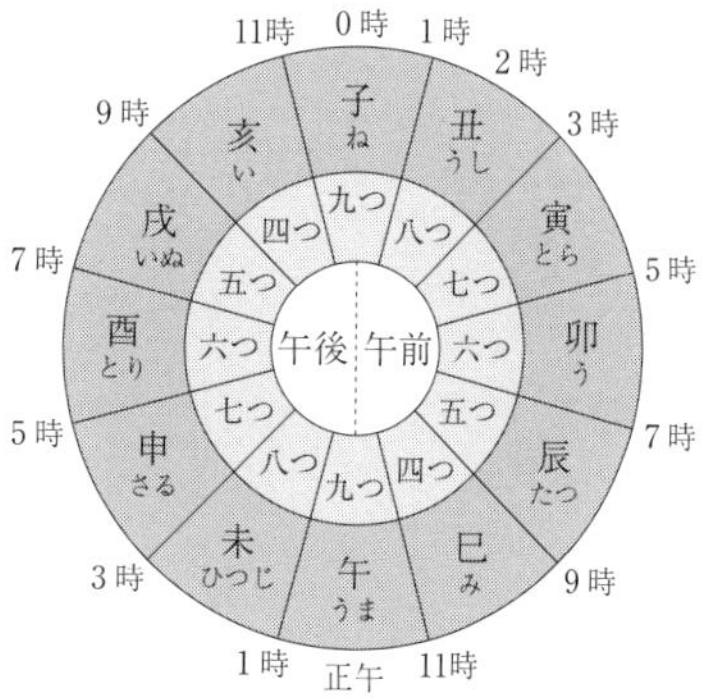

時刻と方位

ことにしていた。即ち丑刻一ぱいは前日であり、寅刻から本日となるわけである。この丑刻と寅刻の境は、現在時法で午前三時になるので、当時は、午前三時以前の出来事は、前日の日付けとしたのである。

鬼たちの活動する夜

「百鬼夜行」の語をまつまでもなく夜ともなれば生霊・死霊・鬼たちが活動するという認識が、この時代の人には強くあった。鬼について「物ニ隠レテ露《あら》ハルルコトヲ欲セザル」（『和名抄』〈『和名類聚抄』ともいい十世紀中期成立の日本最初の分類体の漢和辞書。源順《したごう》撰〉）とあるように、その出現には闇夜がもっとも好まれた。『今昔物語集』の巻第二十七には鬼の話が多いが、いずれも時間帯は夜である。一話を紹介しよう。

ある日の朝、史《ふひと》（太政官に属し書類作成などにあずかった）の某が遅刻して出勤してみると、上司の弁《べん》である某の車が待賢門の前に置いてあった。叱られるのを覚悟で恐るおそる主殿寮《とのもりょう》の下役人を呼び、灯りをたよりに庁舎に入って驚いた。弁の座席には血まみれの首だけが転がっていた。そして近くに血糊《ちのり》のついた笏《しゃく》や沓《くつ》のほかに弁の筆跡で式次第を書きつけた扇が落ちていた。

弁の官人某は鬼に喰い殺されたのである。やがて夜が明けて多くの人が集まってきて大騒ぎになった。

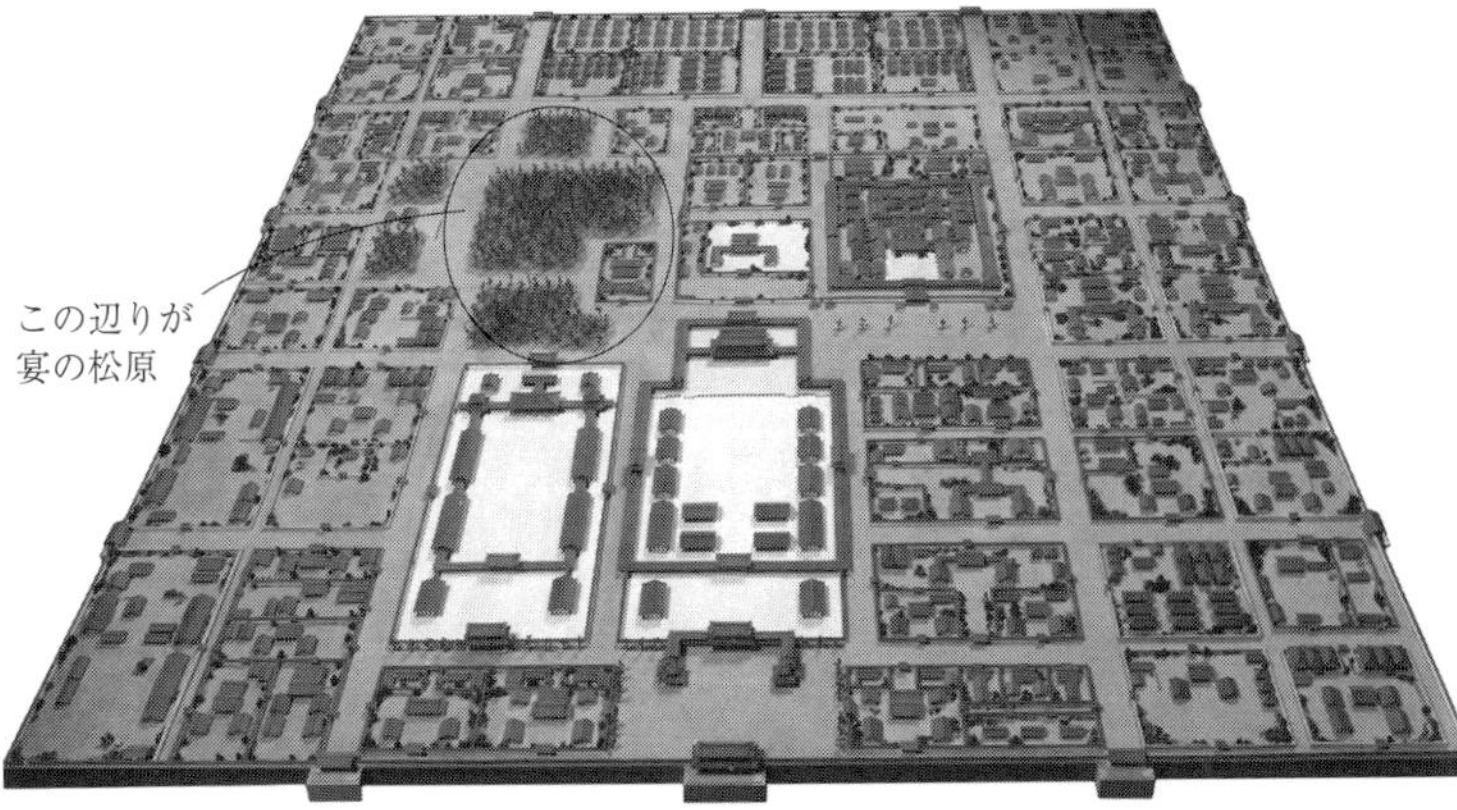

宴の松原（平安京復元模型）

これは清和天皇の御代《みよ》（在位八五八〜七六）のことという。

この話で注目されるのは、冒頭の「今ハ昔、官ノ司ニ朝庁ト云フ事行ヒケリ。其レハ未ダ暁ニゾ火灯シテゾ人ハ参リケル」である。早暁の暗いうちに出勤していたことが知られ、事件を知って、人々が集まってきたのが夜明けであった。この時代の退勤時間は正午ごろである。まさに朝議そのものである。そしてこの話は、公卿をはじめ地位の高い貴族以外の一般の官人たちの勤務は午前中であったことを教えてくれる。

鬼にまつわる話は説話集に多いが、実は正史の世界にも登場している。『三代実録』仁和《にんな》三年（八八七）八月十七日の夜十一時ごろのことである。

武徳殿の東の宴の松原を三人の美女が東の方へ歩いていた。するとそこへ美貌の男が現われ、一人の女の手を取って松の樹陰へ誘い込み、何やら話すふうであった。しばらくして、話し声もなくなったので二人の女が行ってみると、女の手足が捨ててあったが首と胴体はなかった。知らせを聞いて右衛門の陣に候宿していた者が行ってみると男の姿はなかった。人々は鬼の仕業と噂した。

この月には、宮内や京内でこのような怪しげな話が盛んに飛び交ったという。九世紀末のことである。これと同話を載せる『今昔物語集』に宴の松原（内裏の西方の宜秋門の西に広がる空閑地）あたりで美女に化けた狐に出会って騙《だま》されるといった話がある。

宮内でも内裏と武徳殿の間の広い空閑地は、丑の刻ともなれば『大鏡』の「宴の松原のほどに、そのものともなき声どもの聞ゆるに」（なんとも得体のしれぬ声々が聞こえる）のごとく妖怪変化が出没する場所と思われていた。このように鬼や妖怪が出没する場所として内裏周辺が多いのはなぜだろうか。

『鬼の研究』の著者である馬場あき子氏に、「鬼説話の浮上が摂関体制の定着期と重なり、専制の貴族を脅かす力として闇に乗じて出現するのが鬼にほかならない」といった指摘がある。摂関家をはじめとする権勢家たちは、自己の目的達成のために多くの人々を時には陰謀事件を起こしてまで政界から葬り去った。この犠牲となって憤死した人は数知れない。そして彼らは姿を変えて現れ、恨みを晴らしたのである。その現象を権勢家たちは怨霊と呼んで恐れた。その場合、天皇がおり、公卿たちが屯する内裏近くに出没するのがもっとも効果的であったろう。「宴《えん》の松原《まつばら》」などは、さしずめ最適の場であったにちがいない。

道隆、道兼、道長の兄弟が若かりし時、不気味な真夜中に肝試しで各人が指定された場所へ行くことになり、豊楽院へ行くことになった道隆が、宴の松原に差しかかったところ得体のしれない声に怖くなって逃げ帰ったという話がある（『大鏡』第五「道長」）。この界隈は昼と夜とでは著しく様相を異にしていたのである。

そもそも大内裏（平安宮）という空間は、前にふれたように役所の集合区域であったから、日中には京内の自宅から勤務のため参上してきた官人たちで賑わいを見せていたが、彼らの大半が退勤した夜ともなれば、候宿者と夜議で居残る官人や貴族のみとなり、閑散としていた。なかでも内裏から朝堂院（八省院）、豊楽院あたりは薄気味悪い場と化したに違いない。

その朝堂院の正門である応天門が紅蓮《ぐれん》の炎に包まれた。清和天皇の貞観《じょうがん》八年（八六六）晩春のことである。闇夜であったかと想像されるが、それだけに燃え盛る炎が夜空に舞い上がり、人々を畏怖《いふ》させた。門を覆う炎と逃げ惑う官人たちの姿は『伴大納言絵巻《ばんだいなごんえまき》』に活写されている。この火事は放火ということで、犯人として大納言伴《とものよし》善男《お》（八〇九～六八）らが朝廷から追放された。九世紀半ばに起きたこの事件は応天門の変と呼ばれ、藤原氏による他氏排斥事件と理解されている。暗躍したのは藤原良房（八〇四～七二）ともいわれ、この五ヵ月後に彼は名実ともに摂政となっている。藤原氏の摂関体制がここに始まることを思う時、この変の意味するところは大きい。ただ伴善男が怨霊となったという話は聞かない。

なお、当然のことながら火事は宮内より京内の方が圧倒的に多かった。失火もあったが、多くは盗賊とか恨みによる放火であった（第八章の「強盗・殺人・放火」参照）。屋外の照明が皆無に等しいこの時代にあって、夜の火事は、こんにちでは想像を絶するほどに人々を恐怖に陥《おとしい》れた。

ところで鬼を見た者はいない。ただこんな話がある。

ある夜のこと、藤原忠平《ただひら》（八八〇～九四九）が紫宸殿の御帳台の後ろを通って陣の座の方へ行く途中、何者かに太刀《たち》の鞘《さや》をつかまれたので、その者の手に触れると、刃のような長い爪をし、毛むくじゃらの鬼であったという（『大鏡』）。

このようにみてくると、朝議から夜議への変化は、摂関以下の貴族たちが夜に対する恐怖から逃れるために選んだ道ではなかったか。彼らは、夜起きて集《つど》っていることで妖怪などの恐怖から逃避していたのであろう。つまり夕刻から深更までという彼らの勤務体制（儀式も政治の一環）が摂関政治と深くかかわっているのもその証左であろう。

夜は魑魅魍魎《ちみもうりょう》の世界と信じ、これまた一方で「王朝貴族の美意識はこの夜という時間——それは昼が俗なる時間であったのに対して聖なる時間であった——に育てられたもの」（村井康彦『平安京と京都』）ということになる。

2　王朝貴族の暮らし

遊宴の世界

この時代、篝火《かがりび》のもとでの催しも少なくない。『年中行事絵巻』を見ると、賭弓《のりゆみ》・闘鶏《とうけい》・蹴鞠《けまり》といった催しが日中に行われているのは屋外の行事であるから当然のことであろうが、内宴・御斎会《ごさいえ》（大極殿とその周囲）・大饗《たいきょう》（内裏・東三条殿）などでは松明《たいまつ》や篝火《かがりび》が用いられている。室内の娯楽となるとどうであろうか。絵巻を繙《ひもと》いてみると、その場面のそばに灯《あか》り（灯台）が見えない例が多い。もっとも、灯りは当然のこととして、描写を省略している可能性も考えられる。

絵巻などに見る室内描写は、吹抜屋台《ふきぬけやたい》という独特の描法をとっているゆえ御簾《みす》、壁代《かべしろ》、几帳《きちょう》、畳、大和絵が描かれた屏風や障子をはじめ二階厨子、二階棚、燈台、鏡台、火桶といった調度類がのぞまれ、室内の様子も垣間見られる。囲碁・双六《すごろく》・管絃などに興ずる男女の華麗な装束に身を包んだ様相は、『源氏物語絵巻』からも具《つぶさ》に感得できる。

闘鶏（『年中行事絵巻』）

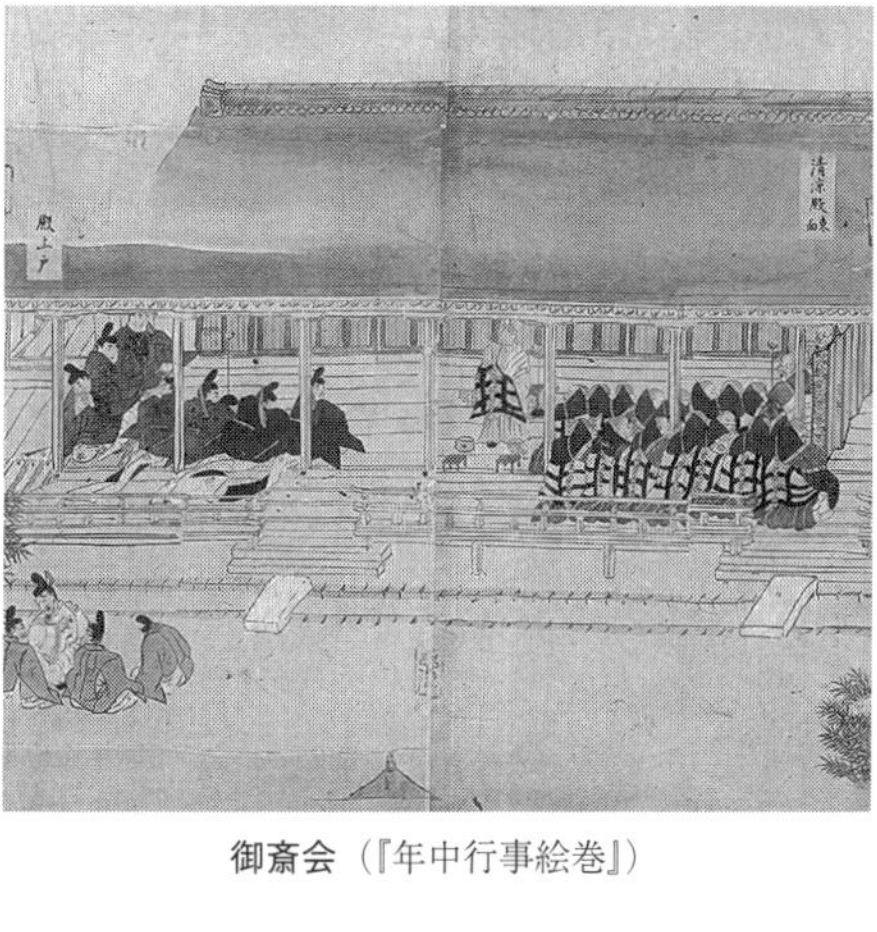

御斎会（『年中行事絵巻』）

ここで娯楽のひとつである囲碁についてみてみよう。王朝時代の雰囲気を十二分に伝える『源氏物語絵巻』の二ヵ所に描写がある。一ヵ所は、清涼殿の一室における帝と薫の碁を打つ場面である（「宿木《やどりぎ》」の巻）。二人が坐している部分には高麗縁《こうらいべり》の畳が敷きつめてあり、上方に雲繝縁《うんげんべり》の畳を敷き玉座を示している。碁盤を挟んで前向きの今しも黒い石を置こうとしているのが帝、対する冠直衣《かんむりのうし》姿で背を見せるのが薫である。現在とは逆に当時は上手《うわて》のほうが黒石を持つ決まりであったから、帝の力が上であった。当然のことながら左手に控える侍女の間《ま》は板敷きである。

もう一ヵ所は、玉鬘《たまかずら》の邸における廂《ひさし》の間で、廊下寄りの場所での姉妹による碁である（「竹河《たけかわ》」の巻）。御簾が巻き上げられ、その場所から考えて日中の自然光のもとでのことか。その碁を傍で見物する侍女、近くの簀子《すのこ》から庭の桜を鑑賞する侍女たちの衣装や袖口の襲《かさね》の色が華やかである。これぞ王朝の美意識の極めである。

日記にもその描写がある。一条天皇代のこと、公卿となって三年目の参議藤原行成（三十二歳）は左大臣藤原道長の土御門殿を訪れ、そこでの囲碁のことを日記に書き残している（『権記』長保五年六月二十日条）。邸内の北馬場において納涼があり、弁当が供され、平祐挙《すけたか》と藤原則友《のりとも》が対局した。結果は祐挙が勝ち「懸物」を賜わったとある。その後、競馬二番を見物し、夜になって「陰夜を以て月を待つ」

東三条殿の大饗（『年中行事絵巻』）

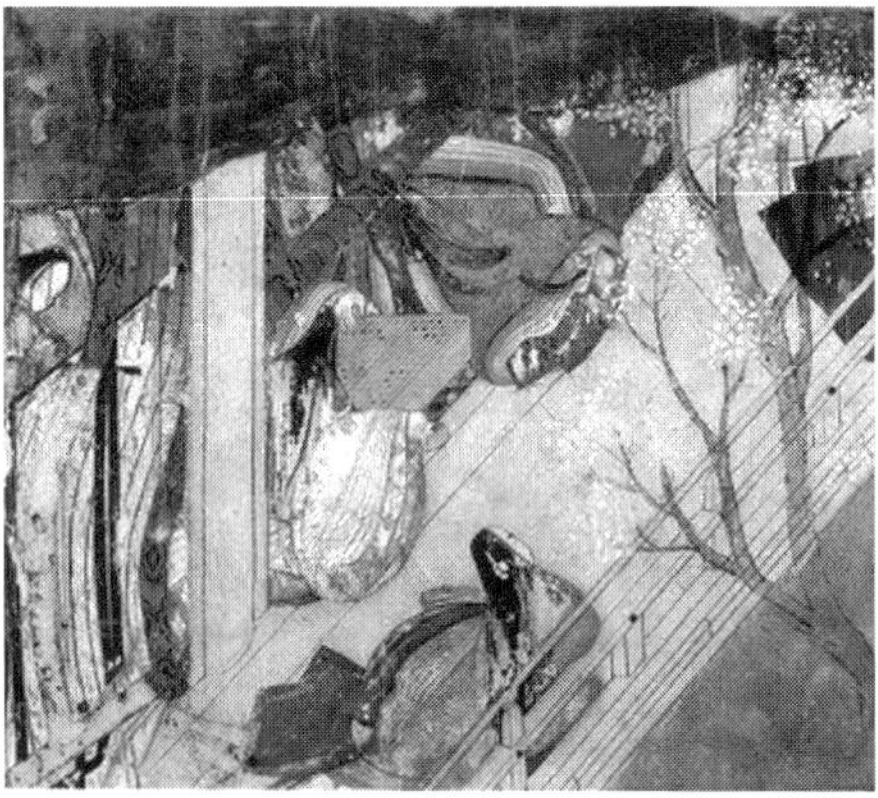

囲碁（『源氏物語絵巻』〈竹河〉）

の題で和歌会を行っている。

　中国から伝えられたという囲碁は、すでに奈良時代には行われており、平安時代に入るとかなり流行していた。その中心は貴族であったが、僧侶も楽しんだ。後者の例としては『一遍聖絵《いっぺんひじりえ》』（伊豆国三島社の鳥居前の民家）、『鳥獣戯画《ちょうじゅうぎが》』（僧房の庭か）、『西行物語絵巻』（僧房での僧と稚児、廊下に面した部屋で格子を上げている）などにその描写がある。また『病草紙《やまいのそうし》』では女を相手に碁を打つ男を描くが、女が黒石を持つからこのほうが上手である。

囲碁（『源氏物語絵巻』〈宿木〉）

　囲碁は、原則として物を賭《か》けて勝敗を競ったもので、その賭物《かけもの》のことを碁代《ごて》といい、一般に金銭・布・紙などを賭けた。さきの『源氏物語』の帝と薫の勝負では、かねてより薫を皇女の女二宮《おんなにのみや》（母は藤壺）の婿にと思っていた帝が碁の相手に薫を召して、賭け物が女二宮であることをほのめかした。二人を結びつけるための巧妙な設定といえるが、囲碁そのものを作者自身も見知っていて、時には親しんでいたものであろう。

　清少納言はどうだったかというと、彼女は娯楽について「遊びわざは、さまあしけれども鞠をかし。小弓。ゐンふたぎ。碁。女は、扁いとをかし」と『枕草子』（二百四段）のなかで述べている。「恰好は悪いが面白い」と言わしめた蹴鞠を除いて室内の遊びであり、「韻塞《いんふたぎ》」は塞ぎ隠した古詩の韻字を意味から当てる遊び、

指引き（『石山寺縁起』）

首引き（『鳥獣戯画』）

「偏付《へんつき》（偏継《へんつぎ》）」は漢字の扁を出して旁《つくり》を当てる（この逆とも）遊びである。もっとも、偏付は女の遊戯としては面白いと言いながら、灯火を近くに引き寄せて偏付をしていた女房たちに、「まあ、よい所へ来たわ、早く仲間にお入り」と声をかけられた時には、清少納言は興ざめな気持ちになっている。

碁に関しては、身分の高い人が直衣の紐を解き、無造作な様子で碁石を悠々と盤上に置くのに対して、身分の下の人が畏まった態度で碁盤から少し離れて及び腰で打っているのは面白い、と清少納言は観察が深い（『枕草子』百四十一段）。

そのほか、碁よりも早くに日本に入った双六も流行した。清少納言は、碁と双六を「つれづれなぐさむもの」（所在なさを紛らわすもの、百三十五段）に挙げ、きれいな男が、一日中双六に興じてもまだ満足しないのか、低い灯台に火を明るく灯して、なおも続ける様子を描写している（百四十段）。ちなみに双六の絵画場面としては『鳥獣戯画』（下級役人か）や『石山寺縁起』（藤原国能《くによし》宅、貴族同士か）などに見える。

この時代、一般的には「遊び」といえば詩歌管絃を意味したが、このほかに貝合・草合・絵合・歌合などのいわゆる物合や投石（今日のお手玉のようなもの）なども見られた。これらは女性のものであったろう。一方、屋外の遊びは男性貴族に限られており、女性は室内から見物した。競射《きょうしゃ》、競馬《くらべうま》、蹴鞠《けまり》、打毬《だきゅう》などが代表的なものである。また、遠出をして野外での花見の宴、七夕祭、月見の宴、紅葉狩り、観菊、雪見、寺社参詣などに興じることもあった。

　庶民の遊びとしてわずかに『年中行事絵巻』などから知られるものに指引《ゆびひ》き（二人が各一指を曲げて引き合い、引き寄せた方を勝ちとする遊び）、首引《くびひ》き（二人が向きあい輪にした紐を首にかけ引っ張り合い、引き寄せた方を勝ちとする遊び）、印《いん》地打《じうち》（石合戦のこと。正月や端午の日によく行われた）、などがある。

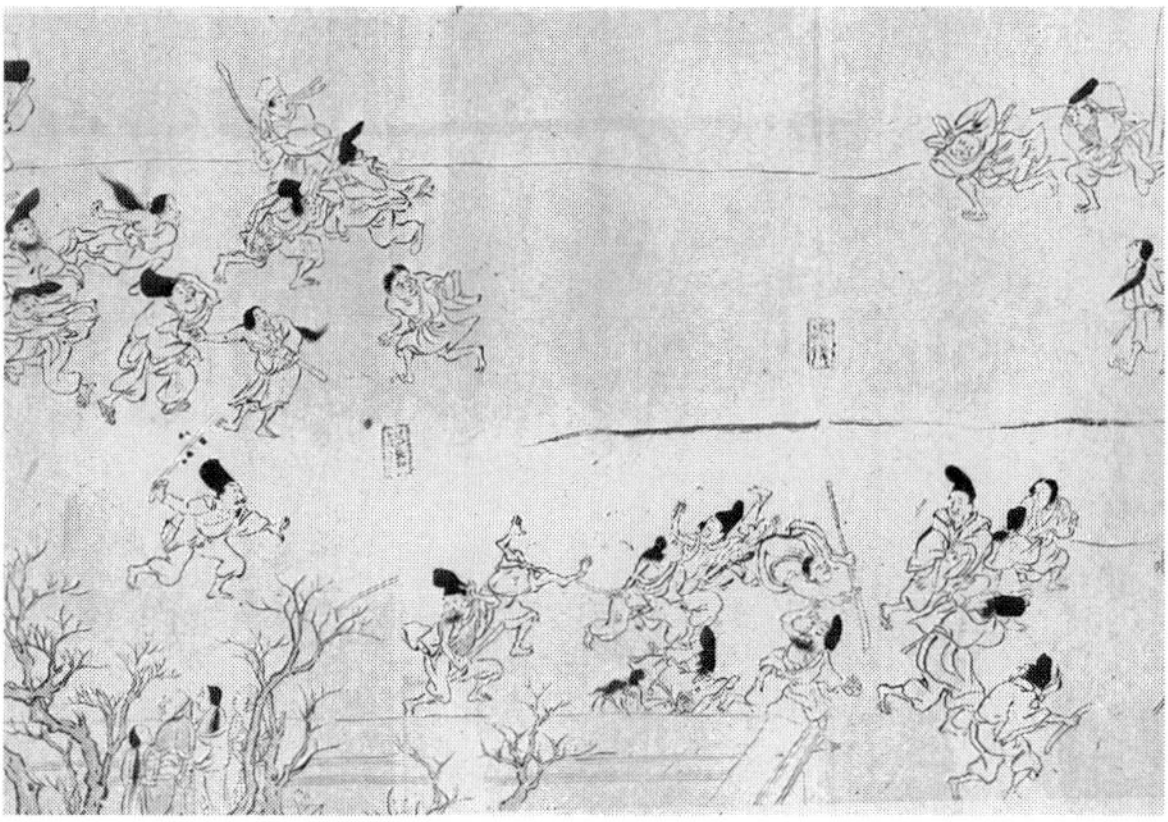

印地打（『年中行事絵巻』）

さまざまな音

　これらの勝負事とはちがって、みんなで楽しむものに奏楽がある。清涼殿の弘徽殿《こきでん》の上の御局《みつぼね》（妃の控えの間）の前で殿上人たちが終日、琴を弾いたり、笛を吹いたりして音楽を楽しんでいる描写が『枕草子』（九十段）にある。また『源氏物語絵巻』の「橋姫」の巻には、晩秋のある日、八宮の宇治の山荘を訪ねた薫が、琴（箏《そう》の琴）と琵琶の合奏をしている大君《おおいきみ》と中君《なかのきみ》の姉妹を透垣《すいがい》の間から垣間見て

土御門殿跡（京都御苑）

いる描写があり、「宿木」の巻では琵琶を弾く匂宮を描く。その場所は、いずれも端近い廂の間で、御簾は巻き上げてあるから日中のことであろうか。いっぽう『餓鬼草紙』に見えるのは一貴族の室内での宴席で、高麗縁の畳をコの字形に敷いてそこに坐し、前の折敷《おしき》には皿に盛られた幾品もの料理が載っており、宴もたけなわであろう、男女交えての琵琶・横笛・琴・鼓・笏拍子《しゃくびょうし》による合奏がはじまっている。

ところで「音」に対する認識は、当時と今とではかなり違っていたと思われる。何よりも騒音というか雑音というか、その類の音がうんざりするほど多いこんにちからみれば、当時のそれは比較にならないほど少なかった。また昼と夜とでも異なったのはいうまでもない。

近年、音の研究で注目を集めたものに中川真『平安京　音の宇宙』がある。この本の中で紫式部と清少納言の音に対する感覚の違いといったものが、それぞれの作品を通して述べられていて興味深い。前者においては、「うぐいすを時の声として響かせることによって春の到来を確認」し、「蝉の鳴き声が暑苦しさを助長する」ことでもって暑い夏をイメージさせ、「蜩《ひぐらし》や虫の声に秋の気配」を感じ取り、「しんしんと降る雪」に冬の風情を感じる、といった趣向が六条院の暮らしを通して語られている。

清少納言の場合、楽器を例にとると横笛と笙《しょう》は趣があるが、篳篥《ひちりき》はとてもやかましくていただけないといっている。遠くで聞こえていたのが段々近づいてくる（その逆も）横笛の音、月の明るい夜に車の中で耳にする笙の音は格別趣がある、とはいかにも観察の細かい彼女ならではといったところである。五月初めの早朝に車を出して賀茂神社の先まで郭公《かっこう》（時鳥《ほととぎす》）の声を聞きに行くというくだりがあるが、『枕草子』には郭公のことがほかにもよく出ており、鳥の中では最も頻度が多いのではなかろうか。そもそもこの時代にあって郭公は夏を代表する鳥であって、「一年を通じて最も親しまれ、最も関心の集められた鳥で、さらに、和歌の上では夏の題材としてほとんど夏の部を独占するほどの勢力をもっている」との指摘がある（西村亨『王朝びとの四季』）。

土御門殿と法成寺（平安京模型1000分の１より）

考えてみるに、早朝から労働に精を出し、物売りなどの声も入りまじっての元気で清々しい音、昼時分になると七条界隈では市にやって来るいろいろな階層の人たちの発する声で喧騒《けんそう》となり、夕暮れどきには静寂を取り戻す、これらの下町の音に対して、貴族たちの邸宅が軒を連ねる高給住宅街（主として左京の四条以北）での生活の音は趣を異にしていた。

摂関の覇者、藤原道長はそういった場所に豪壮な邸宅を何軒も持っていたが、なかでも土御門殿（左京一条四坊十五・十六町に所在し、土御門殿、京極殿、上東門第などと称した）は規模もさることながら彼の栄華の形成の舞台としての役割が最も大きかった。その契機となった外孫敦成《あつひら》親王（のちの後一条天皇。一条天皇第二皇子で母は中宮彰子）の誕生にわく邸内の様子を音の面から覗いてみよう。

ときは寛弘五年（一〇〇八）の初秋。身重の中宮彰子（二十一歳）は出産を控えて父邸に里下がりし、紫式部も他の女房たちとこれに従った。「秋のけはひ入り立つままに、土御門殿のありさま、いはむかたなくをかし」ではじまる『紫式部日記』は、二ヵ月後の出産、それから一ヵ月ほどして皇子と対面のための一条天皇の行幸など、喜びにわく土御門殿の様子をあますところなく描写している。日中の慌《あわ》ただしい動きのなかで消されていた遣水《やりみず》のせせらぎが、夜ともなれば安産祈願の不断の読経の声と混ざり合って彼女の耳もとまで聞こえてくる。式部が与えられた局は、寝殿と東の対を結ぶ渡殿《わたどの》であったから邸内の様子が手に取るようにわかった。

中宮のそばで女房たちが取りとめもない話を夜遅くまでしている。後夜《ごや》の鉦《かね》（午前三時頃に打つ）が鳴り、安産祈願の読経がはじまり、式部の部屋の前を大きな足音を立てながら僧たちが行き来する。出産が近づくと上達部や殿上人も宿直《とのい》が多くなり、渡殿や対の屋の簀子《すのこ》でうたた寝をしたり、管絃の演奏や今様《いまよう》を歌ったりして夜を明かしている。この場合は平常ではないが、こういった夜の過ごし方はよく見られたことであろう。

緊張を破って元気な産声が邸内に響いたのは昼時分であった（臍《へそ》の緒《お》を切ったのは道長の妻の源倫子、乳付《ちづけ》は橘徳子）。興奮気味の道長は落ち着かず、庭の遣水の手入れをさせたりして平静を装っている。御《お》湯殿《ゆどの》の儀、三夜以下の産養《うぶやしない》が盛大に行われた。行幸の当日、新調した龍頭鷁首《りょうとうげきしゅ》から流れる船楽のなか一条天皇の御輿《みこし》が到着、天皇が道長の手からわが子を抱き取ったとき「赤子らしい声で少し泣いた」

という。この日は終日、鳴り物入りで皆が酔いしれた。

秋はおしなべて物悲しく、その時節の音はすべてがそのように聞こえるものであるが、ここでの音は歓喜に満ち溢れている。同じ音でも環境に左右され、加えて、聞く側の心理状態によって、いかようにでも響いてくるものである。ちなみに清少納言は、秋に日が落ちてしまってからの風の音や虫の音などはたいへん趣がある、と言っている。

「音」に対応するものとして「色」と「匂い」がある。このなかで美意識を最高に助長しているのは色であって、「山吹の匂《におい》、青き単衣《ひとえ》、葡萄染《えびぞめ》の唐衣《からぎぬ》、白腰《しろこし》の裳《も》」（『健寿御前日記』〈『建春門院中納言日記』とも。筆者は藤原定家の実姉〉に見える小督《こごう》の衣装）を一例として王朝文学の書き手たちは、挙《こぞ》ってその美を詳細に記すことに多くの紙幅を費やしている。この時代には質量ともに優れた色が生まれ、「色の黄金時代」といわれるほどである（吉岡幸雄『吉岡幸雄の色百話――男たちの色彩』ほか）。そして身分の違いによって色の使用に規定があったから服装を見ただけでその人の地位がわかった。襲《かさね》（重）による配色の美は格別で、その出衣《いだしぎぬ》によって殿舎や車を華やかに見せた。その個々の例は文学作品に委ねるしかない。

一方の「匂い」ということでは、薫物合《たきものあわせ》（香合《こうあわせ》）といって各人が何種類かの香料を調合して持ち寄り、匂いの優劣を競い合う遊びがある（畑正高『香三才――香と日本人のものがたり』）。その詳しい様子は、『源氏物語』の巻名にもなった「梅枝《うめがえ》」の巻にみごとに描かれている。

これまで遊びの美意識といったようなことを述べてきたが、娯楽はこれに尽きるものではない。これらは日常の生活に活力とリズムを与えて暮らしを潤わせたが、それでは当時の暮らし向きはどうであったのか、そのあたりのことを探ってみよう。

貴族の生活の規範

貴族たちが日々の暮らし向きを書き留めた個人の記録は日記であり、そのいくつかは今に伝えられ、彼らの生活の一端を知る格好の材料となっている。ただ、この時代の日記は、私日記とはいえ政治・儀式・有職《ゆうそく》故実といったことなどを子孫に正しく伝える目的が強かったから、その分野の記事が詳しく、実際の私生活の面の記述は非常に少ない。この点がこんにちの日記と大きく異なるところである。

いうまでもなく貴族の生活には規範があって、それを忠実に守ることによって貴族たり得た。そのために日常の振る舞いや心構えといった生活信条を説いた家訓が、家ごとにあったと考えられている。そのほとんどが失われたなかで、こんにちに残る『九条右丞相遺誡《くじょううじょうしょうゆいかい》』(『九条殿遺誡』、以下『遺誡』と略す)は好個の史料といえる。これは十世紀前半に生きた摂関家の藤原(九条)師輔(九〇八～六〇)が子孫のために書き残した訓戒で、彼は右大臣を極官として五十三歳で他界したが(第四章の「他氏排斥の総仕上げ」参照)、孫に栄華の頂点を極めた道長がいる。師輔の家訓から生活に関わる部分を要約すれば次のようなことになる。

起きたらまず属星《ぞくしょう》(生年に当たる星でその人の一生を支配する星)の名を七遍唱え、鏡で顔を見(形体の変化を観察)、暦を見てその日の吉凶を認識せよ。そのあとで歯を磨き、口を漱《すす》いで手を洗い、仏名を唱え、日ごろ信奉している神を拝せよ。ついで日記をつけよ(書くことが多い時はその日のうちに書くように)。次いで粥《しるかゆ》を食せよ。その後に頭髪を梳《す》き(三日に一度)、爪を切り(手は丑《うし》の日で足は寅《とら》の日)、日を選んで沐浴せよ(五日に一度)。……

このように男性貴族の朝はけっこう忙しく、出仕はその後になる。出仕には衣冠を着けて行くこと。人と会っても無駄口を叩かず、他人の行動にあまり口を挟んではいけない。むやみに人と交わらず、勤務は忠実に、美麗な装束を慎み、借りたものは早く返せ、と何事にも謙虚であるよう戒めている。そして、朝廷での政務や儀式を行う時には、前もって先例・故事などに目を通してしっかりと認識しておくこと。失錯して物笑いになったり、将来に大きなマイナスとなったりした例はいくらもある、と忠告。さらに、君に忠、親に孝はいうまでもなく、読書と手習いを怠らず、知識人の意見は謙虚に聞くよう諭している。まことに微に入り細を穿《うが》った訓戒である。

庶民の食事（『春日権現験記絵』）

もっとも、この『遺誡』は、師輔が子息へ残した戒めの書であるから、言ってみれば貴族の理想的な生き方を示したもの。果たしてこのとおりに生きた貴族がどれほどいたか、はなはだ怪しいところではある。ただ爪切りに関しては、紀貫之が『土佐日記』に「爪が長くなったので切ろうと思って日を調べたら子《ね》の日だったので止めた」とあるので、かなり守られていたことが知られる。

貴族の食事、庶民の食事

ところで、『遺誡』には「朝暮の膳は常のごときは多く食ふことなかれ、多く飲むことなかれ。また時剋《じこく》を待たずして食ふべからず」ともある。時間を守り、暴飲暴食は慎むよう戒めるこの一文は、貴族たちの正式の食事が二回であったことを教えてくれる。

貴族の食事準備（『春日権現験記絵』）

飯と汁などを載せた折敷（『病草紙』）

この時代の貴族たちの正式な食事は一日に二食で、朝は巳《み》の刻から午《うま》の刻（午前十時から正午ごろ）、夕は申《さる》の刻（午後四時ごろ）であった。師輔が「粥を服せ」と言っているのは、二食以外の朝の軽食であろう。『蜻蛉日記』に、作者の家に泊まって起き立ちの夫の藤原兼家（師輔の子）に粥を勧めるくだりがある。兼家は「いつも食べないのだからいらない」と箸をつけなかったが、これが師輔の言う「粥」である。この数日後の正午ごろにやって来た折にも食事を出した。

これらは貴族の場合であって、庶民については詳細には知り得ない。原則的には二食であったかと思われるが、肉体労働を旨とする彼らの場合には、「間食《かんじき》」という、いわゆる中間の食事を摂った。

清少納言が「たくみの物食ふこそ、いとあやしけれ」の書き出しで、大工の食事風景を記しているが、それは土器《かわらけ》に入った汁物と「あはせ」（おかず）と「おもの」（ご飯）から成る一汁一菜のごく質素なものである。そんな風景の絵画版は『春日権現験記絵』（十四世紀初頭の成立）に求めることができる。日中の仕事場の脇で慌ただしく食事する工人たち、坐前の折敷《おしき》（周囲に縁をめぐらした食器を載せる盆）にはせいぜい二皿、これは間食か。『病草紙』には、飯と汁と魚ほか二品を載せた折敷が描かれている。つまり一汁三菜であり、身なりからして庶民だと思われる。

庶民は一汁一菜に近い粗食に甘んじていたようだが、上級貴族邸での宴席ともなれば豪華な食べ物が並んだことは絵巻物などからもうかがえる。たとえば『春日権現験記絵』を見ると、貴族邸での宴に蟹・貝・鯉・干物などが用意されており、さらに中級官人の厨房ではさまざまな料理が膳に盛り付けられている。これらは「晴《はれ》」（非日常）のものであろう。厨房では、囲炉裏にかけた鍋で煮炊きする人、俎《まないた》のうえで包丁を使う人、高坏《たかつき》に盛りつけていく人と、みな準備に忙しそうである。また『餓鬼草紙』に見える膳も、上面が朱で周囲が黒塗りの高坏に幾皿もの菜が載り、脇の折敷にも菜が盛られるなど豪勢で、これも貴族の宴席である。

当時の主食としては、米を甑《こしき》で蒸した強飯《こわいい》（こんにちのおこわ）と柔らかく炊いた糄糅《ひめ》（こんにちのご飯）があり、後者を冷水につけて暑い時などに食したのを水飯、ぎゃくに寒い時には湯漬けとした。また、乾飯《ほしいい》は旅行などの携帯食で、湯や水にもどして食べた。粥は、水の多少により汁粥《しるがゆ》（こんにちの粥）と固粥《かたがゆ》があった。

「おかず」となる副食物は、こんにちのように調理や保存法が発達していなかったから種類は頗《すこぶ》る少なかった。生物《なまもの》を食べるといった習慣はほとんどなく、とくに肉や魚貝類は塩漬けにして保存し、煮たり、焼いたり、茹《ゆ》でたりして食べた。これに対して野菜類は得やすく、瓜、茄子《なす》、芋、葱《ねぎ》、人参など豊富であった。調味料には塩、醤《ひしお》(味噌)、酢のほかに蜜と甘葛《あまずら》という甘味料があるぐらいで、味は調味が物をいうから美味しさは期待できない。こんにちからみれば、あらゆる点で粗食かつ劣っていたといえよう。なお、平城京跡などから出土する木簡によって各地の特産が都に運び込まれたことが知られる。

前項冒頭で書いたように、当時の日記には食事の具体的な記述はほとんどない。藤原道長の『御堂関白記』を見ても、饗宴での「飯・汁物・酒・餅」などの語が出る程度である。あるいは「酒肴あり」「酒饌あり」の記事を見出すものの、その内実の記載はない。『源氏物語』を見ても、鮎、干物、調味料としての酢、酒、塩、醤の語はあるが、それ以上の具体相は知られない。

3　男性日記と女房文学

日記の意味するもの

先掲の藤原師輔の『遺誡』では、年中行事で簡略なものは暦に注し、日々見るごとにそれをあらかじめ認識して事に備え、暦を備忘録として活用し、重要な公事《くじ》などは別に記すよう教えている。そしてこの時代の日記が具注暦《ぐちゅうれき》に書かれたことは、自筆本が現存する最古の日記である藤原道長の『御堂関白記』によって知られ、また他の日記から別記の存在も明らかであり、『遺誡』で述べている事柄を裏付けてくれる。師輔自身に『九暦《きゅうれき》』という日記があったが、こんにちでは抄録本と別記(年中行事を部類分けした部類記)しか伝わらず、全容を知ることができないのは残念である。

年中行事ということで想起されるのは、清涼殿の広廂の南で殿上の間との境に立てられていた「年中行事障子」である。九世紀末に関白太政大臣の藤原基経（八三六～九一）が献進したのに始まるといい、宮中で行われる一年間の行事を両面に列記した衝立障子である。その目的は、参内してくる卿相雲客《けいしょううんかく》（公卿・殿上人）に行事の日程を告知することであった。

この宮廷行事に対して、藤原摂関家では基経、時平らを経て忠平（八八〇～九四九）の時、摂関家としての行事・作法に一定の形を作り出し、それを子息の実頼（九〇〇～七〇）と師輔（九〇八～六〇）に「口伝《くでん》」と「教命《きょうみょう》」という形で伝えた（竹内理三『律令制と貴族政権Ⅱ』）。忠平の教えをまず形にしたのは、九条家の師輔による『九条年中行事』であった。いっぽう小野宮家の実頼の方は、養子（血縁的には孫）の実資（九五七～一〇四六）が『小野宮年中行事』として結実させた。この二つの流れは、摂関期の有職故実を先取りした格好で多大の影響力をもった。この書の影響を受けて『西宮記』（源高明〈九一四～八二〉著、十世紀中ごろ）、『北山抄』（藤原公任〈九六六～一〇四一〉著、十一世紀初頭）、『江家次第』（大江匡房〈一〇四一～一一一一〉著、十二世紀初頭）のいわゆる平安時代の三大儀式書が生まれたのである。

行事や儀式を正確に挙行できなければ、官人人生の汚点となりかねないこの時代にあっては、該書の占める位置は大きかったに違いない。儀式を行う当事者が、手にもつ笏に儀式次第を書いた紙を貼りつけていたということはよくみられた（たとえば藤原頼長《よりなが》〈一一二〇～五六〉の日記『台記』保延二年十一月十六日条）。いうところのカンニングペーパーで、そうまでしてでもやり遂げねばならなかった当時の貴族たちの苦労のほどが知れるというものである。

このように、この時代の日記は単なる日々の生活を記録するということにとどまらず、朝廷および家々で行われる儀式や行事などを正しく書き留めて子孫に伝えるという要素を強く持っていた。彼らは家に伝わる日記を繙《ひもと》き、予備知識を入れて事に臨んだのである。儀式が政治の一端と見なされていただけに、それを間違いなく実行できるか否かで、時と場合によっては政治生命を左右することもあり得たのである。藤原道長が、有職故実に精通した当代随一の学識者だった藤原実資を無視できなかった理由もそこにあった。家々の日記が重要視されたゆえんである。

いっぽう天皇家の遺誡もある。師輔のそれよりも半世紀さかのぼる『寛平御遺誡《かんぴょうのごゆいかい》』と呼ばれるもので、「寛平の御門《みかど》」と呼ばれた宇多天皇（八六七～九三一）が、皇子で東宮の敦仁《あつぎみ》親王（のちの醍醐天皇）に与えた訓戒の言葉である。「何事にも溺れてはいけない、節度をもって事に対処し、賞罰を明らかにし、愛憎に迷わされることなく、公平に振舞え」といった心構えをはじめ、叙位除目《じょいじもく》（位階を授けること、官職に任ずること）ほか多岐にわたっている。これは天皇への訓戒書として後世の規範となった。この宇多天皇には、『寛平御記《ぎょき》』（『宇多天皇御記』）があり、天皇御記の嚆矢《こうし》として注目され、かつ個人の日記としても早いほうに属するものである。このあと貴族たちの手になる日記が登場し、十一世紀から十二世紀にかけて多く出現することになる。そして、これらによって貴族政治の具体相を知ることができるのである。

最古の自筆日記『御堂関白記』

私日記の代表格ともいえる藤原道長の『御堂関白記』は現存最古の自筆日記として知られる。もともと全部で三十六巻あったと推定されているが、現存の自筆本は十四巻（一年二巻）で、古写本十二巻（一年一巻、筆者は孫の師実かその孫の忠実に比定〈いずれも国宝〉）とともに、京都の仁和寺の西に所在する近衛家の陽明文庫に架蔵されている。江戸時代の新写本もあり、宮内庁書陵部や京都大学などに所蔵さ

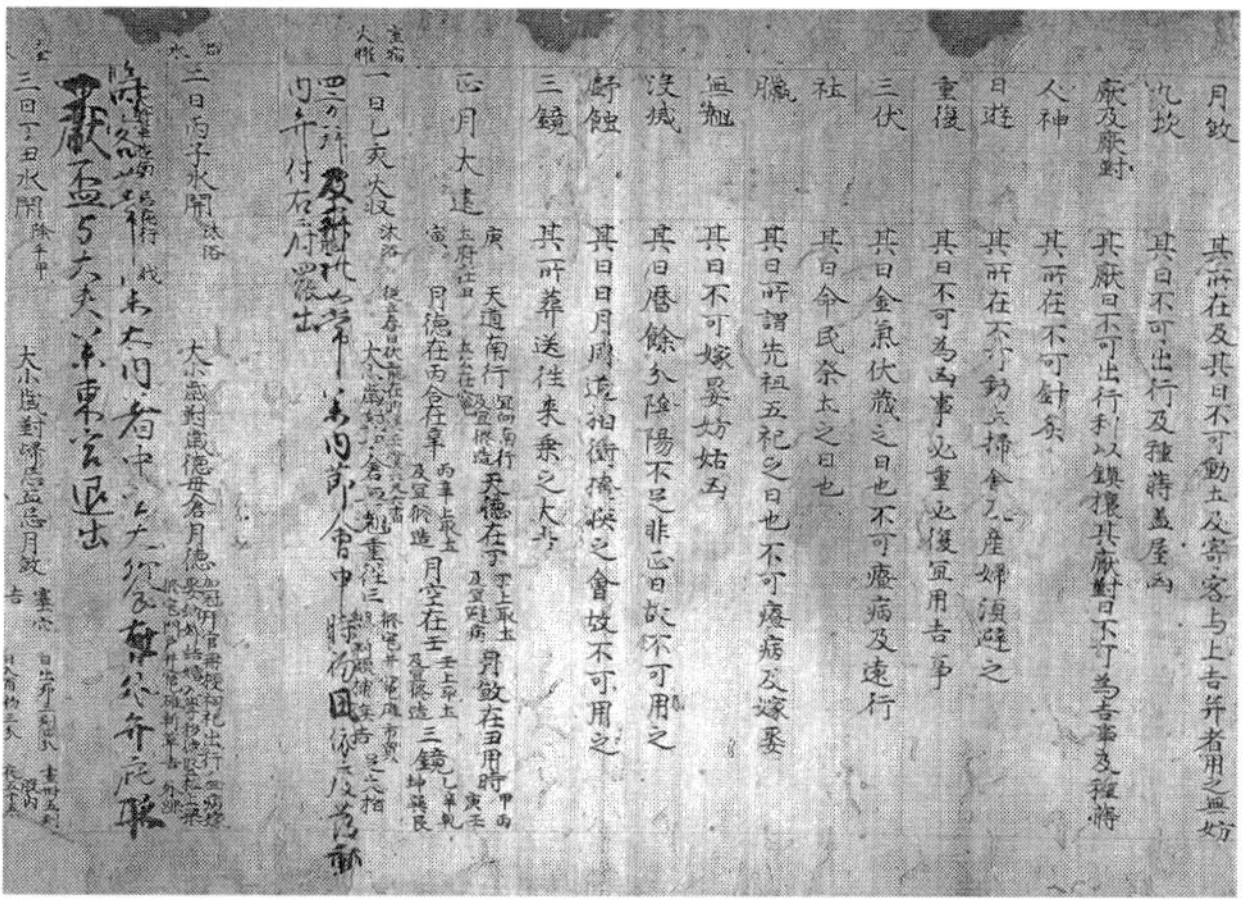

『御堂関白記』自筆本第十巻　寛弘八年冒頭（具注暦）および正月一・二日条（陽明文庫蔵）
（正月の書き出しの前に寛弘八年の一年間の具注暦の記載があり，月，日の部分にもその月，日の具注暦が記されている）

れている。

　現存年次は長徳四年（九九八）から治安元年（一〇二一）、年齢でいえば三十三歳から五十六歳におよんでいる。さらには長徳元年の記事が確認され、時に三十歳で内覧宣旨を得て氏長者となった記念すべき年であったので、まさに日記を書きはじめるのに相応しい年であり、これを記初と見なしてよいであろう。最後の記事は「念仏を初む、十一万遍」ではじまり、続く五日間ほどは唱えた念仏の数のみの記載で終わっている。出家して二年、もう書くこともなかったかと思う。

　いずれにしても、この日記が残ったことにより当時の日記のスタイルを知ることができ、時として行間から感情を読みとることも叶うのである。まず大事な点は、先述のとおり役所から支給される具注歴に書き記しているということである。早い時期に位置する藤原師輔の日記を『九暦』と称するのはそれを象徴している。

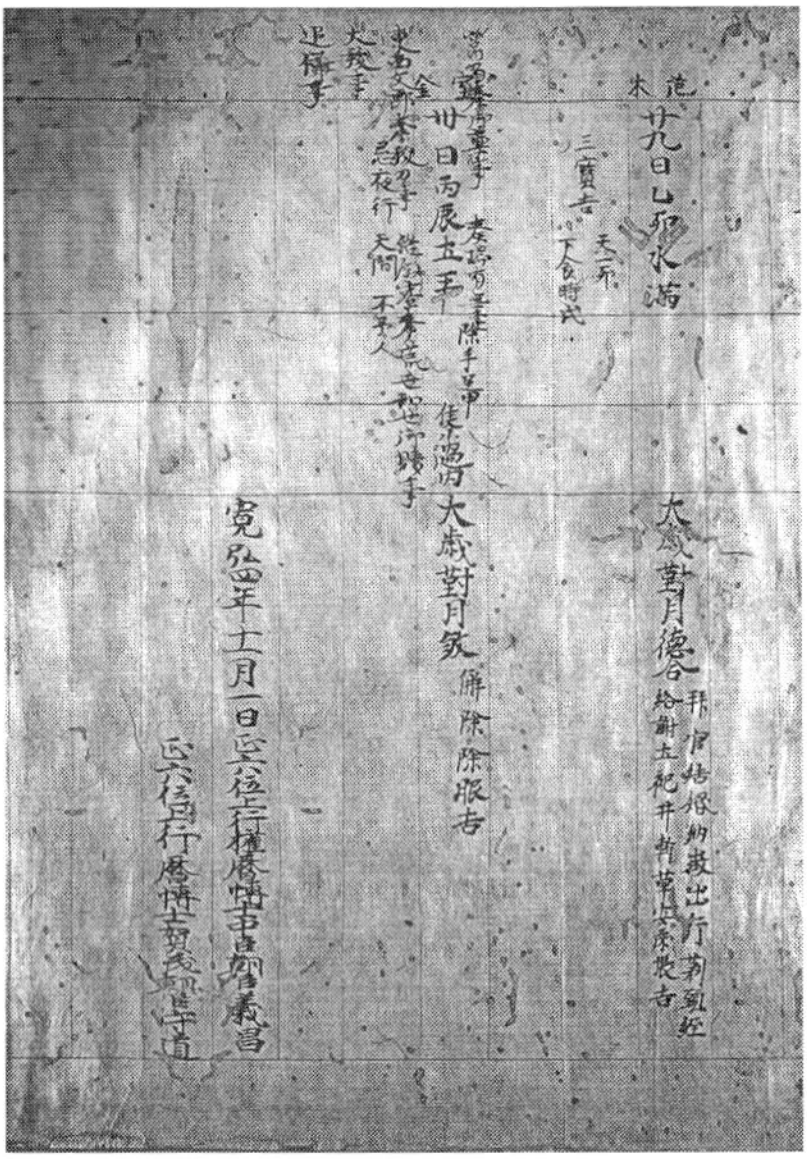

『御堂関白記』自筆本第七巻　寛弘五年十二月二十九・三十日条（陽明文庫蔵）
（寛弘五年の暦は前年の寛弘四年に作成して十一月一日に天皇に奏上，つまり「御暦奏」として年中行事化されている。末尾の二行がそのことを示しており，暦制作の責任者として暦博士賀茂守道と権暦博士中臣義昌が名を連ねている）

自筆本の『御堂関白記』を見ると、具注歴の一日に三行を充て、一行目には日とその日の吉凶が記されており、二行目と三行目（一行の幅は二センチほど）に日記が書いてある。書き切れないと、空白のところへ線で指示して続けたり、書くことが多い時には裏面（裏書という）に書いたりしている。ここで内容に踏みこむゆとりはないが、当時の日記は私的なことを記さず、儀式などを詳しく記して子孫に伝える、半ば公的な性格が強かったのに比して、道長の日記は私生活を吐露し、娘たちの入内を通して外戚関係を築きあげていく姿もあけすけに書き記している。文章は簡略だが書きようは大らかで、それゆえにか誤字・脱字・宛字・見せ消ち・抹消・挿入・返り点（レ）などが見られる。もっとも、日記の片隅には「件の記など披露すべきに非ず。早く破却すべきものなり」と自書しているから、当人は自分の日記がよもや多くの人に見られているとは夢にも思っていないであろう。

『御堂関白記』は他の男性の日記と同様に漢文体であるが、中に三首ほどある和歌はいずれも仮名書きになっているのは、和歌に対する道長の意識の表れとみたい。

ところで「御暦奏」という年中行事がある。これは陰陽寮の暦博士が作成した翌年の具注暦上下巻（六月以前と七月以降）を、十一月一日に上司の中務省が紫宸殿において天皇に奏進する儀である。このことを示すものとして自筆本『御堂関白記』寛弘五年（一〇〇八）十二月三十日の末尾の次の記述を挙げることができる。

寛弘四年十一月一日正六位上行権暦博士中臣朝臣吉昌
正六位上行暦博士賀茂朝臣守道

前年十一月に奏上した新暦（寛弘五年）の制作者の名が示してある。「行」とあるのは官位相当がくずれて、官職に対して位階が高い場合をいう。ちなみに逆の場合には「守」というが、この時代には「行」が圧倒的に多い。

仮名と女房文学

道長の日記に仮名がみられることを述べたが、そもそもわが国では中国から漢字が伝わり、それを使って男性が記録を遺した。天皇の命により国史の編纂が行われ、『日本書紀』にはじまり『日本三代実録』（仁和三年〈八八七〉まで）に至る六つの国史が出現し（勅撰史書）、それは「六国史《りっこくし》」と呼ばれ、編年体（年月の順に事実を記す）かつ漢文体で記されている。このほか「外《げ》記《き》日記」（太政官の外記の手になる公日記）などさまざまな記録が漢文体で記述される一方で、九世紀後半あたりから十世紀にかけて個人の日記、つまり私日記が登場してくる。それなりの形をとどめているものとしては、『宇多天皇御記』『醍醐天皇御記』『村上天皇御記』(三代御記という)、さらに『貞信公記』『吏部王記《りほうおうき》』『九暦《きゅうれき》』『小右記』『権記』などが道長に至るまでの主要な日記である。

漢字のことを「真名《まな》」というが、この漢字をもとにわが国で創案されたのが「仮名《かな》」である。この字がいみじくも象徴しているように、「かな」は「仮の字」なのである。この仮名を用いて、わが国で最初に出現した勅撰和歌集は、醍醐天皇の命を受けた四名の撰者によって撰集された『古今和歌集』である。その成立が十世紀初めのことであるから、仮名の創案は九世紀と考えてよい。ちなみに先行の『万葉集』は漢字を用いている。勅撰和歌集としては、『古今集』以下『新古今和歌集』までの八大集と、それ以降の『新続古今和歌集』(十五世紀前半)まで全部で二十一集が作られた。

土器に書かれた平仮名

(右大臣藤原良相(813~67)の西三条第跡(右京三条一坊六町)から9世紀後半,最古の平仮名が書かれた土器が出土(2011年)。墨書土器約90点がみつかり,約20点に平仮名が書かれていた。『古代文化』65-1より)

和歌に仮名が用いられた背景には、漢字に比して仮名には心情細やかな表現が成し得るといった観念があるからであろう。その仮名を用いて女性たちは多くの作品を遺した。その意味では、真名=男性、仮名=女性とみることもできよう。

これに関して想起されるのは、『古今和歌集』の撰者の一人、紀貫之（?〜九四五）のことである。貫之は、土佐国守としての任期を務めあげ、善政を行ったことで国の民から惜しまれつつ帰国の途に着いた。その時の作品が『土佐日記』であるが、その冒頭に「男もすなる日記《にき》といふものを、女もしてみむとて、するなり」とある。男は変体漢文（日本化した漢文で平安時代以降、男子の日記や書簡などに用いられた）で日記を書いたが、私は女手で書いてみよう、というのである。先にもふれたが、私的な日記でも男性のそれは公的な要素が強いので、貫之は、和歌も入れ感情も表出して文学的要素の強い日記を書くつもりで、それが叶う仮名で物すということで、女性に仮託してこの一文を冒頭に置いたのである。

女性と漢字ということで言えば、紫式部が『紫式部日記』で清少納言のことを酷評している有名なくだりも挙げておかなければならない。紫式部が言うには、「清少納言こそ、したり顔にいみじうはべりける人。さばかりさかしだち、真名書きちらしてはべるほども、よく見れば、まだいとたらぬことおほかり（傍点筆者）」。すなわち、清少納言は偉そうに得意顔をして、あれほど賢《かしこ》ぶって漢字を書き散らしているが、よく見れば足らないところがたくさんある、と。そうこき下ろす一方で、式部自身は、人前では「一といふ文字をだに書きわたしはべらず」、一という漢字さえ書いてみせることもしなかったし、屏風に書いてある文句も読めないふりをしていたというのである。さらに紫式部は、中宮彰子に白居易（白楽天、七七二〜八四六）の『白氏文集《はくしもんじゅう》』（「新楽府《しんがふ》」）をご進講するのも、人目を避けて行った、と日記に記している。

『白氏文集』（漢文体の詩文集）は平安時代に日本に伝えられ、貴族社会に広く読まれて女房たちの間にも浸透し、詩句が『枕草子』や『源氏物語』にも多く引用されている。清少納言が『枕草子』の「書《ふみ》は」（「書」は漢籍の意。二百段）の段で、『白氏文集』や『文選《もんぜん》』（中国の周末から梁初に至る約八百年の詩賦文章)、『史記』(司馬遷の撰、黄帝から漢の武帝までのことを記した史書) などを挙げていることからもわかるように、女房文学の書き手たちは渡来ものにも通じていた。当然、漢字の素養も高かったのだが、女性が人前で知識をひけらかすのは憚られたのである。

もっとも清少納言はその限りではなかったようだから、こうした漢字にまつわる言説からは紫式部と清少納言の性格の違いも垣間見えて興味深い。

4 政治の実態

政治と場

そもそも天皇と貴族官人による律令政治は、場の問題と深く関わっていた。一般にいわれていることであるが、朝堂院・大極殿・内裏が直線に並ぶ平城京までの宮城プランは、次代の長岡・平安両宮においては、朝堂院(大極殿)と内裏が東西に分離した。この変化を「政治の公から私へ」という従来の把握とは別に、官人の内裏への伺候《しこう》が上日《じょうじつ》(出勤の日)として認められたことを前提に、長岡京のとき(正確には延暦十一年〈七九二〉)から、それまでの大極殿に代わって内裏が天皇の日常政務の場として公的なものとなった、との見解がある(古瀬奈津子「政務と儀式」)。このようなことから貴族たちも内裏へ詰めるようになったわけであり、公的な場としての朝堂院に対して、内裏は天皇の私的な場であったことから政治の日常生活化につながった、ということになる。

これをあくまでも場の変化に限定して考えれば、ただちに政治そのものが公から私へ変わったと理解することには多少、問題がないとはいえない。ただ、十世紀中ごろになるとその傾向が強くなったことは確かで、すでに述べたように朝議から夜議への移行が顕著となるのも、このことと無関係ではない。また、儀式は夜が多く、行幸、行啓、遷御なども意外と夜に挙行されることが多かった。
政務の変化に関して、十三世紀初頭に成った『続古事談』（巻第一）には次のようなことが記されている。

昔、平城天皇の御時までは、此国にもあさまつりごと（朝政）したまひけり。その儀式、いまだほのゞゝのほどに、主上いでゝ南面におはします。群臣百寮おのゝゝ座に摂す。四方の訴人、さうなく内裏へ参集《まいりあつまり》て、高き机の上にうれへ文の箱と云物をおかれたりければ、あやしの民百姓まで中文をもて参て、この箱にいる。史《し》・外記《げき》・弁《べん》・少納言など、次第に取り上げてこれを読み申す。群臣おのゝゝこれを評定し、主上、まのあたり勅定をくださる。（中略）嵯峨天皇よりこのかた、此事すたれりけり。（傍点筆者――以下同じ）

平城天皇（在位八〇六〜〇九）までは、暁に明かりを灯して天皇が紫宸殿に出御し、百官が集い、提出された中文を評定して、天皇の裁許を仰ぐ「朝政」が行われたが、次代の嵯峨天皇からは廃れて形骸化した、というのである。廃れた背景には蔵人所の設置が深く関係していよう。これに関わって正史には以下のようなことが見える（『三代実録』貞観十三年二月十四日条）。

天皇、紫宸殿に御して事を視る。承和以往、皇帝毎日、紫宸殿に御して政事を視る。仁寿以降、絶えて此儀なし。是の日、帝初めて政を聴く。当時、之を慶ぶ。

承和《じょうわ》年間（八三四〜四八）つまり嵯峨天皇皇子の仁明天皇時代以降、紫宸殿で政治が行われてきており、文徳天皇の仁寿《にんじゅ》年間（八五一〜五四）以降はそれがなかったが、十数年後の清和天皇は聴政（重要案件については天皇の裁断を仰ぐ）を行ったというものである。

外記政から陣定へ

律令政治の本来の姿は、『源氏物語』（「桐壺」の巻）にも「あさまつりごと（朝政）」とあるように、天皇が毎日、早朝に大極殿に出御して庶政（諸司の申す政）を聴く「朝政」であった。しかし、平安時代に入って間もなく行われなくなり、やがて、太政官庁において行われていた公卿たちによる聴政である「官政」も形骸化していった。そして、これに代わって登場したのが、官政を簡略にした「外記政《げきせい》」であった。

外記政とは、内裏の東の外記庁で行われた公卿政治のことで、まず提出されている諸官庁や諸人からの申請書（これを申文という）について弁・外記・史らが整理をし（これを結政《かたなし》という）、次いで着座した公卿らの前で弁が史にその申文を読ませ、上卿《しょうけい》（列席の公卿の中の首席が務める議長役）が公卿らに諮《はか》ったうえで裁決を下し、捺印して終わるという手順で進められた。外記政は、月に五日の休日と触穢《しょくえ》などによる廃務の日を除いて毎日行われた。しかし、これも十世紀後半には衰退していった。その背景に摂関権力の強化が深く関わっていたのである。

そして、摂関盛期には、陣定《じんのさだめ》（陣議・陣儀）が国政の議定の中核となっていった。その場所が紫宸殿の東、宜陽殿《ぎようでん》との間の軒廊にあった左近衛府の詰所である左近衛陣であったことから、その名がある（稀に紫宸殿の西の右近衛陣で行われることがあった）。なお近衛の官人には武器の携帯、つまり帯仗が許されていたことから仗議《じょうぎ》（仗儀）の名もある。これにちなんで、その議定の場を陣座《じんのざ》とか仗座と呼び、そこに着くことを着陣と言った。

陣定は、月に二、三回の割で行われた公卿定で、はじめに議する内容の提示があって、中文や関連の資料が回覧され、下位の者から上位の者へと順に意見を述べる格好で審議が行われる。それらの意見は書記役の参議のもとで纏められ、その定文《さだめぶみ》を上卿が蔵人頭に付して天皇に奏上し、最終判断を仰いだのである。そこでは審議の結果が尊重され、それに沿った裁断が下されることが多かったが、時には変更を迫られたり、やり直しを命ぜられたりすることもあった。その裁決は平安中期ごろから、天皇の意思というよりも摂関の介入によって左右されることが多くなり、その結果、公卿会議は形式的なものとなり、実質的には機能しなくなっていった。

陣座（『年中行事絵巻』）

ただし、議定は合議制を旨としており、これこそまさに律令政治（太政官政治）の根幹であり、その意味では摂関政も院政も本質的には変わらない。異なるのは、権威としての天皇を取り込んだのが摂関であったか、上皇（院）であったか、という点である。さらにいうならば、摂関は天皇に直結しない、つまり天皇と血縁関係にないのに対して、院は父系、つまり天皇経験者であることである。むろん、これはあくまでも頂点に立つ人の比較であって、これを補佐する階層は異なる。

なお摂関政治に関して、国政が摂関の里第で私的に行われた政所《まんどころ》政治であったとの理解が早くからあったが、こんにちでは完全に否定されている。それは、摂関家の政所で家司《けいし》らによって行われた事柄を分析した結果、摂関家のことに限られていたという点が明確になったことによる。しかし、国政遂行の最高責任者である反面、藤原氏の頂点に立つ摂関に政治の私的化が皆無というはずはない。藤原道長を評して藤原実資が吐露した「いよいよ王道弱く臣威強きを知る」（『小右記』）がそのことを如実に物語っていよう。

5 平安京トイレ事情

宮中の御樋殿

ここまで貴族の生活や政《まつりごと》の実態を見てきたが、長時間にわたる会議などの間に小用を催した場合、彼らはどうしたのであろうか。日記などを読んでいて、ふとそう思うことがある。しかし、そういった記事はほとんど見かけない。考えてみれば当然のことで、こんにちでも日記にトイレのことを書く人はまずいないだろう。しかし皆無ということではないので、それを頼りにこの時代のトイレについてみてみよう。なお、藤原・平城・長岡京や大宰府、奥州平泉などの発掘調査によって得られた考古学上の知見は多いが（黒崎直『水洗トイレは古代にもあった――トイレ考古学入門』ほか）、ここでは文献からたどれるものに限定する（橋本義則「平安時代のトイレと便器に関する予察」、保立道久「文献と絵画史料からみたトイレ」ほか）。

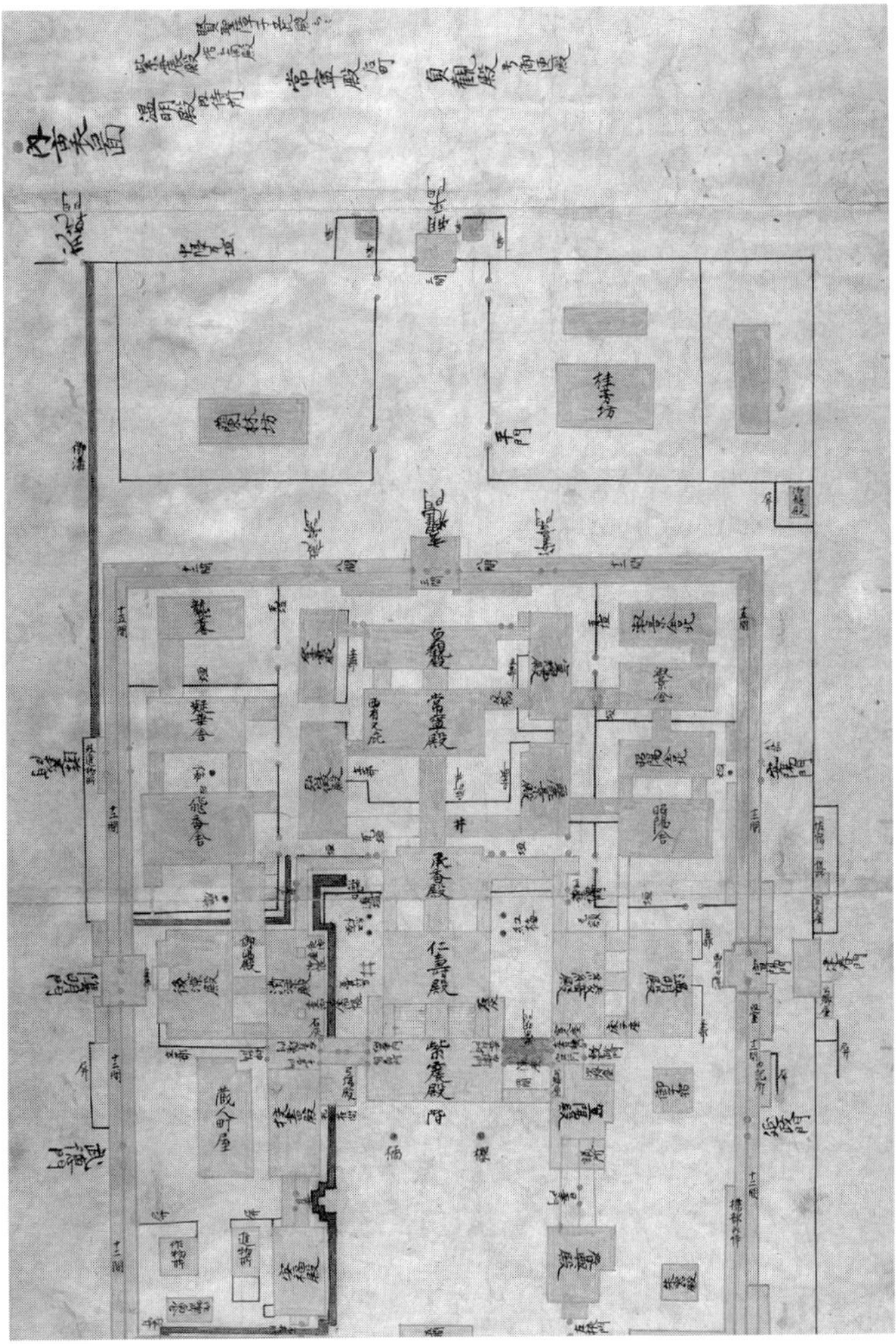

内裏図の御樋殿（陽明文庫蔵）

（樋殿とは便所のことで，図が示すように内裏では東北隅に設置されていた。中宮以下が便器にあたる樋筥にしたものを身分低い樋洗たちがここまで運んで処理した。なお，清涼殿では滝口の近くに樋殿があったらしい）

排泄の場所
（築地塀の前の道ばたでの様子，『餓鬼草子』）

平安宮内裏図を見ると、内裏外郭の東北隅にある華《か》芳坊《ほうぼう》の南に、南北方向の建物があり、そこに「御樋殿《おひどの》」の書き込みが見られる。これはトイレのことで、江戸後期の有職故実家、裏松光世《うらまつみつよ》（法名固禅《こぜん》、一七三六〜一八〇四）の『大内裏図考証』（巻第八）は、その考証に加えて御樋殿の南面と西面には塀があることを記している。さらに『延喜式』を引いて、徒役人《ずえきにん》（徒刑に服した人）が囚人らを率いて宮城の四面を掃除させたり、雨の翌朝に宮内の汚穢《おわい》や厠の溝などを清掃させたりしていることを挙げている（『延喜式』巻第二十九「囚獄司」）。この囚人による雨の翌朝の厠の掃除については、平安時代にはじまったわけではなく、すでに平城京の初期に行われていたことが、九世紀中ごろに編纂された養老令の注釈書『令集解《りょうのしゅうげ》』で確認できる（『令集解』巻第四「職員令　囚獄司」所引「神亀元年六月四日太政官判」）。

御樋殿の結構は知られていないが（『新訂増補　故実叢書』所収「内裏図」に「結構未詳」との記載あり）、三条天皇の長和二年（一〇一三）に御樋殿が転倒するという出来事があった。無風であったのに倒壊したため人々はみな怪異として受け止めた、と当時の日記にあるので、おそらく粗末な造りだったのであろう（『御堂関白記』六月三十日、七月一日条、『小右記』七月一日条）。

大内裏（平安宮）において内裏の西に位置する朝堂院では、即位式をはじめ国家の重要儀式が執り行われた。その正殿が大極殿であり、久寿二年（一一五五）には後白河天皇の即位式が行われている。その様子は『兵範記《へいはんき》』に詳しく記されており（十月二十六日条）、文中に、昭慶門東廊の一郭を関白藤原忠通《ただみち》の休息所に充てたとある。しかるに、掲示図では、大極殿後房（小安殿《しょうあんでん》か）の北の昭慶門東の一郭に「御樋殿立五尺屏風一帖」の書き込みが見られる。屏風を立てる、というのだから、屏風で仕切ってそこに樋筥《ひばこ》（いわゆる便器）を置いていたと思われる。つまり、忠通の休息所はそんな臭い場所のすぐ近くに設けられていたのである。

いっぽう常の住まいの清涼殿では、滝口のあたりに御厠殿《みかわやどの》、御装物所《おんよそおいものどころ》（御樋殿）が備わっていたので（『延喜式』『西宮記』『江家次第』）、天皇はここを用いたのであろう。

御厠人という下級女官

御厠殿の排泄物は翌朝、樋洗《ひすまし》・御厠人《みかわやうど》ら女官が華芳坊南の御樋殿に捨てに行ったのである。彼女らは宮中で雑用に従事し、主として便器の管理にあたった下級女官であり、天皇が夜御殿《よるのおとど》に居られる時には鬼間《おにのま》（清涼殿西廂の南端の間）に候宿していたという（『侍中群要』第四「上宿事」）。

中宮はじめ上級女性の場合は、各々の局にトイレがあったか否か定かではなく、説話などにそれらしき記載もあるが、多くは持ち運びのできる御虎子《おまる》、大壺《おおつぼ》、虎子《おおつぼ》、清筥《しのはこ》、尿筥《しのはこ》、尿筥《しとづつ》といった便器に排泄し、翌朝に長女《おさめ》・御厠人ら下級女官が内裏東北隅の御樋殿に持って行った。この両者の名は、藤原実資の『小右記』（天元五年〈九八二〉五月八日条）に見える。その記述によれば、円融天皇中宮の藤原遵子が立后後、初めて内裏に遷御した時、中宮に仕える女官たちへ饗禄《きょうろく》が行われたが、その対象者の中に長女・御厠人も入っている。

下って仁安三年（一一六八）、高倉天皇の即位（八歳）とともに皇太后となった母の平滋子（二十七歳、のちの建春門院）は、翌年の春に平野社へ行啓している。その行啓定にも、一行の女官十人の中に「長女」「樋洗」「御厠人」それぞれ二名が見える（『兵範記』仁安四年二月五日条、行啓の挙行は一週間後の十二日）。彼女たちは主人の排尿に備えての携帯具を持参して行啓に付き従ったのである。

行列に加わるといえば、関白藤原基房の子の師家（八歳）が昇叙《しょうじょ》に対して拝賀のため松殿から内裏（閑院）まで参上した折、その行列の末尾の方に笠持・「大壺持舎人」がいる（『山槐記』治承三年十月二十五日条）。

また五節《ごせち》の舞姫（五節の舞を舞う女性）の扈従者《こしょうしゃ》として、下仕・上雑仕らとともに「樋洗」の存在が知られる（『小右記』永祚元年十一月十二日条）。こうした排泄物処理に関わる勤めをする者たちは、女官として低く見られていた。そのことは、藤原道長の初孫、敦成親王《あつひら》（のちの後一条天皇）の五十日《いか》の祝い（寛弘五年十一月一日）の後日に挙行された五節の舞の記事に、「かやうにて日ごろも経ぬるほどに、五節二十日まゐる。（中略）樋洗二人ととのへたる姿ぞ、里びたりと、人ほほ笑みたりし」とある（『栄花物語』巻第八）ことからもわかる。五節の舞は十一月二十日から二十三日まで行われ、藤原実成《さねなり》・兼隆《かねたか》・中清、高階業遠《たかしなのなりとお》の四人が舞姫を出しているが、樋洗二人の身なりを整えている姿がどうも鄙びている、と見る人は苦笑していたという。

清少納言も『枕草子』のなかで、手紙の届け役をしたり、犬が蔵人に打ちのめされているのを報告に来たり、使い走りをしている「すまし」「長女」「御厠人」の姿を記しているが、「物の数でもない賤しい者」と見下している（『枕草子』二十一段ほか）。身分の違いが厳然とあった当時のこと、紫式部が向ける視線も似たようなもので、『源氏物語』「須磨」の巻に「まして常に参り馴れたりしは、知り及びたまふまじき長女、御厠人まで」と記しており、彼女たちのことを源氏が見知るはずもない身分低い女性として描写している。

厠で転倒した貴族たち

ところで藤原道長の土御門殿が再建された時、必要な家具、調度類の一切を伊予守源頼光《よりみつ》が寄進して衆目を浴びた。その中に「御大壺一雙、御樋一具」とある（『小右記』寛仁二年六月二十日条）。いずれも道長・倫子夫妻用のものであろう。土御門殿に所在の樋殿の具体的なことは知られないが、左大臣道長が足に針を踏み立てて歩行が叶わなくなった時には、道長は円座に坐ったまま曳いてもらって「隠所」へ行ったという（『小右記』長和三年四月六日条）。足の具合は一年ほど思わしくなく、「厠」から戻る時にも誤って階から地上に落ち臥し、その間のことは覚えていないほどの耐えられない苦痛を味わったようだ（『小右記』長和四年閏六月十九・二十一日条）。道長自身も、日記に「北屋の打橋より落ちる間、左方の足を損ねる、前後不覚なり」「夜の間、足腫れて痛く、為《な》す方《すべ》を知らず」と記している（『御堂関白記』閏六月十九・二十日条）。『小右記』の実資がいう「隠所」「厠」は、道長のいう「北屋」ないしその一郭にあったトイレ施設を指称していよう。それは土御門殿の北の対ないし西北の対あたりにあったものであろう。

このように貴族の邸内には樋殿が設えられており、そこに溜まった糞尿は外の水路から暗渠で引き入れた側溝を通して外へ流していた。先掲の宮内の汚穢や厠の清掃の事例をはじめ（『延喜式』）、弘仁六年（八一五）の太政官符がそれを暗示していよう。この太政官符とは、築地を穿《うが》って水を引いて道路を水浸しにすることや、汚穢（糞尿も含む）が見える形で流すことを禁止し、穴を掘って樋を設けて水とともに流すよう命じたものである（『類聚三代格』巻第十六「道橋事」弘仁十年十一月五日付官符）。

ところで、道長の例のみならず、トイレに行く際に災難に遭うケースは多発していたらしく、寛弘元年（一〇〇四）の冬、帥《そちの》中納言こと平惟仲《これなか》（九四四～一〇〇五）は「厠」を出る時に転倒し、腰を骨折して動けなくなった。そして喋ることができなくなり、陰嚢《いんのう》が腫《は》れて前後不覚に陥《おちい》り、数ヵ月後に死去した。これは任地の大宰府でのことである（『小右記』寛弘二年二月八日条、『日本紀略』三月十四日条）。また、三蹟の一人、藤原行成は不調のなか夜中に「隠所」に向かう間に転倒し、一言も発せずに頓死している（五十六歳、『小右記』万寿四年十二月五日）。奇しくも藤原道長と同じ日の死であった。

こうした事例は、臣下のみならず天皇にもみられる。院政期初代の堀河天皇は崩御の二年前からしばしば病に罹り、前月には「不例」（病気）が連綿と続き、嘉承《かしょう》二年（一一〇七）七月十九日に在位のまま二十九歳で崩御された（『殿暦』『中右記』嘉承二年六月二十四日条以下、朧谷『堀河天皇吟抄』）。天皇は崩御の前年に内裏から堀河院に遷御されていたが（『中右記』嘉承元年十二月二十五日条）、亡くなる十日ほど前に重病を押して「御樋殿」に立った途中で前後不覚となった（『殿暦』嘉承二年七月六日条）。これが命取りになったようである。

堀河院の樋殿に関しては、院政の創始者、白河上皇が在位中に一時、遷御していた但馬守橘俊綱《としつなてい》第から関白藤原師実《もろざね》の堀河院へ遷御し、西の対を御在所とした際に北渡殿に御湯殿・「御樋殿」を設けたことが知られる（『師記』承暦四年五月十一日条）。

それから半世紀あまり遡るが、万寿元年（一〇二四）九月十九日、後一条天皇は、関白太政大臣藤原頼通の高陽院《かやのいん》へ行幸し、盛大を極めた競馬《くらべうま》を見物された。『栄花物語』では「こまくらべの行幸」として一巻をこれに充て、『駒競行幸絵巻』という絵画資料も存在するほどに有名な催しであった。この日の『小右記』に「艮《うしとら》の角一間に御簾を懸け、御粧物所と為す」とあり、馬場殿（東の対をこれに充当）

の東北隅に御粧物所（御樋殿）を仮設していることが知られる。

長暦三年（一〇三九）六月に内裏が焼亡し、後朱雀天皇は一時的に太政官朝所《あいたんどころ》に遷り、翌月に京極殿（かつての土御門殿）に遷御された（『扶桑略記』六月二十七日、七月十三日条）。しかし翌年の長久元年九月にここも焼失したので、至近の法成寺に難を避け、東北院に遷り（『春記』九月九日条）、翌月に叔父の内大臣藤原教通の二条第へ遷御された。この邸では寝殿を南殿（紫宸殿）とし、南の対を御在所に充てたことにともない、その北渡殿に御湯殿と「御樋殿」を設けている（『春記』十月二十二日条）。

このように目立たぬ生活空間の西や北に便所と水回りの施設を配置することはよく見られる。なお、一ヵ月後のこととして、御竈神《かまどがみ》（竈を守護する神）とともに「御厠殿」を「渡し奉る」（『春記』十一月二十九日条）とあるのは、便器ほかを運び込んだということであろう。

この時期、長暦三年の冬、蔵人頭であった病みあがりの藤原資房（三十三歳）は、天皇に召されて参上した。そこで天皇に「病後の調子は如何か」と問われ、「復調して日数は経ちますが、その後も種々の病が突発的に起こり、出仕が叶いません」と申し上げると、「十二分に養生したうえで出仕するように」と言われた。この後も資房は深夜まで任務をこなして候宿しており、「痢病発動し、数度の厠」つまり下痢が止まらず、しきりに便所に駆け込む始末で、殿上に祗候《しこう》できなかった（『春記』十一月二日条）。

いつの時代でも尾籠《びろう》な話はなかなか人前ではしにくいものだが、こうした話を知ると、雅な貴族たちがいきなり身近な存在に感じられる。政治や経済、文化ももちろん大事だが、「食べる」ことと「出す」ことは、生きとし生けるものにとって欠かすことのできない重要なものである。トイレや排泄にまつわる問題は、貴賤や貧富の差を超え、時代も軽々と超えて、平安人と現代の私たちを繋いでくれる稀有なテーマでもあるのだ。

第四章　藤原北家をめぐる王朝ドラマ

1　摂関家への道

摂政・関白と藤原北家

平安京を舞台に繰り広げられた王朝ドラマといえば、『源氏物語』をイメージする人が多かろう。紫式部が類まれなる観察眼と洞察力で濃《こま》やかに描き出した平安の貴族文化や宮廷社会。その中心にいたのが、藤原道長をはじめとする摂関家であった。幼少の天皇に代わって政務を執行した摂政に対して、成人した天皇を補佐したのが関白、と両者の立場は相違するが、いずれも大臣（もしくはその経験者）を資格とし、任じられるのは藤原北家に限られていた（豊臣秀吉は関白となるに際し近衛〈藤原〉前久《さきひさ》の猶子の形をとっている）。

一般の理解としてある「天皇幼少の間は摂政で、元服後は関白」という例は十世紀前半の藤原忠平《ただひら》（八八〇〜九四九）に始まる。ただ、摂政と関白の違いは単にそれだけかというと、そうではなく、後の時代に関白に対し特別の権限として準摂政を与えるケースがあることから、摂政の地位が関白を上回っ

応天門炎上（『伴大納言絵巻』）

ていると考えられる。摂政・関白の名辞を日記などから探れば、「摂政は宸儀（天子）に異ならず」（『小右記』長和五年正月二十九日条）、「摂政すなわち天子なり、関白なお臣位（臣下）にあり」（『台記』仁平元年三月一日条）、「関白は摂政より劣る」（『玉葉』承安二年閏十二月二日条）、「摂政は天子行政に代わる職」（『吉記』文治元年十二月二十七日条）などとあり、こうした文言からも摂政が関白の上位にあることが理解できる。それはとりもなおさず天皇の年齢に関わっていよう。なお、関白に準ずるものとして内覧《ないらん》（この名辞は奏上・宣下の文書を内見するという動詞から転じた職名）があり、当初は摂関の病中の時など臨時に置かれていたが、道長がこの職についたことで摂関と並置する職と見なされ、「内覧と関白は万機すでに同事」（『中右記』大治四年七月十七日条）と言われるようになった。

この摂関をめぐる歴史（形骸化する御堂流成立以前）は、藤原氏（北家）による天皇とのミウチ関係構築の歴史、と言ってよい。第一章の「藤原北家の躍進」でみたように貞観八年（八六六）応天門事件のあと藤原良房（八〇四～七二）が外孫、清和天皇の摂政となって人臣摂政の嚆矢となり、養子の基経（八三六～九一）が初代の関白となって以来、摂関は藤原北家の独占するところとなった。

前章でもふれた応天門の変では、当初は大納言伴善男《とものよしお》が左大臣源信《まこと》（八一〇～六八）の犯行だと告発したが、その後、密告があって伴善男・中庸《なかつね》父子に嫌疑がかけられ、伴氏のほうが有罪と断定されて流罪となった。そうした顚末が『伴大納言絵巻』に精妙な筆さばきで詳しく描かれているが、この事件は、実際のところは前章で述べたように良房が暗躍した陰謀事件の可能性が高いとされる。また、それより二十年ほど前の承和九年（八四二）に起きた承和の変でも、背後に良房の存在が見え隠れする。この二つの変に関しては、良房の陰謀説は成り立たないとする異論もあり、米田雄介氏は『藤原摂関家の誕生』で、良房にはその意図はなかったと根拠をあげて論じている。しかし、その真相がどうあれ、事件により権力が良房に集中したことは事実である。

承和の変では、伴健岑《とものこわみね》や橘逸勢《たちばなのはやなり》らが謀反を企てたとして流罪となり、無実の東宮恒貞《つねさだ》親王（八二五～八四）が廃され、良房の妹順子所生の通康《みちやす》親王（のちの文徳天皇）が東宮となった。応天門の変でも、古代からの有力貴族であった伴氏（もと大伴氏）と紀氏（伴氏の従僕だった紀豊城《とよき》が首謀者の一人とされた）が親族まで連座して刑に処され、没落することとなった。また、事件がなければ権力を強めたはずの嵯峨源氏の左大臣源信も、事件によって精神的打撃を受けて蟄居してしまったほか異母兄弟の右大臣藤原良相《よしみ》（八一三～六七。一〇〇頁の図に出典の邸宅の主）も「蚊帳の外」状態におかれ、公卿の上席にいた有力者はことごとくかつての政治的影響力を失っていった。なによりも良房が摂政となった意義は大きく、ここに他氏排斥論の生まれる理由が存在するのである。

阿衡の紛議と初代関白

摂政藤原良房が薨去すると、甥で養子の基経（八三六～九一）が朝廷の実権を握り、陽成天皇（九歳）の即位にともなって摂政となる。その後、第一章（「藤原北家の躍進」）で既述のとおり、基経は陽成天皇を廃して光孝天皇（五十五歳）を即位へと導く。その光孝天皇から関白に相当する職を行うよう命じら

宇多法皇像（仁和寺蔵）

れた基経は、仁和三年（八八七）、宇多天皇（八六七～九三一、在位八八七～九七）の即位直後におきた「阿衡《あこう》の紛議《ふんぎ》」と呼ばれる事件によって関白の地位を確立させる。そのいきさつは次のようなものであった。

宇多天皇は即位後、亡父の光孝天皇に引き続き基経に政権を委《ゆだ》ねるべく、「皆太政大臣（基経のこと）に関《あずか》り白して、しかる後に奏《もう》し下すこと、一《いつ》に旧事《くじ》のごとくせよ」という詔を遣わした。この「関り白す」というのが関白の語源で、文書上ここではじめて関白の号が登場する。これに対して基経は儀礼的に辞退の上表文を提出し、天皇からも型どおりの勅答があった。ところが、その任命の勅書の「宜《よろ》しく阿衡の任を以て卿《けい》の任と為《な》すべし」との文言をめぐって紛糾する。基経が「阿衡とは実権のない名誉職」と言いがかりをつけ（『政事要略』巻第三十「阿衡事」）、ならば、とばかりに政務を拒んで自邸に籠ってしまったのである。

それが半年にもおよび、困り果てた宇多天皇は基経の理解を求め、阿衡の職掌について学者に検討させるなどするも決着がつかず、けっきょく天皇が折れてみずからの誤りを認める勅書を出して、ようやく事が収まった。天皇は日記にその経緯を詳しく記したあと、「朕《ちん》ついに志を得ず、枉《ま》げて大臣の請いに随《したが》う。濁世《じょくせ》（末世）の事是《かく》の如し。長大息たるべきなり」と書きつけている（『宇多天皇御記』〈『増補史料大成歴代宸記』所収〉仁和四年〈八八八〉六月三日条）。

さらに基経の娘の温子の入内を受け入れた天皇（二十三歳）は、結婚の翌年の日記に「玉茎発《おこ》らず、ただ老人の如し」と記し、左大臣源融から「露蜂」（こんにちのロイヤルゼリーか）を贈られ、それを試飲したところ効果があった、と記している（寛平元年〈八八九〉八月十日条）。

新天皇の出鼻をくじくこの事件は、宇多天皇とは外戚関係のない基経（宇多天皇の母は班子《はんし》女王で藤原氏と関係がなかった）の危機感からくる示威行動と考えられる。その点、温子の入内は外戚構築の糸口となった。また、阿衡についての紛議には、学者間の対立も介在していた。学者といえば、この事件を契機に注目を集めた一人に菅原道真《すがわらのみちざね》（八四五～九〇三）がいる。彼は事件の時には地方官として讃岐国に赴任中だった（第六章の「受領と才女」参照）が、基経の学問の師でもあった道真は、任地から長文の書状を送って基経を諫めている。こうした気骨ある態度によって、帰京後の道真は宇多天皇に重用されることになるが、それがひいては後の冤罪の悲劇へとつながるのである。

菅原道真

いずれにせよ、この事件は、藤原氏の権勢の大きさを世に知らしめると同時に、制度的にみるならば、「関白」という語やその職掌を確定させる結果にもなった。基経が初代関白となった起点をどこに置くのかは諸説あってはっきりしないが、阿衡の紛議を通して

菅家跡（紅梅殿）

関白の制が定まり、藤原氏が摂関体制を築くにあたっての制度的拠りどころが整ったことはたしかである。

藤原北家の試練

こうして良房・基経父子によって藤原北家が摂関を独占する糸口がつくられたが、寛平三年（八九一）に基経が薨去すると、嫡男の参議時平《ときひら》（八七一～九〇九）が二十一歳で公卿になったばかりだったことから、その若年を理由に宇多天皇は時平を関白にせず、菅原道真を重用して親政を行った。この父帝の路線を引き継いだ醍醐天皇（八八五～九三〇、在位八九七～九三〇）も摂関を置かなかった。そのため摂関不在の時期が四十年間も続き、藤原北家は忍従を余儀なくされた。その間に時平は三十九歳という若さで薨じている。

その死は、巷では道真の怨霊の仕業《しわざ》と噂された。というのも宇多天皇は、譲位に際して醍醐新帝に『寛平《かんぴょうの》御遺誡《ごゆいかい》』（天皇の日常・作法・儀式・宮廷政治の心得など多岐にわたってやるべきことを述べたもの）という訓戒の書を授けており、その中に菅原道真を重用するよう記していた。父帝の訓示に従い、醍醐天皇は即位して三年目に菅原道真（五十五歳）を右大臣に抜擢し、左大臣には時平（二十九歳）を据えた。しかし、道真のような寒門（家格の低い家）出身の者が大臣になるなど破格なことで、それは権門出の時平や公卿たちの反感を買う人事であった。当時の貴族社会の複雑な事情も絡むなか、昌泰《しょうたい》四年（九

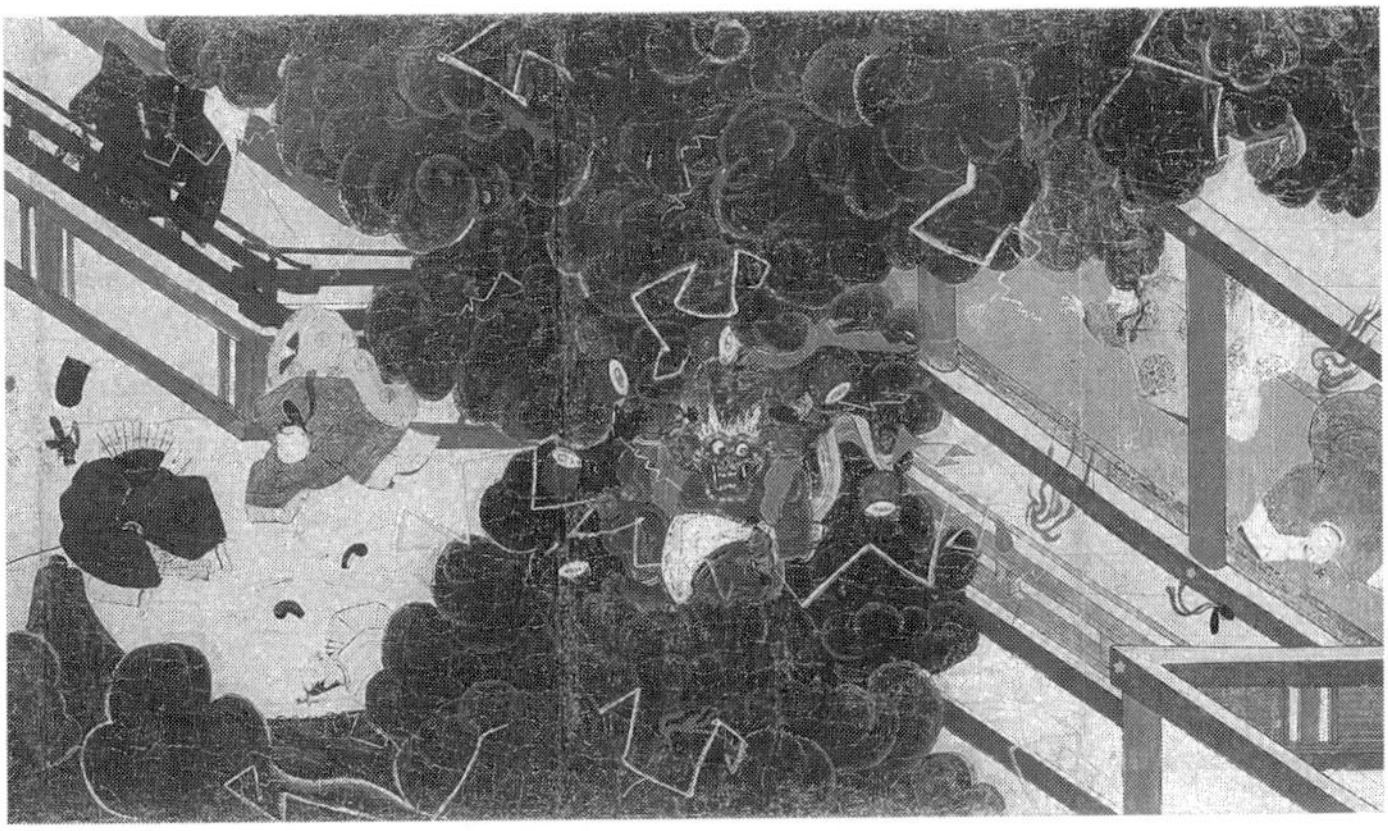

清涼殿に落雷（『北野天神縁起』）

〇一）時平は讒言《ざんげん》によって道真を陥《おとしい》れ、大宰府に左遷させてしまう。その二年後、道真は配流先で失意のまま五十九歳の生涯を閉じた。時平が他界したのは、道真が無念の死を遂げた延喜三年（九〇三）から六年後のことである。

三十四年（平安時代で在位の最長）にわたって親政を行ってきた醍醐天皇も、延長八年（九三〇）の清涼殿落雷事件のショックから病を得て、皇子の東宮寛明《ゆたあきら》親王（朱雀天皇）に譲位して一週間後に崩御した（四十六歳）。さらに道真左遷に加担した人が落雷や病で死亡したほか、時平とつながりの深い親王が急死するなど不吉な事件が続き、都では天変地異も多発して道真の祟りと恐れられるようになる。この道真の怨霊のことはまた別のところで述べるとして先へすすもう。

さて、藤原北家嫡流の時平の死によって、思いがけず政権の座に滑りこんだのは、三男の忠平（八八〇〜九四九）であった。八歳の朱雀《すざく》天皇（九二三〜五二、母は忠平の妹穏子）が登場すると、左大臣忠平が摂政となり（四十年ぶりの摂関の復帰）、天皇が十九歳になったとき、関白に転じた。

ここで忠平が関白になる直前に都の東と西で示し合わせ

たかのように起きた争乱のことにふれておきたい。それは年号をとって承平・天慶（九三一〜四七）の乱、首謀者の名にちなんで平将門《まさかど》・藤原純友《すみとも》の乱と呼ばれている。

東では平将門が土地相続をめぐり一族と争い、それが国府襲撃に発展し、常陸《ひたち》・上野《こうずけ》・下野《しもつけ》国を占領して、一族配下の者を国守に任命するなど小国家の建設を目指した。しかし、それも束の間、朝敵となって滅ぼされた。

ほぼ同じころ西では前伊予掾《さきのいよのじょう》（伊予国の三等官の経験者）藤原純友（北家、長良の曽孫）が任地に住みつき船団を組んで瀬戸内の海上で略奪の限りを尽くしていた。とりわけ受領たちが標的にされ、朝廷ではたびたび討滅を試みたが、さほど効果は上がらなかった。そうしたなか将門の乱に決着がついたことで西へ大船団を送ることができ、抵抗する純友軍を分裂させながら遂に討ち取った。

武器をとっての殺し合いから遠退《とおの》いていた都人にとって、この争乱の衝撃は大きかった。それを表わしているのは、これ以降において、何か大きな事件が起きるとそれを記録した作者の多くが「宛《あたか》も承平・天慶の乱の如し」と記していることである。

忠平が関白となって五年後の天慶九年（九四六）朱雀天皇（二十四歳、六年後に崩御）が譲位して実弟の村上天皇（九二六〜六七）が二十一歳で即位すると、忠平は引き続き関白を務め、七十歳で薨去した。その時、在位四年目であった村上天皇は関白を置かずに親政を目指したが、十七年後の康保四年（九六七）、在位のまま四十二歳で崩御する。そこで東宮の憲平《のりひら》親王が即位して冷泉天皇（十八歳、九五〇〜一〇一一）となった。

この天皇は村上天皇の第二皇子で、母は皇后藤原安子（九二七〜六四）。生後二ヵ月で東宮になっている。安子は憲平親王の下に為平《ためひら》・守平《もりひら》の二親王を生んでおり、父は忠平の次男藤原師輔《もろすけ》（九〇八〜六〇）

で長男実頼《さねより》（九〇〇〜七〇）の異母弟である。この兄弟に関して「一くるしき二」、つまり一の人たる左大臣実頼がその地位にいることが苦しいほどに二の人（右大臣）師輔が優れている、との世評があった（『栄花物語』巻第一）。しかし、師輔は外孫（冷泉・円融天皇）の即位を見ずに他界している。

冷泉天皇は精神的に病んでいたため（帝位の望みを絶たれた第一皇子親子の怨霊が原因とも噂された）関白職が復活。本来なら師輔がなるところだが、すでにこの世にいないことから伯父の左大臣藤原実頼が任じられた。この実頼の関白就任で藤原北家の摂関復帰が成り、これ以降、摂関は途絶えることなく藤原北家によって継承されていくことになる。

他氏排斥の総仕上げ

とはいえ、実頼と冷泉天皇が外戚関係にないことが懸念材料ではあった。いっぽう実頼が関白となって半年後に太政大臣に補任されたことで、後任の左大臣に源高明《たかあきら》（九一一〜八二）がなり、関白に次ぐ政界のナンバー2の座に就いた。高明は醍醐天皇を父にもち、朱雀・村上天皇の異母兄にあたる賜姓皇族である。さらに藤原師輔の娘二人を妻にしていた。一人は後に道長の妻となる明子《めいし》の母であり、もう一人の娘が生んだ女子が為平親王の妻になっていた。このような状況下で、安和《あんな》の変は起きた。

安和二年（九六九）三月、その左大臣源高明が謀反を企てているとの密告があり、突如として大宰府に流罪となってしまった。これに関わったとされる人たちも土佐国などに流された。事の詳細は省略にゆだねるが、大事件のはずなのに密告の内容を含め真相が釈然としない。それだけに他氏排斥のための陰謀の可能性が高い。

この事件を他氏排斥ではなく、冷泉天皇の病気により発生した皇位継承問題とみる説（保立道久『平

安和の変直前の公卿界

官職	位階	氏名	年齢
関白太政大臣	従一位	藤原実頼	七〇歳
左大臣	正二位	源高明	五六歳
右大臣	正二位	藤原師尹	五〇歳
大納言	従二位	藤原在衡	七八歳
		源兼明	五六歳
権大納言	正三位	藤原伊尹	四六歳
中納言	正三位	藤原師氏	五七歳
	従三位	橘好古	七七歳
		藤原頼忠	四六歳
		藤原兼家	四一歳
参議	正三位	源雅信	五〇歳
	従三位	源重信	四八歳
		藤原朝成	五三歳
		源重光	四七歳
	正四位下	藤原斉敏	四二歳
		藤原兼通	四五歳
	従四位上	源延光	四三歳
		藤原文範	六一歳

安王朝』）もあるが、事件直前の公卿界を見渡すと、高明より上位の関白太政大臣藤原実頼は七十歳という高齢で政治にはほとんど関われず、高明を含めて宇多源氏と醍醐源氏が藤原氏と拮抗していた。この事態は藤原氏にとって脅威であり、なかでも高明の存在は不安定な外戚の地位を奪いかねないものであった。

そもそも冷泉天皇の即位に際して、東宮には次弟の為平親王（九五二〜一〇一〇、高明の女婿）がなるはずなのに、その弟の守平親王が立てられている。為平親王が東宮、次いで天皇になると高明が外戚として政治を後見し、源氏の世になってしまう。藤原氏としては、それを恐れたのである。それだけはなんとしても避けねばならぬということで、その二年後に起きた安和の変も、高明の下位にいた右大臣藤原師尹《もろただ》（九二〇〜六九、師輔の同母弟）が中心になって画策した可能性が高いと思われる。そして実際、高明の左遷により、師尹は左大臣の地位を得たのである。もっとも喜びも束の間、師尹はその年のうちに他界している。

事件の真相は闇の中であるが、安和の変の結果、尊貴性を楯に廟堂で大きな力をもってきた賜姓源氏が力を弱め、藤原氏と比肩する他氏族はいなくなった。その意味で、安和の変は藤原氏による他氏排斥の最後の事件ということができる。そしてこれ以降は、藤原氏は血族・兄弟の争いへと向かうことになる。

2　兼通・兼家兄弟の確執

骨肉の争い

安和の変の五ヵ月後には冷泉天皇は病を理由に譲位し、守平親王が円融天皇（九五九〜九一）として即位する。まだ十一歳だったため大伯父にあたる実頼が摂政となるが、翌年に薨去。摂政を引き継いだのは天皇の叔父、藤原伊尹《これまさ》（九二四〜七二、安子の実兄）であった。その二年後の天禄三年（九七二）に天皇は十四歳で元服するが、同年に伊尹が四十九歳で病死してしまう。

藤原伊尹と藤原朝成《あさひら》（九一七〜七四）が村上天皇の時の蔵人頭の補任をめぐってこんなことがあった（『大鏡』第三「太政大臣伊尹」）。天暦九年（九五五）のことゆえ伊尹の父師輔は、右大臣として兄の左大臣実頼を凌ぐ勢力を築いていた。いっぽう朝成の父定方は、四半世紀近く前に右大臣で他界している。家柄は伊尹の方が上だけれども朝成は学才・人望ともに勝れているので両名とも蔵人頭になれる人であった。やがて頭になる順番が回ってきた時、朝成が伊尹に「このたび貴殿は頭《とう》にならなくとも世の人はかれこれ思わないでしょう。いつでも御心のままになれるお方です。しかし、私はこんど逃すとひどく辛い思いをしますので、今回は申請をしないでください」と申した。これに対して伊尹から「私もそう思います。では申請を控えましょう」との返答があり、朝成はたいへん喜んだ。ところが伊尹は、どう心変わりしたのか、一言の挨拶もなしに蔵人頭になってしまった。騙された朝成は恨みを募らせ、そのほか諸々のことがあり、その結果、悪霊となって一条殿（伊尹家）の子孫に祟ったという。

これを史実に照らしてみよう。天暦九年、定員二名の蔵人頭に朝成（三十九歳）と伊尹（三十二歳）とが同時に任じられているから（市川久編『蔵人補任』）右の話は朝成の取越し苦労というものである。伊尹は村上天皇の即位三年目から五位蔵人を七年間も務めているからその経験のない朝成よりも適任と言えよう。そして三年後に朝成は参議に任じられている（『公卿補任』天徳二年条。以下、補任は該年条による）。年長とはいえ伊尹より先に公卿となっているのである。しかし、その二年後に参議となった伊尹は、七年後の正月に権中納言、十二月に権大納言、二年後に大納言と早い昇進を遂げ、翌年の天禄元年（九七〇）には右大臣となり（四十七歳）、伯父の摂政太政大臣藤原実頼の薨去（七十一歳）にともない摂政（円融天皇）となっている。その間、朝成に昇進はなく権中納言になったのは伊尹が摂政となって政界の頂点に立った年であり、翌年に中納言となり、三年後に五十八歳で薨去している。公卿になってからの二人の昇進は比すべくもない。

こんな話も伝わっている。参議を競った時に朝成は伊尹のことを「役不足だ」と放言していた。その後、伊尹が摂政になってからのこと、大納言を希望して朝成が伊尹の一条第へ参上した。長いこと待たされ面談した伊尹は参議の時のことを持ちだし「この度の大納言のことは私の心次第だ」と言って席を立った。恥をかかされた朝成は門を出て車に乗る際に手にしていた笏を投げ入れたところ真っ二つに破れたという。その後、摂政伊尹は病を得て薨去したが、それは「朝成の生霊」が原因と、もっぱら噂された。このことにより伊尹（一条殿）の子孫は朝成の旧宅「三条西洞院所謂鬼殿か」に足を踏み入れなかったという（『古事談』第二―二、『十訓抄』第九、前掲『大鏡』）。

これを記す『大鏡』には「この物の怪の家は、三条よりは北、西洞院よりは西なり」とあり、『拾芥抄』（中）には「鬼殿」として「三条南西洞院東、有佐宅、悪所也、或朝成跡歟」とある。場所に移動があるものの政権争いで敗れた輩が悪霊となって祟る話はいくらもあるし、それに関わる「鬼殿」「悪所」とされる場所も点在していたのである（山田邦和「平安京の化物屋敷――鬼殿」）。

朝成の悪霊が一条殿の子孫に祟るとあるが、天延二年（九七四）疱瘡が流行したおりに藤原挙賢《たかかた》（二十二歳）・義孝（二十一歳）兄弟が同日（九月十六日）に死去しているが（前掲『大鏡』）、これもその一例とみられる。この兄弟は伊尹の子で、義孝の子の行成は伊尹の養子になっていた。ちなみに朝成自身はこの年の四月五日に薨去している。

話を摂関の座をめぐる問題に戻そう。

伊尹が薨去すると、その実弟の兼通《かねみち》（九二五～七七）と兼家《かねいえ》（九二九～九〇）の間で関白職をめぐって熾烈《しれつ》な争いが起きた。藤原氏の骨肉の争いの最初に位置づけられるのが、この兄弟の争いであろう。

兼通と兼家は住まいが隣接していて、第二章の「里内裏の系譜」で取りあげた堀河院が兼通、東三条殿が兼家の邸宅であった。二人は同母でありながら、四歳年長の兼通のほうが官職のうえで弟に劣っていた。その理由を谷崎潤一郎は小説『兄弟』で以下のように分析している。

成る程卿には弟のやうな闊達な気性もなく、縦横の才気もない。けれども卿は自分の才幹が、弟よりも劣って居ようとは、どうしても信ぜられなかった。自分の出世が遅いのは、兼家のやうな派手な所がなく、人づき合いが悪いためなのである。それだのに弟の奴は、自分の立身を鼻にかけて、動《やや》ともすれば兄をないがしろにしようとする。今に覚えて居るがいゝと、さう云ふ風に考へて居た。

谷崎がこう洞察するように苛立ちを募らせていた兼通であったが、ついに弟に一矢《いっし》報いる時がやってきた。長兄の伊尹のあとの摂関を継ぐのは、官職が勝る大納言兼家と誰もが思っていたなか、大方の予想を尻目に権中納言の兼通がその地位（関白）に就き、同時に大納言を経ずに内大臣に大躍進したのである。

安子の書きつけ

『大鏡』によれば、兼通は、村上天皇（九二六～六七）の皇后であった妹の安子（九二七～六四）に「摂関は兄弟の順にするように」という文を生前に書いてもらい、それを御守りのように首にかけて持ち歩いていた。そして伊尹の薨去に際し、その書きつけを円融天皇に示したため、亡き母の筆跡を見て感慨を催した天皇が、その遺言どおりに兼通を関白に任じた、というのである。

安子の書きつけが実際に存在したのか、『大鏡』が後世の編纂ものだけに、信憑性には疑問がもたれる。それは、「母后の遺書」（天禄三年十一月二十六日条）によるという類似の記事が見える『扶桑略記』も同様である。ただ、よほどのことがない限り、兼通の大番狂わせは難しかったことを考えると、なんらかの画策があったとみるのが妥当であろう。

同時代の貴族の日記『親信卿《ちかのぶきょう》記《き》』に興味深い記述が見える。天禄三年（九七二）十一月二十六・二十七日条に、兼通の執政は「伊尹の遺命」によると記されているのだ。記主は平親信《たいらのちかのぶ》（九四六～一〇一七）という伊尹家に頻繁に出入りしていた若い貴族で、二十七歳のこの時には円融天皇の六位蔵人を務めていたとされる。政局の中枢を知り得る立場にいたことから、この話はなかなか信憑性があるように思われる。

また、兼通・兼家らと同僚公卿だった藤原済時《なりとき》（三十二歳、九四一～九五）も、二人について、日記『済時記』に次のような記事を残している。摂政藤原伊尹が病気を理由に辞表を上表したところ、兼通と兼家は円融天皇の顔色を窺《うかが》った。そのあと二人は摂関をめぐって論争となり、最後には罵《ののし》り合ったといい（天禄三年十月二十一・二十二日条）、その後に兼通が執政の任に就いたとある（十一月二十七日条）。

ともあれ、こうして関白の座に就いた兼通が、弟の兼家を冷遇したことは言うまでもない。代わりに従兄弟の左大臣藤原頼忠《よりただ》（九二四～八九）を補佐役として政務を推しすすめた。その体制で五年目が終わろうとしていた貞元二年（九七七）、兼通が危篤状態に陥った。ここでまた兄弟は骨肉相食《あいは》む争いを展開することになる。その模様を『大鏡』はこう伝える。

自宅の堀河院で臥していた兼通は、「兼家の行列がこちらの方へやって来る」と家人が言ったのを耳にして、兄の危篤を知って弟は見舞いに来るのであろう、と迎え入れる用意をして待っていた。ところが、「行列は門前を素通りして内裏の方へ向かった」との知らせ。早合点したことで面子がつぶれた兼通は、「見舞いに来たならば関白を譲ってやろうと思っていたのに、こういう奴だから日ごろから仲悪く過ごしていたのだ」と吐き捨てた。そしてこのあと、常軌を逸した行動にでた。装束を整え、両側から抱えられるようにして参内したのである。すると、そこには御簾ごしに何事か話し合っている円融天皇と兼家の姿があった。兼家は、兄がすでに死んだものと思い、「今度こそ私に関白を」と奏上するため、堀河院の前を通って内裏に来ていたのである。そこへ兼通が現れたものだから兼家は驚嘆し、恐ろしさのあまり隣室へ引き込んでしまった。怒りに震える兼通は即刻、蔵人頭を呼びつけて天皇の前で最期の除目《じもく》（官職に任命する儀）を行い、関白には頼忠を指名し、兼家が兼任していた右大将の官職を取りあげて名ばかりの治部卿《じぶきょう》に貶《おと》してしまった。

それからほどなくして兼通は五十三歳で他界している。除目の結果は史実であるが、そのほかの真相は定かではない。しかし、この兄弟の熾烈《しれつ》な争いのエピソードからは、兄兼通の劣等感からくる執念のようなものを感じずにはいられない。

兼家が悲願達成

兼通の薨去を受けて関白となった藤原頼忠は、温厚な性格もあって兼家を気の毒に思い、翌年には右大臣への昇任を認めている。こうして五十歳で右大臣に進んだ兼家ではあったが、廟堂の頂点に立つまでにはもう少し時間を要した。ただ兼家にとって将来に大きな望みをもたせてくれたのは、二人の娘であった。一人は冷泉女御となった超子《ちょうし》（九五四?～八二）、そこには皇子の居貞親王《いやさだ》（九七六年誕生）が生まれていた。もう一人は円融天皇の女御となった詮子《せんし》（九六二～一〇〇一）である。

兼通はといえば、関白となった直後に娘の媓子《こうし》（九四七～七九）を円融天皇に入れていたが、そこには皇子女が誕生しなかった。頼忠も関白となってまもなく娘の遵子《じゅんし》（九五七～一〇一七）を入内させているが、やはり皇子女は生まれなかった。それに対して兼通薨去の翌年に十七歳で入内した詮子は、二年後の天元三年（九八〇）円融天皇唯一の皇子となる懐仁《やすひと》親王を出産する。このあたりから兼家に運が向いてくるのである。

永観二年（九八四）、円融天皇が退位し、十七歳の花山天皇（九六八～一〇〇八）が帝位に即くと、懐仁親王は五歳で東宮となった。在位十六年とはいえ、まだ二十五歳の若さでの円融の退位については、懐仁親王の立太子を急いだためという噂も立った。いずれにしても背後には兼家も深く関わっていたのであろう。

花山天皇には、父の冷泉天皇の血を引いたのか、清涼殿の壺庭を馬で乗り回すなど奇行が多く見受けられた。また即位直後に藤原為光《ためみつ》（兼家の異母弟）の娘の忯子を女御とし、異常とも思えるほどに溺愛した。ところが、その忯子（十七歳）が身重の体で寛和《かんな》元年（九八五）に他界すると、天皇は抜け殻のような生活を送るようになった。

兼家は、この機会を逃さなかった。蔵人として天皇に仕えていた息子の道兼《みちかね》に命じて天皇を出家に誘う計略を実行したのである。道兼は自分も一緒に出家するからと天皇に持ちかけて決意させ、夜陰に乗じて密かに宮中から東山の元慶寺《がんぎょうじ》（花山寺）に連れ出した。そこで言葉巧みに天皇を落飾に導いて、道兼本人は口実をもうけて出家せずに帰ってしまった。騙《だま》された、と天皇が悟った時には後の祭り。花山天皇は十九歳で剃髪の身となっていた。即位からわずか二年後のことである。

こうして寛和二年（九八六）、東宮の懐仁親王が七歳で即位して一条天皇（九八〇～一〇一一）となり、右大臣藤原兼家は待望の摂政の地位に就いた。時に五十八歳、当時の男性の平均寿命をはるかに超えていたが、ついに念願を達成したわけである。

摂政となったとはいえ、上位に左大臣ほか二人の公卿がいたため、儀式の座次などで最上の席に座ることは叶わない。これを打開するには太政官機構から離れるしかないと考えた兼家は、右大臣を辞してしまう。摂関は大臣の兼務という従来の縛りを破るこの行動が、結果として、摂政が太政官機構から独立し、天皇の後見人としてその上に君臨する礎《いしずえ》を築くことになったのである。ここに始まった摂関専任は、摂関の権力を増大させた点でじつに画期的なものであった。

3　栄華の頂点へ

疫病と道長

摂政となった兼家が、それまでの熾烈な身内同士の摂関掌握争いを教訓にして、子息たちの昇叙を強力に押し進めたのは言うまでもない。とくに超子・詮子姉妹と同母腹の兄弟である嫡男道隆《みちたか》（九五三～九九五）、四男道兼《みちかね》（九六一～九九五）、五男道長《みちなが》（九六六～一〇二七）を異常な早さで昇進させている。そして摂政となって四年目の永祚《えいそ》二年（九九〇）兼家は六十二歳で彼岸へと旅立った。

兼家のあとの摂政は、予定どおり嫡男の道隆が三十八歳で継いだ。その時点では内大臣であったが（上席に左・右大臣がいた）、翌年にこれを辞し、摂政のみとなっているのは亡父に倣ってのことであろう。

道隆は、摂政になる数ヵ月前に娘の定子（九七七～一〇〇〇）を元服直後の十一歳の一条天皇に入内させ、その年のうちに女御、中宮にしている。当時、男性は元服、女性は着裳《ちゃくも》（裳着《もぎ》）という成人儀礼（十一～十五歳）を迎えると結婚する例が多いので（当時の結婚については後述）、十四歳の定子も着裳を迎えた直後であろう。さらに正暦二年（九九一）には、十八歳の嫡男伊周《これちか》（九七四～一〇一〇）を公卿（参議）に抜擢し、その年の秋には五人をとび越して権中納言に、三年後の正暦五年（九九四）には三人を超えて内大臣とした。ここで道隆の弟である権大納言道長（二十九歳）は甥に越されたことになる。

この年の世情はといえば夏から疫病や疱瘡《ほうそう》が流行し、年が明けても疫病は収まる気配はなく、晩春から病死者が「幾千を知らず」という状況で、神仏頼みも効果がなかった。これが理由で正暦から長徳へと改元が行われている。長徳元年（九九五）も夏には道路に死骸を置くほどであり、初秋の時点での死者は、公卿（三位以上および四位の参議）が八名、四・五位が六十名あまり、六位以下および僧侶は数えきれず、「但し下人に及ばす」（『日本紀略』七月二十三日条）とある。当時、公卿は二十四名いたので、三分の一が亡くなったことになり、庶民は推して知るべし、である。

多くの人が途方に暮れるなか、この疫病により政権の頂点に躍りでた男がいる。それが五男道長、のちに藤原氏の栄華の頂点を極めた男である。実は、かねてより酒の飲みすぎによる病気（今で言う糖尿病か）だった関白道隆がこの年に四十三歳で他界したのを受けて、内大臣道兼（三十五歳）が関白を継いだ。ところが道兼は当時、猛威をふるっていた疫病に罹って十日ほどで急逝してしまう（これをもって「七日関白」と称される）。ほかにも多くの公卿が罹患し、上席にいた六名の公卿のうち五名が相次いで薨去している。

生き残った公卿で摂関となりうる可能性をもっていたのは、内大臣藤原伊周（二十二歳）と権大納言藤原道長（三十歳）本人であった。一条天皇は定子皇后への愛から道兼の後継には伊周を、との意思だったようだが、母后である詮子（東三条院と号し、女院の初例）は弟の道長を強く推し、その説得により道長になった、と『大鏡』（第五）は伝えている。この話は傾聴に値する。おそらくそのことを肝に銘じていたのであろう、道長は事あるごとに姉の詮子に尽くしている。晩年の女院が土御門殿に居住することが多かったのも、その関係からだと思われる。

がんらい病弱であった道長が生きながらえて、働き盛りの二人の実兄が一ヵ月のうちに相次いで他界したことは道長の強運といえよう。道長は内覧の宣旨を得て翌月には右大臣となり、伊周を抜いて政権の頂点に立った。さらに長徳二年（九九六）には花山院襲撃事件などを理由に、伊周・隆家兄弟を朝廷

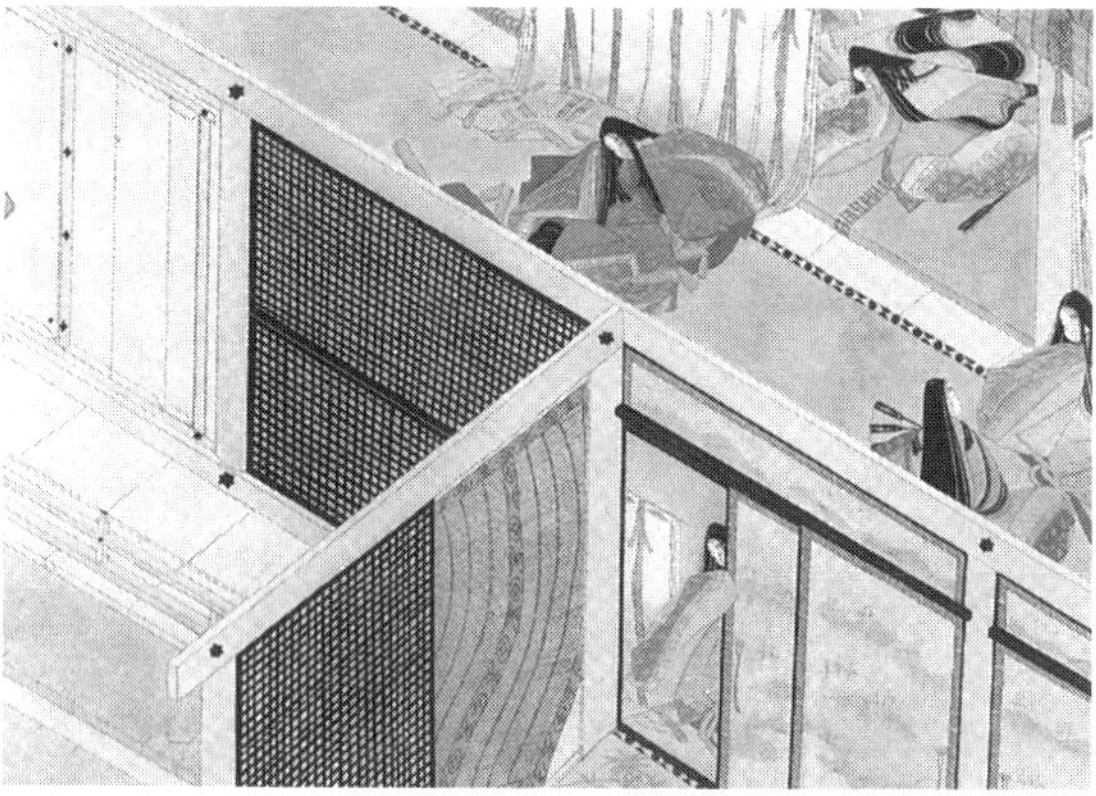

華やぐ中関白家（『枕草子絵巻』をもとに岡田元史画）

から追放してしまった（後には許されて復帰している）。

けっきょく道隆の摂関は五年ほどで終わることになった。この家筋が「中関白家《なかのかんぱくけ》」と呼ばれているのは、父兼家と弟道長に挟まれた中継ぎの摂関家という意味からくるものと考えられる。中関白家の華やかな暮らしは、中宮定子に仕えた清少納言の『枕草子』に詳しい。定子は一条天皇の最初の后であり、天皇は妃の中でも終始、定子に深い愛情を注いだ。その定子は寒い雪の降る日に二十四歳の若さで崩御している。天皇との間には一皇子、二皇女を生んでおり、敦康《あつやす》親王（九九九～一〇一八）は第一皇子とはいえ、後見人を失っているので皇位は覚束なく、そのつど話題になりながらそれは果たせなかった。

強引な二后並立

政権を掌握した道長が第一に考えたことは、自家から一人でも多くの摂関を輩出することであった。それは天皇を外孫にもつことにほかならず、そのためには娘の入内がなによりの重要課題となる。

そこで行ったのが、一条天皇には中宮定子をはじめ数人の后がいたが、十二歳になった娘彰子《しょうし》（九八八～一〇七四、上東門院）を入れて強引に中宮とし、中宮であった定子を皇后に押し上げてしまったことである。ここに一帝二后並立という前代未聞の事態が生じた。本来なら一人の天皇に皇后と中宮が並び立つことはあり得ない。さすがに道長も苦慮したようで、蔵人頭藤原行成に相談している。そこで行成は、東三条院詮子・皇太后遵子・中宮定子の三后がみな出家しているため公式行事で神事を務められる人がいないのは不都合、との理由で立后を肯定する見解を申上し（『権記』長保二年正月二十八日条）、このゆえをもって道長は異例の事態を実行したのである。

この年の暮れに定子が亡くなる。しかし定子を追慕する天皇は彰子の方へなかなか足を向けない。やきもきする道長は物量作戦に出た。彰子の部屋の几帳や屏風などには蒔絵や螺鈿を施し、部屋や衣装に薫香を焚き染《し》めて格別な雰囲気を醸し出したという（『栄花物語』巻第六）。さらに天皇が強い関心を抱いている漢籍を献上するなどして、天皇の気持ちを彰子の方に向けさせたのである（河添房江『源氏物語越境論――唐物表象と物語享受の諸相』）。

彰子が懐妊したのは、入内から八年後の二十歳の時であった。そして翌年つまり寛弘五年（一〇〇八）の初秋、彰子は出産のため居所の一条院の藤壺（東北の対）から実家の土御門殿に里下がりをした。

第三章の「さまざまな音」でも取りあげているが、土御門殿は里内裏の中でも国母との関わりで大きな意味をもつ邸宅であった。その場所は一等地といえる平安京の東北部で、土御門大路の南、東京極大路の西に二町の広さを占めていた（左京一条四坊十五・十六町）。一説では、ここはもと右大臣源重信邸であったが、正暦二年（九九一）の時点で道長の家になっていた（『院号定部類記』所引『小右記』正暦二年十一月三日条）。重信の実兄の源雅信が道長の岳父（妻の倫子の父）という関係から手中にすることになったという。当初から雅信邸であったという説もあるが、いずれにせよ当初は「十六町」一町であったものを道長が南の「十五町」を獲得して二町に拡大し、大改修工事を行って整備したのである。

それと前後して遅くとも正暦三年（九九二）には東三条院詮子は土御門殿に常住しており、皇子の一条天皇が折々に行幸し、「家主」の道長は従二位に、妻の倫子《りんし》が従三位に叙されている（『権記』正暦三年四月二十七日条、同四年十月二十九日条、長保二年四月二十五日条）。

この邸において彰子を筆頭に、将来中宮となる妍子《けんし》・威子《いし》、東宮妃となる嬉子《きし》、関白となる頼通《よりみち》・教通《のりみち》ら、倫子腹の子女が生まれている。さらには彼女たちが生んだ後一条・後朱雀・後冷泉天皇の三代もここで誕生している。道長は左京の一等地の数ヵ所に屋敷を構えていたが、その中でも土御門殿は道長の栄華の舞台となった邸宅であった。

「栄花の初花」

中宮彰子が里下がりして二ヵ月後に待望の皇子、敦成《あつひら》親王（のちの後一条天皇）が生まれた。『栄花物語』（巻第十一）にはこのことを「栄花の初花」と記している。皇子の誕生に歓喜した道長は夜中や明け方に訪れては、乳母《めのと》の懐《ふところ》で寝ている皇子を抱き上げて喜び、おしっこをかけられた時など、それを乾《かわ》かしながら傍らの公卿に「ああ、若宮のおしっこに濡れるなんてこんな嬉しいことはない、濡れたのをこうして乾かしていると望みが叶った気がする」と手放しの喜びようであった、と紫式部は日記（『紫式部日記』）に記している。

皇子誕生から一ヵ月後、一条天皇が皇子と対面するために土御門殿へ行幸してきた。その様子は『御堂関白記』（十月十六日条〈自筆本〉）と『紫式部日記』に詳しく、興味をそそる。一条院内裏の東門を午前十時に出立した天皇の鳳輦は、土御門大路を東へ進み、一・五キロほどの道程を一時間半ほどかけて土御門殿へは西中門から入り、寝殿の南階から舁《か》き上げて簀子《すのこ》に置かれた。身分の低い駕輿丁《かよちょう》（鳳輦・

輿を担ぐ人）が簀子まで上がってたいへん苦しそうにうつ伏せにひれ臥している姿と、高貴な人たちに交わって宮仕えする自分とを重ね合わせる紫式部である。

天皇の御座所は中宮の御帳台の西側に設けられ、南廂の東の間に御椅子（正式の座）が立てられてい

土御門殿の泉殿で新造の龍頭鷁首を見る道長（『紫式部日記絵巻』）

五十日の祝の道長（『紫式部日記絵巻』）

た。一間隔てた東の間の北と南の端に御簾を懸けて仕切って女房（天皇付か）の座とし、公卿や殿上人は西の対、紫式部ほか中宮付の女房は寝殿の東の渡殿と東の対に控えていた。

池に浮かべた龍頭鷁首《りょうとうげきしゅ》から楽人が管絃を奏でながら天皇の前方を数巡する。この龍頭鷁首はこの日のために新造したもので、道長は行幸当日の朝、新造の船を池の汀にさし寄せさせ、泉殿の簀子から眺めているが、絵画版の『紫式部日記絵巻』に描かれた道長は高貴そのものである。

道長は若宮を抱いて御前に進み、天皇が抱き取ったときに若宮が少し泣いたが、とても可愛い声だったという。この後の饗宴で道長はひと舞いし、明かりを消させて月を賞玩している。永年の思いが叶った嬉しさからか、感激のあまり酔い泣きした道長であった。天皇が土御門殿をあとにしたのは夜も更けてからである。

土御門殿の復元（『源氏物語——千年の謎』の映画セット）

中宮彰子が若宮とともに一条院に還御したのはこの一ヵ月後のことで（『御堂関白記』十一月十七日条）、出産にともなう土御門殿滞在は一年四ヵ月におよんだ。彰子は翌年にも敦良《あつなが》親王（のちの後朱雀天皇）を生み、父が構想する長期政権維持に大きく貢献した。まだ先のことになるが、東宮時代の敦良親王に道長四女（倫子腹）の嬉子が入り（叔母と甥の結婚）、この間に親仁《ちかひと》親王（のちの後冷泉天皇）が誕生している。

このおかげで、父道長のあとを継いだ嫡男頼通の摂関は半世紀という破格の長さとなったのである。

ところで名帝といわれた一条天皇は寛弘《かんこう》八年（一〇一一）、病を得て三十二歳で崩御する。在位は四半世紀におよんだ。後継の天皇は同じ年数を東宮として過ごした居貞《いやさだ》親王、つまり三条天皇（九七六～一〇一七）である。冷泉天皇皇子で道長の姉の超子を母とするから、先帝とは従兄弟になる。ただ、道長にとっては同じ甥ながらこの天皇とはしっくりいかなかったようである。天皇には長い東宮時代に培った政治への関心が強かったのか、いや、それより道長の思惑、すなわち立太子した四歳の敦成親王の一日も早い帝位の実現という思いが強かったのではあるまいか。

不幸にも天皇は眼を患い、道長はそこをついて再三にわたって譲位を迫った。たしかに視力も落ちてきていた。それに加え、即位して三年目に焼失した内裏を一年半ほどで新造して遷ったものの、それが二ヵ月でまた焼失という不名誉な事態が起き、天皇はついに譲位を決意した。その時の心境を詠ったのが次の一首である（『後拾遺和歌集』巻十五）。

　例ならずおはしまして、位など去らんとおぼしめしける頃、
　月の明かりけるを御覧じて　　　　　　三条院御製

心にもあらでうき世にながらへば恋しかるべき夜半の月かな

（自分の本心に反して思うようにならない辛い世の中に生き永らえていたならば、その時はきっと恋しく思い出すであろう、今夜のこの月を）

里内裏の枇杷殿に遷って間もない十二月の中旬ごろ、明るく輝く月を見て、中宮妍子（道長の三女、

倫子腹）に向かって詠んだ歌である（『栄花物語』巻第十二）。

望月満ちて

年が明けた長和五年（一〇一六）正月、九歳の東宮敦成親王が後一条天皇として即位し、左大臣藤原道長（五十一歳）が摂政となった。だが、この摂政の地位は一年後には嫡男の頼通に譲っており、これは単に初孫の初めての帝位に対するもの、という意味合いが強いように思う。

道長は前二代の天皇の時点において、実質的には摂政・関白を凌ぐ立場にあったと言ってよい。注目すべきは、後一条天皇の摂政になっても左大臣の立場を堅持していることで（摂政を辞する二ヵ月前に辞している）、そこが父兼家や兄道隆と大きな違いである。兼家・道隆は上位者が存在したことが原因であり、道長は頂点にあったという差異はある。しかし、それだけではない。道長は長徳二年（九九六）に左大臣になって以来、長和五年まで二十一年間も公卿のトップである左大臣の地位にあり続けた。つまり太政官の頂点にあり続けることで官僚機構に直接に目を光らせ、政権を主宰したのである。

道長が一年で頼通に摂政を譲ったのは、それまでの継承に紛議が生じた過去を思い、その混乱を避けるためという意図があった。そしてなにより、摂政の地位よりも外祖父の地位こそが権力の源泉、という絶大な確信ゆえのことと言えよう。

後一条天皇の東宮には三条上皇の第一皇子の敦明《あつあきら》親王（二十三歳、母は故藤原済時の娘娍子）が立ったが、翌年の寛仁《かんにん》元年（一〇一七）に上皇が崩ずると東宮を辞退している。道長の計らいで小一条院の尊号が贈られ、准太政天皇としての処遇を得ているが、この東宮辞退には道長の圧力があったことは否めず、代わりに後一条天皇の実弟の九歳の敦良親王が東宮となった。こうして娘を媒体とする天皇家掌握

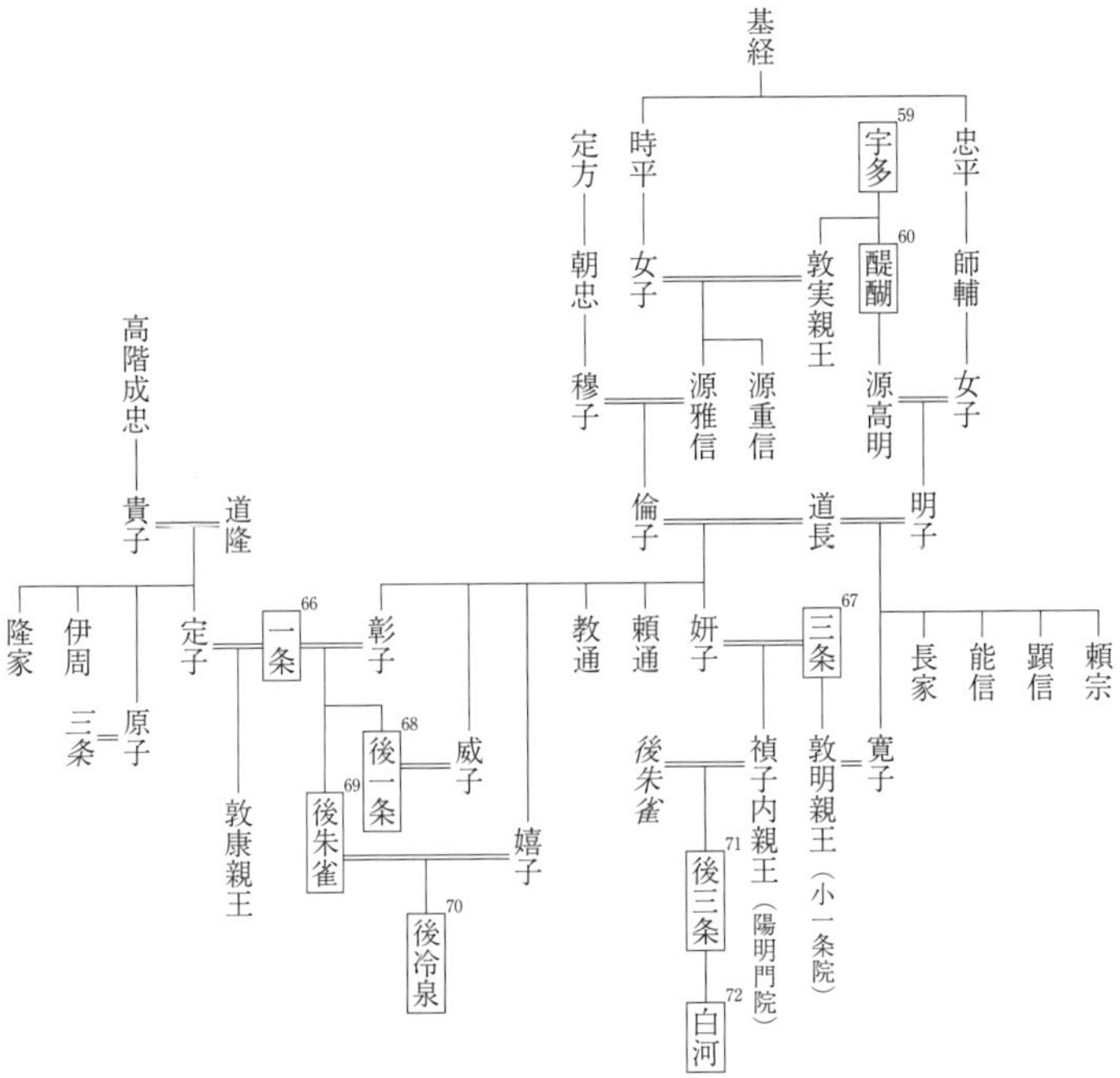

藤原道隆・道長の妻子

は道長の思惑のままに進められ、やがてかの有名な「望月の歌」を迎えることになる。

後一条天皇が即位の二年後の十一歳で元服式を迎えた直後、道長はこの幼帝に三女の威子（二十歳）を入内させている（『御堂関白記』寛仁二年三月七日条）。九歳年上の叔母と甥の結婚である。そして威子は翌月に女御（『御堂関白記』四月二十八日条）、七ヵ月後には中宮に冊立された。その立后の儀が寛仁二年（一〇一八）十月十六日に新造内裏の南殿で挙行され、夕刻から土御門殿において宴席がもたれた（『小右記』『御堂関白記』同日条）。二年前に土御門殿は類焼しており、受領たちの請負制で以前にもまして立派な建物が完成して間もなくのことであった。

威子の立后で三后をわが娘で独占する（太皇太后彰子、皇太后妍子、皇后威子）といった史上例のないことをやってのけた道長である。ほろ酔い気分の道長は皓々と照る月を眺めながら「この世をば我が世とぞ思ふ望月の欠けたることもなしと思へば」と詠んだ。

この立后の六日後、土御門殿では、後一条天皇の行幸にあわせて東宮ならびに三后の行啓があった（『御堂関白記』『小右記』寛仁二年十月二十二日条）。後一条天皇は母の太皇太后彰子と同輿で寝殿に到着、ついで東宮の敦良親王が行啓して西の対へ。ここで天皇と東宮兄弟は馬場殿に移動して馳せ馬を見物した。三后の対面は東泉殿にしつらえた特設の御座で行われた。その場には天皇、東宮、倫子、嬉子も同席し、泉の辺りでは公卿らによる管絃の演奏があった。道長の栄華の支え手たちが新造の土御門殿に一堂に顔を揃えたわけで、「見るは感悦多端」「我が心地覚えず」「言語に尽し難《がた》し、未曽有《みぞう》の事なり」とみずから記し、道長にとって生涯最良の一日となった。

しかし満月もいつかは欠ける。道長のそれは、望月の歌を詠い、孫たちに囲まれて酔い痴《し》れた前後から始まっていた。視力の衰えが出はじめ、病むことが多くなり、五ヵ月後には土御門殿内の御堂で出家している（『小右記』寛仁三年三月二十一日条）。

それにしても、こうして見てくると、平安貴族にとって、結婚とは政治案件そのものと言っても過言でないことが痛感される。娘の婚姻政策の成否は一族の命運をも左右する一大事であった。そこで章を改めて「政治と結婚」という視点から掘り下げて述べることにしよう。

第五章　政治と結婚

1　王朝貴族の恋と結婚

貴族として生きていくうえでものをいったのは家柄であり、当人の資質は二の次であった。さらに人によっては、それよりも結婚による影響が大きく作用した。本章ではそうした政治と結婚についてみていくが、その前に、まずは平安時代の美男美女像を紹介しておこう。

王朝時代の美人

容貌・スタイルが大きな比重を占めるこんにちの美人の感覚とは異なり、平安時代では、黒々とした長い髪をもち、和歌にすぐれ、漢詩に通じている、といった内面的な要素が重要視された。ただし漢字は男性社会のもので、仮名を用いて表現した女性は、漢字に通じていても使うことを憚ったことは先に述べた。一条天皇の中宮定子の母、高内侍《こうのないし》こと高階《たかしな》貴子（？～九九六）は、漢詩にすぐれていて詩宴などにも顔を出していた。のちに零落したのはそのせいで、「女のあまりに才賢《かしこ》きは、物あしき」と『大鏡』（第四「内大臣道隆」）に書かれている。女性は才をひけらかしてはいけないのである。

清少納言は、女性が身につけておくべき教養について藤原師尹《もろただ》（九二〇〜六九）が話していた内容を『枕草子』に書き留めている。師尹は、娘である藤原芳子（?〜九六七、村上天皇の后となった宣耀殿の女御）の入内前に、つねづね三つのことを教え諭していたという。それは、手習い、箏の琴を人より上手に弾くこと、『古今和歌集』二十巻の歌を全部暗記して学問とすること、つまり和歌に秀でること、であった（『枕草子』二十段）。そんな父の薫陶のおかげか、芳子は才女の誉れが高かったようである。

それでは、容貌についてはどうなのか。これも『枕草子』（四十六段）から、三蹟《さんせき》の一人、藤原行成（九七二〜一〇二七）の見解が知られる。行成は女性の器量について、「目、鼻、眉の形が悪いご面相でも、口もとがかわいらしく、あごの下や頸のあたりがふっくらとしていて、声のきれいな人なら好きになれる。そうは言うものの、やっぱり、ひどい不美人は御免こうむりたい」と口癖のように言っていたという。

いっぽう『源氏物語』（「宿木」の巻）では、匂宮が六の君の容姿を「よい背格好ですっきりした姿、髪の垂れぐあいや頭《かしら》つきが人よりすぐれ、肌の色がつややかで品位ある顔だち」と愛《め》でている。紫式部ら王朝女流作家が語る「美人」とは、色白で小柄、額は突き出さず、ほどよい大きさの鉤鼻《かぎばな》、横に細く切れた目、小さく引き締まった口、顔全体は下ぶくれの女性で、肉づきのよい小さく白い手が良しとされ、色黒、ちぢれ毛、赤鼻は敬遠されたようである。

道綱の母（?〜九九五）として知られる『蜻蛉日記』の作者は「本朝第一の美人、三人の内なり」とされるが（『尊卑分脈』第一篇「摂関相続孫」）、具体的なことはわからない。また、恋多きことからも察せられるように和泉式部も「美人」であったようだが、清少納言や紫式部はそれほどでもなかったらしい。しかし、彼女たちにはそれを補ってあまりある才知があった。

容貌といえば、かの有名な「雨夜の品定め」（『源氏物語』「帚木」の巻）で、光源氏や頭中将《とうのちゅうじょう》たちが赤裸々に女性の品評をし、容貌についても云々している。談義に加わった左馬頭《ひだりのうまのかみ》は、「容貌《かたち》などいとまほにもはべらざりしかば、若きほどのすき心地には、この人をとまりにとも思ひとどめはべらず」と、若いころの体験を語っている。「まほ」は「真秀、真面」と書き、よく整っていること、完全なさまをいう。つまり、当時付き合っていた女性は容貌がとくにすぐれてもいなかったので、若い時期の浮気心もあって、この女性を生涯の伴侶とは決めていなかった、というのである。もっとも、そんな左馬頭も、「今は、ただ、品《しな》にもよらじ、容貌をばさらにも言はじ」。今はもう、身分や家柄のよしあしにはこだわりませんし、容貌をとやかく言うのはなおさら論外でしょう、と言い、残念なほどにひねくれた性格でさえなければ、ただ一途に実直で、落ち着いたところのある女性を、生涯の伴侶とするのがよいと思う、とも述べている。「雨夜の品定め」で繰り広げられる女性談義や結婚観は、身勝手な男性の立場からのものではあるが、それでもそこには時代を超えた普遍的な人間心理が描かれており、紫式部の洞察の深さに驚くばかりである。

王朝の「よき男」

さて、それでは男性の場合はどうだろうか。顔の造作については女性に比すればさほど聞かないが、関白藤原道隆の子で中宮定子の異母兄の道頼《みちより》（九七一～九五、祖父兼家の養子となる）はそうとうな美男子だったらしい。『大鏡』には、「御かたちいと清げに」、容貌がいかにも綺麗で、この世にいるのが惜しいくらいで、絵から抜け出たようであった。加えて気立てもよく愛嬌があった、と記されており、これ以上ないほどの誉めぶりである。酒好きのイメージが強い父の道隆のほうも、「御かたちぞ、いと清ら

琴を聴く光源氏（『源氏物語絵巻』）

におはしまし」、容貌がじつにお綺麗でいらっしゃった、とあり、重病になっても気品が感じられたという。この父子は同じ年に四十三歳と二十五歳で他界している。また、外祖父兼家の没後に生まれたために一条天皇の第一皇子でありながら帝位に即けなかった中宮定子所生の敦康《あつやす》親王（九九九〜一〇一八）も、「御才いとかしこう、御心ばえもいとめでたうぞおはしまし」、学才がたいそうすぐれ、性質も立派であったという（『大鏡』「内大臣道隆」）。

平安時代の美男子といえば、架空のキャラクターながら光源氏を想起する人も多かろう。そもそも光源氏という通称も、「光り輝くように美しい源氏」を意味している。しかし、稀代のモテ男である光源氏は、容姿端麗であるだけでなく、心ばえもよく、学問や武芸も人より抜きんでており、和歌や管絃にも秀でていた。つまり、平安時代に求められたあらゆる才能を持つ皇族として描かれている。また『枕草子』では、「心ときめきするもの」（胸がどきどきするもの）として、「よき男」が家の前に牛車を止め、従者に何かの取次ぎをさせている時が挙げられているが（二十六段）、この「よき男」というのも、容貌というよりも家柄、いうなれば社会的地位の高い男性のことを指している。

先述の藤原道隆・道頼父子をはじめ、光源氏のモデルの有力候補といわれる源　融《みなもとのとおる》（八二二～九五）や、『伊勢物語』の昔男のモデルとされる在原業平《ありわらのなりひら》（八二五～八〇）など、美男子として知られる平安貴族は少なくない。しかし当然のことながら、男性の価値は容貌だけでは決まらないのである。

『源氏物語』（「若菜上」の巻）において、朱雀院が娘の女三宮の婿候補についてこんな思いを吐露している。「源氏は申し分ないが、蛍兵部卿宮《はたるひょうぶきょうのみや》（源氏の異母弟）は、人柄は無難そうだし、皇族だから悪く言えないが、風流ぶっていて多少とも軽薄な感じが強く、頼りなく思われる。いっぽう言い寄ってきている柏木（頭中将の子）は、位などが人並み（上達部クラス）になったら婿として悪くはない。これまでずっと独り住まいで過ごしてきて落ちついているし、高い気位を持ち、学問なども備わっており、いずれは天下の柱石ともなるだろうから、将来は頼もしい。だが、まだ若年で身分があまりにも軽いし、宮の婿には思わしくない」と。ここで注目されるのは、「才などもこともなく」として漢学の才の有無

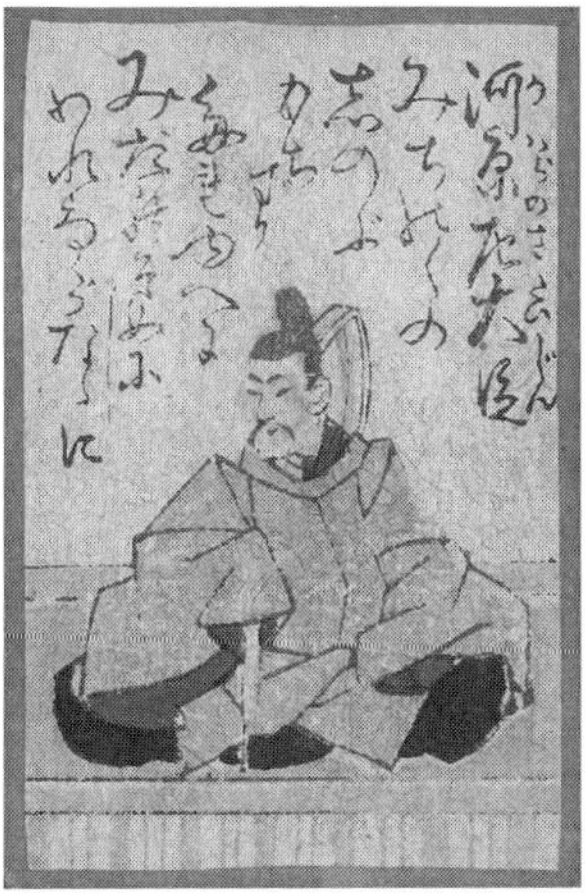

源融

源融供養塔（清凉寺，中田昭撮影）

を問題にしている点で、これが男性評価の大きな要素となっていたことが知れるのである。

また源氏は、息子の夕霧の教育方針に関して、「高き家の子」として官爵（官職と位階）が思いのままになると学問を怠り、末に行くにしたがって人から軽蔑されるようになり、落ち目になってしまう。「才をもととしてこそ、大和魂の世に用ゐらる」、学問という基礎があってこそ世間に重んじられる、と述べている（『源氏物語』「少女」の巻）。これこそ広い意味での男の美につながるものであろう。

そんな平安時代の結婚に対する価値観がうかがえる漢詩が、日本古代の漢詩人たちの作品を味読した本間洋一氏の漢詩エッセイ『詩人たちの歳月』に取り上げられているので紹介しておこう。

語を寄せん　世間の富貴《ふうき》の女《むすめ》よ
夫を択《えら》ばば意《こころ》を看《み》よ　人を見る莫《なか》れ
又《また》寄す　世間の女の父母よ
願わくは　此《こ》の言《ことば》を以って諸《これ》を紳《おび》に書《しる》せ

世の金持ちや高貴な家の娘よ、夫を選ぶには外見によらず心根をしっかり見なさい。娘の両親も、心してこの言葉を忘れぬよう帯に記しておいてください、という意味である。娘の両親への言葉が入っているのは、当時の結婚において女性側は親の意見に強く左右されたことを物語っていよう。原典は「貧女吟」と題する紀長谷雄《きのはせお》（八四五～九一二）の長編の七言古詩の末尾の四句である（『本朝文粋』巻第一「雑詩」）。長谷雄は菅原道真の門下生で道真が左遷された配所、大宰府での詩集『菅家後集』を託すなど親しい間柄にあった。

御簾越、垣間見

ところで、王朝時代の文献では「御簾越《みすごし》」という言葉をよく耳にする。当時、貴族男女がじかに顔を見合わすことはほとんどない。光源氏は醜女《しこめ》の末摘花と襖《ふすま》を隔てて対面しており、この女性の姿を実際に目にしたのは、一夜を明かした時であった。それでも室内は暗く、お互いにまじまじと見ることはなかったであろう。薫の大将が二条院に中の君を訪ねる場面は、「御簾のうちに入れ奉り給ひて、母屋の御簾に几帳添へて、われは少し引き入りて対面し給へり」とあり、母屋と廂との間にある御簾の内側に几帳を立て、中の君は少し奥にさがって坐し、薫と対面している。このように男女の対面には御簾や几帳越しが常態であった。何の隔たりもない対面は、家族や夫婦などよほど親密な間柄でないとあり得なかった。

御簾越の対面（『源氏物語絵巻』）

また、男が女を物の隙間からのぞき見る「垣間《かいま》見《み》」という行為もしばしば行われた。『源氏物語』の宇治十帖にその様子がわかるくだりがある（「橋姫」の巻）。晩秋に宇治の八宮の山荘を訪れた薫が、透垣《すいがき》の戸を少し押し開け、月明かりの中で琴を合奏する大君と中の君姉妹を垣間見る。御簾を高く巻き上げて女房たちが簀子で寒そうにして控え、姉妹は廂の間に坐し、月の風情も美しく霧がかっている情趣溢れる景色をみんなで眺めたりしている。女性だけの場ゆえ顔を扇で覆うこともせず、気安く振る舞っていた姉妹は、まさか垣間見られているとは思いもよらなかったはずである。薫からは距離が離れているので、容姿をはっきりと捉えるには至らなかっただろうが、その行為は、現代の感覚からすると犯罪的な「のぞき」であろう。しかし成人男女が気軽に顔を合わせる機会がなかった当時にあっては、出会いの手段、恋の始まりとされていたのである。

通い婚という制度

鎌倉時代末期に生きた卜部《うらべ》兼好《かねよし》（吉田兼好）は、『徒然草』（第百九十段）において妻を持つことを戒めて、次のようなことを述べている。

妻というものは、男が持ってはならないものである。「一人住まいだ」と聞くと、奥ゆかしく思うが、ぎゃくに「誰それの婿になった」とか、「かくいう女を引き入れて同棲している」などと聞くと、見下げた気分になる。どんな女であっても、朝から晩まで顔を合わせていたら、いやになってしまうだろう。だが別居のままで時々通って行けば、長い年月その間柄は続くであろう。不意に男がやって来て、女のもとに滞在などするのは、きっと新鮮な感じがすることだろう。

この別居していて時々通って泊まるスタイル、すなわち通い婚が兼好の理想とするところだったのだろう。平安時代までは、そうした通い婚が一般的な貴族の婚礼様式であった。

通い婚の実例としてつとに知られているのが、摂関家の藤原兼家（九二九～九〇）の結婚である。その実態は、妻の一人であった女性が書き残した日記、すなわち藤原道綱の母の『蜻蛉日記』によってつぶさに知られる。以下に詳細をみていこう。

そもそも律令（「養老律令」）の規定によれば、じつは一夫一妻制で重婚は認められないことになっている。だが、平安時代になると、それが有名無実化していたことは史実が物語っていよう。当時は、男が女の家に通うのを主とし、その延長上に女の家に住み込むという形もみられたのである。

なお、高群逸枝《たかむれいつえ》（一八九四〜一九六四）の分類によれば、わが国の婚姻形態は、奈良時代までは妻問婚、平安・鎌倉時代は婿取婚、室町時代以降は娶嫁婚と大別される（『招婿婚の研究』）。ただし、この対象に庶民は入っていない。彼らは何人もの妻をもつ経済力などなかったたし、平安中期において一夫一婦で同居婚であったことを、先述の『源氏物語』（「夕顔」の巻）の五条界隈の暮らしの中に垣間見ることができよう。

『蜻蛉日記』の作者は、藤原倫寧《ともやす》（？〜九七七）という受領の娘で美人の誉れ高い女性である。日記の書き出しに、藤原兼家からの求婚のことが記され、それを見ると文《ふみ》（懸想文）のやりとりからはじまって結婚に至る様子がよくわかる。時に兼家は二十六歳で、作者は十九歳ぐらいであった。兼家にとってこれが初婚ではなく、やはり受領であった藤原中正の娘、時姫（？〜九八〇）とすでに結ばれており、そこには二歳になる道隆が誕生していた。

作者には一年後に道綱が生まれるが、その前後から兼家の足は遠のき、「町の小路の女」に通いはじめる。このことを知った道綱母は「嘆きつつひとりぬる夜のあくるまはいかに久しきものとかは知る」という歌を兼家のもとへ送り、鬱々とした日々を過ごす。

しばらくしてその女が懐妊すると、兼家はよい方角の家を産所に選び、女と二人でひとつの車に乗り込んで、作者の家の前を大騒ぎして通って行った。このことで作者はいっそう惨めになり、女への怨みをつのらせる。やがてこの女に男児が生まれるが、それ以降は兼家の愛情がさめたらしく、そのうえ、その児が間もなくして死んでしまったことを知って、作者は「私が悩んでいるよりも、もう少しよけいに嘆き苦しんでいるだろうと思うと、胸のつかえがとれてせいせいする」と記している。

しかし彼女がこれほどまでに心乱れ、苦しんでいても、兼家は平然として「悪いことなど私がしているものか」と、自分のせいではないように屈託なく振る舞っているので、作者はどうしたものかと、辛い思いに囚われるばかりであった。

兼家が通った女性は、このほかに近江〈参議藤原国章《くにあき》の娘、対の御方〈『栄花物語』〉とも呼ばれ、三条天皇女御綏子の母〉、源兼忠《かねただ》女、保子内親王などあわせると七人以上にのぼる。兼家の通いが短期の女性も多かったと思われるなか、時姫、道綱母、近江の三女性のもとには長い間、通い続けている。作者は時姫とは手紙のやりとりなどをすることもあったが、近江については「憎しと思う所」などとあり、作者にとって心よからぬ存在だったようである。

ともあれ、兼家はいずれの女性とも同居することはせず、すべて通いでとおしている。当時は結婚しても女は家を出ることはなく、常に家にあって男を婿として迎える形をとっており、生まれた子供はすべて母親のもとで育てられたのである。したがって生活のいっさいは女性側の親が面倒を見ることになっており、実家の権力・財力によって妻の幸福は左右されることになる。

いっぽう離婚の場合、一定の手続きがあったわけではなく、男が通って来なくなったという行動にそのことが表われており、自然消滅の形をとった。

兼家のような完全な通い婚の場合、正〈嫡〉妻、本妻、妾妻などの区別はどうなっていたのだろうか。この時代、正妻の地位は法的に認められたものではなく、夫婦間の家格や勢力関係、夫婦となって以降の動静などがものを言った。兼家にとっては最初の妻、藤原時姫が正妻とみられている。時姫の父である中正も、作者の父の倫寧も、ともに受領層で下級貴族に属しており、社会的地位としては両者に差はなかったが、時姫の生んだ子の道隆・道兼・道長がいずれも摂関となり、娘の超子と詮子が揃って入内して三条天皇、一条天皇の生母となっている。時姫が正妻とされているのは、このことに由来していよう。

2　摂関家の外戚政策

藤原道長の結婚

摂関となった兼家ら三兄弟の母つまり師輔の妻も、道隆らの母つまり兼家の妻も、そして中宮定子の母となった道隆の妻も、みな受領の娘であった。この現象は道長以降は見られず、皇族か上級貴族の娘と結ばれるケースがほとんどである。道長（九六六～一〇二七）の場合は、正式には源倫子（九六四～一〇五三）と源明子（九六五～一〇四九）が知られ、この二人との結婚については『栄花物語』や『大鏡』に詳しい。いずれも皇族賜姓（賜姓源氏）の娘であったが、賜姓源氏の中には政治的・経済的に力をもった人がおり、倫子の父の源雅信《まさのぶ》（九二〇～九三、宇多天皇孫）もその一人であった。

左大臣の雅信は、倫子と妹の中の君という二人の娘を将来は后に、と考えて養育していたので、道長からの求婚に対して「将来性のない若僧に大切な娘はやれない」と、とりあわなかった。たしかに二十歳そこそこの道長はまだ官位も低く、さらに兼家の五男（うち二人は異母兄）ということで、将来はまったく約束されていなかった。ところが母の藤原穆子《ぼくし》が道長の将来性を見込んで、結婚が実現をみたという。時に道長二十二歳、倫子は二十四歳であった。翌年には長女の彰子（一条天皇の中宮、後一条・後朱雀天皇の母）が誕生し、次いで頼通（摂政・関白）、妍子（三条天皇中宮）、教通（関白）、威子（後一条天皇中宮）、嬉子（東宮時代の後朱雀天皇に入侍、後冷泉天皇母）が生まれている。

もう一人の妻の明子は、左大臣源高明《たかあきら》（九一四〜八二、醍醐天皇皇子）を父にもっていたが、この父は先に述べたように安和の変で失脚して故人となっていた。そこで道長の姉の詮子（東三条院）のもとで養育されており、姉の勧めで道長が通うようになったという。その時期は彰子誕生の前後と思われる。明子との間には頼宗《よりむね》（右大臣）、能信《よしのぶ》（権大納言）のほかに四人の子女が誕生しているが、男子は摂関、女子は后になった者は誰もいない。

道長が倫子との結婚によって雅信の邸宅の土御門殿を伝領したことは、前に述べた。ここで注目されるのは、倫子と結婚して一年ほど通ったのち、彰子誕生のころから同居の形をとり、住みついているという事実である。そして道長は明子のもとへはこの土御門殿から通いでとおしたのである。

出自を比べると倫子と明子は同格とみてよいが、道長との結婚の時点においては後ろ盾に大きな開きがあり、それが子どもたちへ影響している。つまり倫子腹の方がすべて上位にある。この時代でも最初の妻が即正妻と決まったわけではないが、倫子の場合には生涯同居したことと、子供たちの地位の関係から正妻（嫡妻）と見なされていた。とりわけ同居が根拠のひとつであったと考えられる。

『小右記』は明子のことを「左府妾妻」「高松殿」（邸宅名）と記すが、これはいわゆるこんにち言うところの「妾」とはちがって正式の妻（儀式婚を済ませた妾妻）とみるべきで、ほかの妻である源重光の娘とか藤原盛子（三条天皇女御という）の母である某女（『尊卑分脈』第一篇「摂家相続孫」）などとは異なる存在であった。ちなみに倫子は「北の方」と記され、『大鏡』では両者ともにこの呼称である。当の道長自身は日記（『御堂関白記』）に明子のことをもっぱら「近衛御門」、倫子を「女方」（稀に「三位」「母」「土御門」）と記している。そして倫子の方が頻繁に登場しており、二人の理想的な家庭生活は『紫式部日記』からも垣間見ることができる。ただ、両方の妻に同時に次々と子供が誕生していることから、明子とも円満な関係を続けていたことがうかがえる。

それにしても、道長が公然と明子のもとへ通って行くのを、倫子はどんな思いで眺めていたのだろうか。まったく気にせず平然としていたわけではなかろうが、『栄花物語』（巻第三）には、「おほかたの御心ざまいと心のどかに、おほどかに物若うて、わざと何かともおぼされずなん」（倫子は総じて性質が大変のんびりしておっとりしたところがあり、若々しかったので、とくに何か変わったことが起きたとも思われない）とある。そもそも当時の結婚制度は今と違っていたから、そう神経を磨り減らすほど悩むことはなかったのかもしれない。そういう意味では「三十日三十夜はわがもとに」（『蜻蛉日記』）と願う道綱母は、この時代に適合できない女性であったというべきであろう。

倫子の例があるように、道長の時代あたりから結婚当初から正妻となる妻が明確化していたようで、社会的な地位の高い家柄の女性と結婚して正妻とし、間もなく同居するといった過程をたどるのが一般的になっていった。例外的に、道長の兄である関白藤原道隆の妻となった高階貴子は末流貴族の出身であったが、正妻の地位についている。それは、娘の定子が一条天皇の皇后となって第一皇子の敦康親王と二内親王を生んだことが影響していよう。

さらに兼家・道長の結婚をとおして見られるのは、装束の世話を妻方でしていることである。兼家が「町の小路の女」に通っているころ、件の女が装束の修理・新調などを道綱母に頼んできたが、さすがに彼女は腹をたてて突っ返している（『蜻蛉日記』）。また道長の代でいえば、彼の異母兄の道綱が倫子の姉妹と結婚していたから、彼女たちの母の穆子は、婿である道長と道綱に対して、衣替えの時期ごとに昼《ひ》の装束（束帯）と宿直《とのい》装束（直衣・衣冠）を調整して贈っている（『栄花物語』巻第十二）。

これは兼家・道長に限ったことではなく、通い婚の場合には一般にみられた習わしであろう。当時は新婦の親がいっさいの面倒を見ることを原則としていたのである。なお、道綱はこの妻と死別した後、子の兼経を穆子のもとへ残して、新たに源頼光《よりみつ》の女婿となって家を出ている。

「男は妻がらなり」――藤原頼通の場合

道長の後継者の頼通（九九二～一〇七四）はどうであろうか。倫子腹の嫡男としてもっとも将来が嘱望されていただけあって、「さべき人々いみじう気色だち聞えたまふ」、それ相当の家柄の人たちが婿に、との意向を示した。中でも具平《ともひら》親王（九六四～一〇〇九）が娘の隆姫《たかひめ》女王（九九五～一〇八七）の婿にしたい、という意を表したのを知った道長は「男は妻《め》がらなり。いとやむごとなきあたりに参りぬべきなめり」（『栄花物語』巻第八）、男子の値打ちは妻次第で決まるものだ、高貴な家に婿取られていくのは言うことがない、と語ったという。

具平親王は故村上天皇の皇子で、隆姫の母は父の義兄である為平親王の娘だから父具平親王の姪にあたり、かつ、この母娘は従姉妹の間柄となり、家柄として申しぶんない。二人の結婚は寛弘六年（一〇〇九）、頼通が十八歳、隆姫が十五歳の時であった。

次に待たれたのは「后がね」ともなるべき女子の誕生である。「后がね」とは、后の候補者という意味で、この時代にあって高い地位に生を受けた貴族たちは、娘の誕生を願い、授かった娘を将来の「后がね」として大切に養育したのである。その願いが実現して娘が后になると、そこに皇子の誕生を期待する。それが叶ってその皇子が皇太子になり、ついで天皇になった暁には、外祖父という天皇家との強力な外戚関係のもと、みずからが摂政・関白となって政治を後見する。これは多分に他力本願的な要素に左右されるが、この最大の成功者が藤原道長であった。

ところが、隆姫には何年たっても懐妊の兆候すら現われない。そんな状況下での長和四年（一〇一五）のこと、三条天皇から禔子《しし》内親王（一〇〇三～四八）の降嫁の話が舞いこんだ（『小右記』長和四年十月十五日条）。「頼通には隆姫が入っているが、この禔子内親王（母は藤原娍子）には勝てまいし、私が皇位にあるのだから疎略な扱いもできまい」という三条天皇の意思を汲みとった道長は、同意して頼通に伝えた。すると、隆姫をひたすら愛する頼通は涙を浮かべて聞いたという。これを見て道長が吐いたのが、「男は妻《め》は一人のみやは持たる、痴《しれ》の様や。いままで子もなかめれば、とてもかうてもただ子を設けんとこ

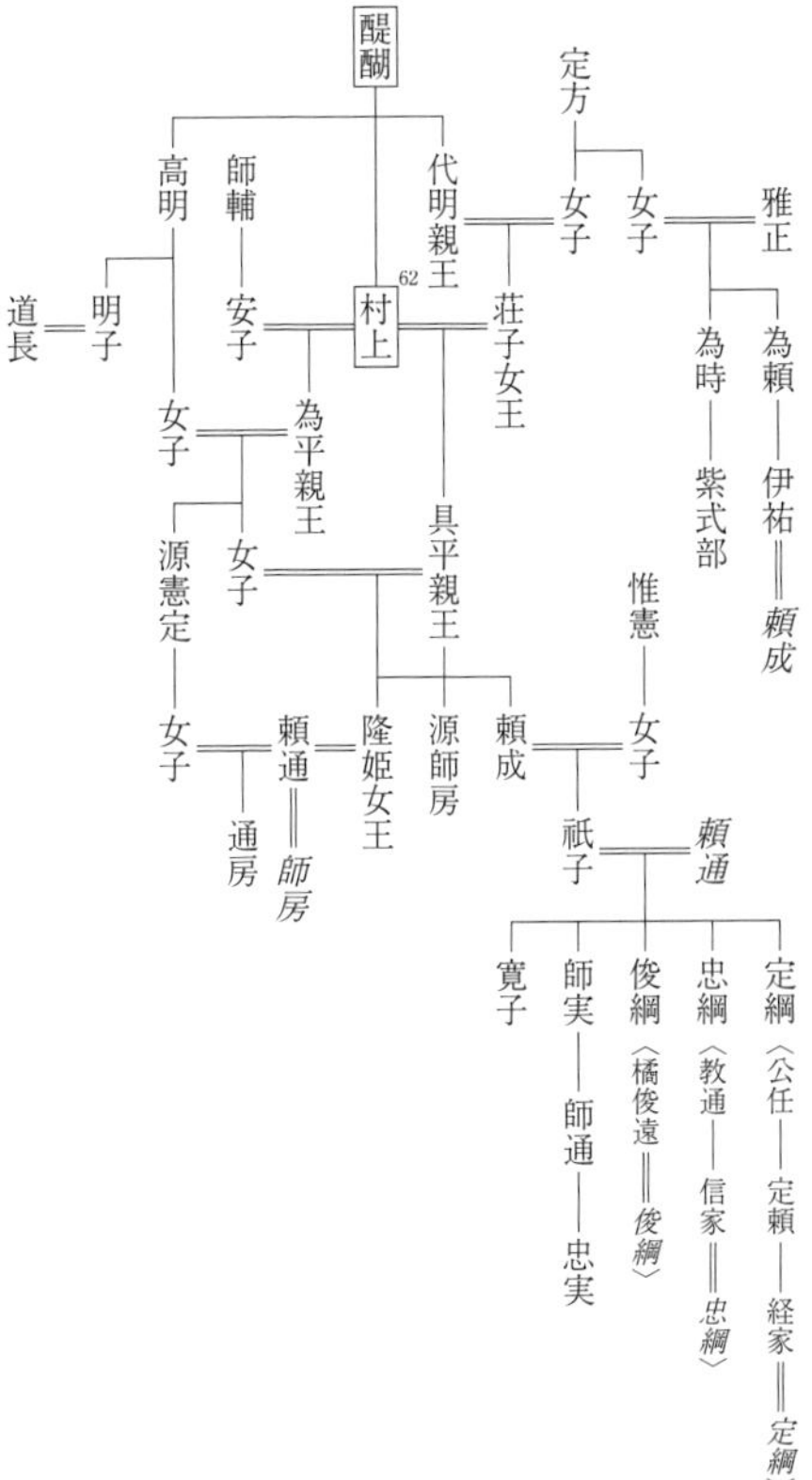

藤原頼通の妻子

そ思はめ。このわたりはさやうにはおはしましなん」という言葉である（『栄花物語』巻第十二）。男が妻一人なんて愚かしいこと。今まで子に恵まれぬようだから、とにかく子をつくることを第一に考えるべきだ。この皇女は子を生んでくれるだろう、と叱咤したのである。摂関体制の維持には身内から天皇を輩出すること。それを、身をもって実行している道長の言葉は重い。しかしその後、頼通が重病となり、加持調伏をすると隆姫の行く末を案じた具平親王の怨霊が現れたため、この結婚は沙汰止みとなった。

むろん、当の隆姫も懐妊しないことに無頓着であったわけではない。二十二歳の時に近江国の園城寺（三井寺）に参詣し、百ヵ日の間、等身大の観音像を毎日、寄進して経供養を行い、「女子」の誕生を祈請している（『小右記』長和五年六月二十三日条）。また、大和国の長谷寺にも祈願詣でをしているが（『小右記』寛仁元年十月七日条）、終生、子には恵まれなかった。そんな隆姫であったが、彼女は九十三歳という破格の長寿を保った。

隆姫との間には子はできなかったが、頼通は母の倫子に仕えていた藤原祇子（？〜一〇五三）という女性のもとへお忍びで情けを通じ、二十年ほどの間に五人もの子女を儲けている。祇子が生んだ三人の男児は隆姫によって他家へ養子に出されたが、その一方で隆姫は、従姉妹（為平親王孫で父は源憲定《のりさだ》）が十八歳で生んだ通房《みちふさ》（一〇二五〜四四）のことは認め、長男として大切にしていた。この通房が誕生した時には、父の道長ともども頼通は大喜びしている（『左経記』万寿二年正月十一日条）。おそらく初めての子であったのであろう。

しかし、通房は二十歳の若さで権大納言を極官として他界してしまう。そこで隆姫は、祇子所生の京極大殿こと師実（一〇四二〜一一〇一、のちに摂関）を後継者としたという（『栄花物語』巻第二十四・三十一、『愚管抄』巻第四、『尊卑分脈』第三篇「村上源氏」、角田文衛「関白師実の母」）。

祇子が生んだ五人目の子は後冷泉天皇の皇后となった寛子（一〇三六～一一二七）であるが、九十二歳の長寿を保ちながら、彼女も一人の子も生まなかった。

天皇を外孫にもてず――後三条天皇の登場

頼通に話を戻そう。彼は寛仁元年（一〇一七）、二十六歳の時に内大臣に累進するとともに、父の譲りで後一条天皇の摂政となった。ただし、政務などの決裁は道長（大殿）の判断を仰いだうえで実行していた。つまり道長は摂政を譲っても政治から引退したわけではなく、外祖父として天皇の後見を果たしているのである。

頼通は、天皇元服後は関白となり、それ以降、後朱雀・後冷泉天皇代も引き続き関白をつとめた。しかし、摂政は最初の二年十ヵ月ほどにすぎず、関白が半世紀近くにおよんでいる。何と言っても、この三人の天皇はいずれも道長の孫であり、頼通にとっては甥なのである。頼通が半世紀という長きにわたる関白を辞した遠因は、父と違って天皇を外孫に持てなかったことにある。それなりに努力はしたが皇女しか生まれず、運もなかった。結局のところ頼通の摂関は、父が敷いた路線の恩恵によるものであった。

道長が万寿四年（一〇二七）に六十二歳で他界した時、関白頼通は三十六歳になっていた。九年後には後一条天皇（一〇〇八～三六）が二十九歳で崩御し、皇太弟の敦良親王が二十八歳で即位して後朱雀天皇（一〇〇九～四五、在位一〇三六～四五）となり、引き続き頼通が関白となった。後朱雀天皇の後宮は賑やかであった。天皇の東宮時代に道長の娘の嬉子（倫子腹）が入り、ついで三条天皇皇女の禎子内親王（一〇一三～九四、母は道長の娘の妍子）が入っている。天皇となってから頼通養女の嫄子、教通の娘の生

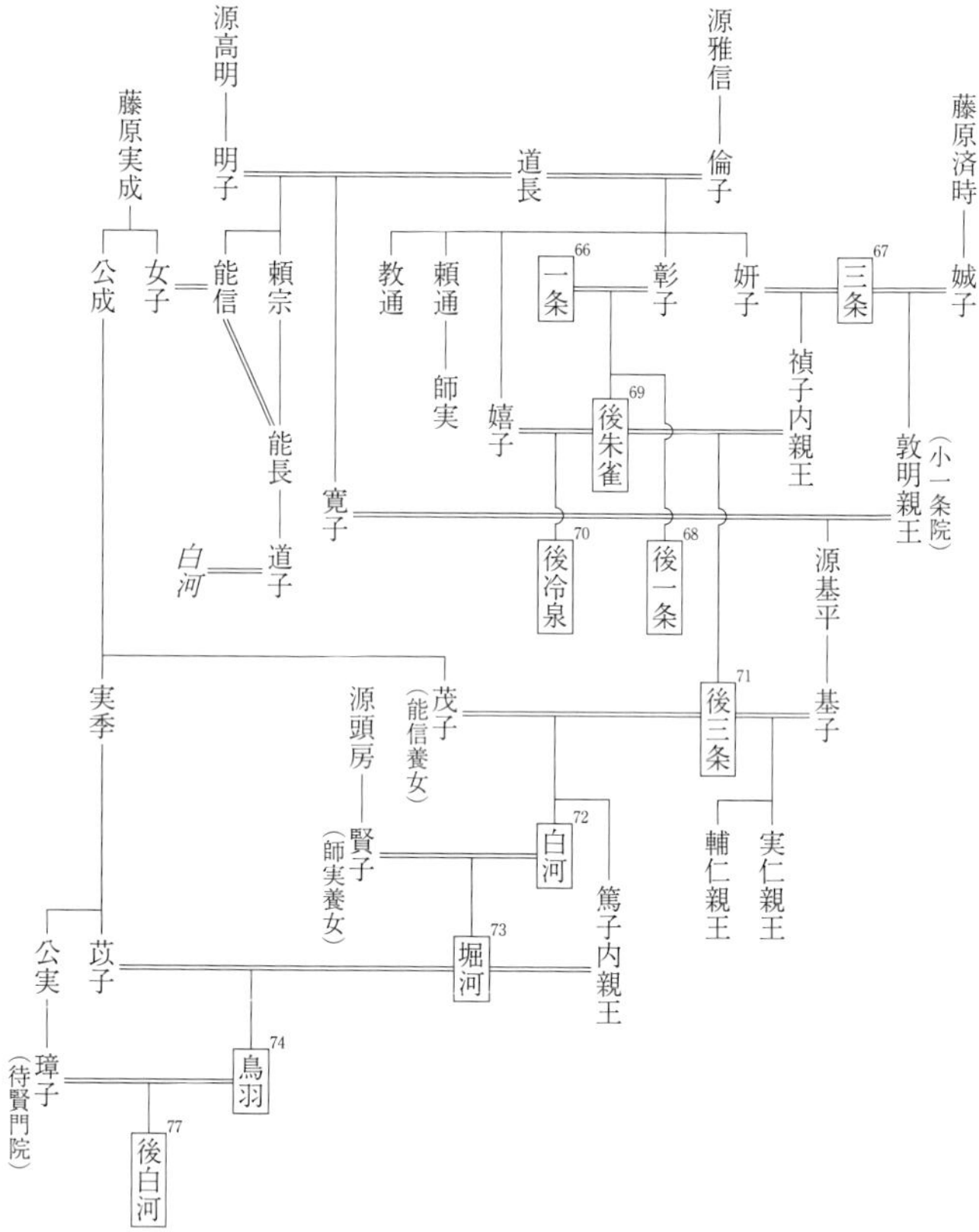
源高明
藤原実成
明子
道長
源雅信
倫子
藤原済時
公成
女子
能信
頼宗
教通
頼通
一条
66
彰子
妍子
三条
67
娍子
師実
禎子内親王
能長
嬉子
後朱雀
69
敦明親王
(小一条院)
寛子
白河
道子
後冷泉
70
後一条
68
源基平
実季
茂子
(能信養女)
源頭房
後三条
71
基子
賢子
(師実養女)
白河
72
篤子内親王
輔仁親王
実仁親王
公実
苡子
堀河
73
璋子
(待賢門院)
鳥羽
74
後白河
77

後三条天皇と頼通

子と真子、頼宗の娘の延子が入内している。後一条天皇が九歳年長の叔母威子を中宮とし、その中宮の嫉妬もあって、ほかに妃がいなかったのとは対照的である。

後朱雀天皇には二人の皇子がいた。いずれも東宮時代に入った嬉子の生んだ親仁《ちかひと》親王（後冷泉天皇、一〇二五～六八、在位一〇四五～六八）と禎子内親王を母とする尊仁《たかひと》親王（後三条天皇、一〇三四～七三、在位一〇六八～七二）である。後朱雀天皇（三十七歳）が背の腫物で危篤となった時、東宮の親仁親王に譲位し、第二皇子の尊仁親王を東宮にする、と関白頼通に仰せられたところ、関白は東宮に関しては難色を示したという（『古事談』第一―五十）。しかし、後朱雀天皇の意思どおりになり、二十一歳の後冷泉天皇と十二歳の東宮が出現した。

この尊仁親王の立太子実現には、関白左大臣頼通（五十四歳）の異母弟（明子腹）の権大納言藤原能信《よしのぶ》（五十一歳、九九五～一〇六五）の強力な働きかけがあったことが血縁上からも察せられる。同じ道長の子でありながら、母の家勢の弱さから同母兄妹が一段低い立場に置かれた不満の表出と見ることもできよう。「摂関家傍流の主流に対する反乱」との見解（美川圭「後三条天皇――中世最初の帝王」）は傾聴すべきである。

後冷泉朝は四半世紀近く続き、その間、頼通が関白として政治を主宰している。頼通は娘の寛子を入内させて皇子誕生に望みをかけたが、その望みは叶うことはなかった。そして治暦四年（一〇六八）、天皇が病を得て在位のまま四十四歳で崩御してしまうと、帝位に即いたのは、四半世紀近く東宮であった尊仁親王、すなわち後三条天皇（三十五歳）であった。ここに藤原氏を直接の外戚としない天皇が誕生したのである。

頼通は後冷泉天皇崩御の四ヵ月前に関白を辞しており、後任には同母弟（倫子腹）の教通《のりみち》（九九六～一〇七五）が就いていたが、その教通にも天皇との外戚関係はなかった。そもそも後三条天皇の母である禎子内親王の母は、道長の娘で三条天皇中宮の妍子ではあるのだが、三条天皇と道長はよい関係になかった。さらに後三条天皇は、三条天皇の曽孫（皇子小一条院の子、源基平《もとひら》の娘）源基子を女御としていた。こうしたことを考えると、後三条天皇と摂関家がうまくいくとは到底思えない。じっさい教通は氏寺の興福寺南円堂の造作に受領の重任を強要して後三条天皇の逆鱗にふれた際、天皇から「関白・摂政のおもくおそろしき事は、帝の外祖などなるこそあれ、我はなにとおもはんぞ」、外祖父でない摂関など何とも思わないぞ、と言われて叱責されている（『続古事談』一―三十三）。摂関の権力は天皇家との外戚関係のうえに成り立っていることをまざまざと示す逸話である。

藤原氏と外戚関係のない天皇は意欲的に親政を推しすすめ、さらに在位五年足らずで、第一皇子で東宮の貞仁《さだひと》親王（白河天皇。母は中納言藤原公成《きみなり》の娘の茂子〈公成の姉の夫、能信の猶子となる〉東宮時代に入侍）に譲位して太上天皇となる。その際、後三条天皇は同時に第二皇子の実仁親王（二歳）を東宮としている。この半年後に上皇は四十歳で病死してしまったため、真意は定かではないが、実仁親王の母が源基子で、摂関家と関係のない女性であることから、この立太子には実仁親王の早い帝位とその後見を狙《ねら》う思惑が上皇にあったようにもみえる。しかし前掲の美川論文によれば、近年の研究では、それは院政を目ざしたものではなく、皇位決定権の掌握が狙いだったと考えられているようだ。

いずれにしても、後三条天皇のあと帝位に即いた白河天皇（一〇五三～一一二九、在位一〇七二～八六）によって摂関家は弱体化され、やがて院政がはじまるのである。

摂関家の固定——御堂流の成立

六十一代の朱雀天皇から七十代の後冷泉天皇まで、この十人の天皇の母はみな藤原摂関家の娘で占められていた。前章で述べたように、初代関白となった藤原基経が薨去したあとは宇多・醍醐天皇の親政が続いて摂関は途絶えていたが、八歳の朱雀天皇が践祚した際（延長八年〈九三〇〉九月二十二日）に忠平が摂政になったことで、摂関が四十年ぶりに復活したのであった。この忠平の死後、十八年間は村上天皇親政により途切れたものの冷泉天皇で復活し、それからは摂関常置となって、院政期以降は形骸化したとはいえ明治維新までじつに九百年間も継続している。

しかも道長が後一条天皇の摂政となって以降の摂関は、道長の直系に世襲されていくことになる。世にいう「御堂流」である（御堂流の呼称は、道長が「御堂関白」の異名をとっていたことに由来する。ただし、実際には関白就任はしていない）。この一門の成立は、白河天皇の次代の堀河天皇の病死（二十九歳）を受けて、第一皇子の宗仁《むねひと》親王が五歳で天皇となったこと、すなわち鳥羽天皇の即位（嘉承二年〈一一〇七〉）を画期とするというのが大方の見方である（橋本義彦「貴族政権の政治構造」）。

鳥羽天皇の母の藤原苡子《いし》（一〇七六～一一〇三）は、閑院流藤原氏の四代実季《さねすえ》（一〇三五～九一）の娘である（閑院流は藤原道長の叔父である閑院大臣藤原公季《きんすえ》〈九五七～一〇二九〉に始まる）。そもそも白河天皇の母の藤原茂子（?～一〇六二）も、閑院流三代の公成《きんなり》（九九九～一〇四三）の娘であり、苡子は茂子の姪にあたる。また五代目は苡子の同母兄の公実《きんざね》（一〇五三～一一〇七）が継いでいる。鳥羽天皇の即位時、道長の嫡流は頼通→教通→師実《もろざね》→師通《もろみち》→忠実《ただざね》と継承されていたが、当主の忠実がまだ若かったことから、閑院流五代の公実は、幼帝の外伯父の地位にある自分こそが摂政に就任すべきだと主張した。しかし、「五代もの間、並の公卿として仕えてきた者が今さら摂政に就けるであろうか」（『愚管抄』巻四）と白河院別当の源俊明《としあき》（一〇四四～一一一四）に一蹴され、白河法皇は、堀河天皇の関白であった藤原忠実《ただざね》（一〇七八～一一六二）を摂政に任じた。ここに、天皇と外戚でなかったとしても、それに関係なく道長の嫡流が摂関になる道が開かれ、御堂流と称する「摂関家」が成立したのである（米田雄介『藤原摂関家の誕生――平安時代史の扉』）。

ところで、最近、従来の摂関についての諸説を検討するなかで興味ぶかい見解が披瀝《ひれき》されている（樋口健太郎「藤原道長の権力継承構想とその展開」）。

論者の樋口氏は、摂関が道長の家系に固定される（御堂流）と、道長は、これを頼通流と教通流に二分し、皇位も後一条と後朱雀の二皇統に継承させることで、子孫へ権力を継承する構想を持ったのではないか、という。しかし、後一条天皇に皇子がなかったためその構想はもろくも崩れ、皇統は後朱雀に一本化され、頼通が教通を排除して自己の家系を絶対的なものとし、ここに摂関家が成立した、とみている。まことにすっきりした見解ではあるが、教通がおとなしく引き下がったとは思えないので、まだ検討の余地はありそうだ。

また、頼通は関白を辞したあと宇治に隠棲、後任の関白となった教通（七十三歳）も高齢のうえ七年後には薨去している。その前年に頼通（八十三歳）と上東門院（彰子、八十七歳）が他界している。白河が帝位に即いて数年のことであり、教通の薨日に故頼通の子の左大臣師実（三十四歳）を関白に任じた白河天皇は（二十三歳）、十年後に東宮の義弟実仁《さねひと》親王（十五歳）が亡くなると、一年後に皇子の善仁《よしひと》親王を東宮とし、同日に譲位した。応徳三年（一〇八六）十一月二十六日、八歳の堀河天皇の登場であり、いわゆる院政の創始である。そして同日、師実が白河上皇から摂政に任じられている。つまり、道長以来の外祖父としての摂政が復活したことになる。その八年後には師実《もろざね》（一〇四二～一一〇一）は嫡男の師通《もろみち》（一〇六二〜九九）に関白を譲ったが、これも道長から頼通へ、という父子継承に準じたものとなっている。そこで、この師実の父子継承を摂関家の成立とみる見解もある（海上貴彦「大殿の政務参加——藤原道長・師実を事例として」）。

3　天皇・貴族の婚姻儀礼

結婚までの流れ

さて、ここまで摂関家の外戚政策に着目して述べてきたが、このあたりで、成人した男女が結婚に至る流れについて概観しておこう。

いうまでもなく結婚は成人の儀を済ませていることを前提としており、男子だと十歳を越えたあたりから二十歳ぐらいまで（皇族は十代半ばぐらい）に「元服」式を行っている。換言すれば成人すると結婚というのが当時の通念であったようで、『源氏物語』主人公の光源氏は十二歳で元服し、その夜に葵の上と結婚している。女子において、男子の「元服」にあたるのが、はじめて裳を着ける「裳着《もぎ》」（着《ちゃく》裳《も》）である。十二歳から十四歳ごろ、結婚の相手が決まった時、あるいはその見込みのある時に行うことが多い。

藤原道長の娘の彰子の裳着については、「大殿の姫君、十二にならせ給へば、年の内に御裳着ありて、やがて内に参らせ給はむと急がせ給ふ」とある（『栄花物語』巻第六）。この裳着は二月に行われ、一条天皇への入内はそれから九ヵ月後のことであった（『御堂関白記』長保元年二月九日、十一月一日条）。裳着の儀式において重要な役とされるのが裳腰《もこし》の紐を結ぶ「腰結《こしゆい》」で、男子の元服でいえば加冠に相当する役である。親族の長老ないし高貴な人が担うことになっており、彰子・威子・嬉子の腰結は父の道長がつとめている。

裳着以前の儀として述べておかねばならぬものに「袴着《はかまぎ》」（着袴《ちゃっこ》）がある。三歳から七歳ごろにかけて幼児がはじめて袴を着ける儀式で、男女の別なく行われた。これも親族の中で高位の者が腰の紐を結んだ。右大臣藤原（九条）兼実《かねざね》（一一四九～一二〇七）の娘の任子（のちの宜秋門院《ぎしゅうもんいん》、一一七三～一二三八）の袴着では、兼実が簾中に入って妻と一緒に姫君に装束をつけ、袴の腰紐は兼実が手ずから結んでいる（『玉葉』治承四年七月十九日条）。時に八歳であった任子は、十年後に後鳥羽天皇の中宮となっている。

また皇女の場合は、袴着は三歳で行われる例が多く、たとえば道長の娘妍子が生んだ三条天皇皇女の禎子内親王（一〇一三～九四）はやはり三歳で行われている。このときの調度はみな蒔絵螺鈿の豪華なもので設えられ、姫君の袴の腰紐は父の三条天皇（九七六～一〇一七）が結んでいる。袴着の儀が済んだあと祝宴が開かれ、卿相らに饗宴と禄が下賜されたのは他の儀式と同様である（『御堂関白記』『小右記』長和四年四月七日条、『栄花物語』巻第十二）。

露顕

（匂宮と六の君の三日夜の翌朝，『源氏物語絵巻』「宿木」二，田中親美模写，京都市立芸術大学芸術資料館蔵）

結婚にあたっては、まず男性（婿）の方からその恋情を、人を介して歌なり消息で女性のもとへ届ける。女性側はこれを受けて、親や兄弟が相手の家柄・才能・人物を考慮したうえで返事をする。ここでは女性本人の意思はあまり尊重されない。女性側の好意が確かめられると、男性は吉日を選んで文を送り、夜陰に乗じて女性のもとへ忍んで行く。女性の家では、灯りを手に女性の家の者が寝所へ案内する。男と女は帳の内に入り装束を解く。この初夜を「新枕《にいまくら》」といい、これをもって婚姻の開始と見なされた。帳の前の燈籠に点《とも》された火は三日間消さずに置くことになっている。そして男性は明け方の暗いうちに家人に気づかれないように帰り、消息を女の元へ遣わす。それを「後朝文《きぬぎぬのふみ》」、持参人を「後朝使《きぬぎぬのつかい》」という。この後朝文について清少納言は、これが遅れると他人事《ひとごと》でも胸がどきどきする、と述べている（『枕草子』百四十五段）。この後朝文に対して女性が返事《かえりごと》をする。

これを三日間続けたら、三日目の晩に女性の家族と婿とが初めて対面し、祝宴を張る。この儀式は忍び通いを経て周囲に公にするという意味合いから「露顕《ところあらわし》」（所顕）といわれ、こんにちの結婚式に相当するものであった。露顕は必ずしも三日目と決まっていたわけではないようで、二日もしくは四日以上の例もみられるが、いずれにしても、この儀の際には、新郎・新婦は「三日夜餅《みかよのもちい》」と呼ばれる祝いの餅を食する。婿に女性側の食物を供して身内となったことを表すとともに、結婚の永続を祈ったのである。ここに正式に結婚が成立したことになる。

なお、現代感覚では信じがたいかもしれないが、新郎新婦が互いに顔を見合わすのは、この露顕が過ぎてからということになろう。ことに女性はよほど心を許さないと男に素顔を見せることはなく、成人した女性同士でも相手に顔を見せることはそんなになかった。

このほかに「沓抱《くついだき》」という風習がある。これは、婿が娘のもとに長く留まるようにという願いから行われたもので、新婦の親かそれに準じる人が、新郎が履いて来た沓を三日間抱いて寝るのである。『栄花物語』（巻第三十四）によれば、後一条天皇皇女の章子内親王（一〇二六〜一一〇五）が十二歳で裳着を済ませたその夜、従兄弟にあたる東宮親仁《ちかひと》親王（一〇二五〜六八）十三歳、のちの後冷泉天皇）に入った際には、結婚の日から三日間「殿おはしまいて、夜は御沓を抱き、御衾まゐらせ給ふ」とある。この「殿」は伯父の関白藤原頼通のことで、頼通が実の親のように世話をしている。

引用文中の「御衾まゐらせ給ふ」とは、新郎新婦が帳中（寝所）に入った後に形式的に衾（寝るときに上に掛ける夜具）をかける儀を頼通が行った、という意味である。この儀式は、夫婦関係が永く続くことを祈念するもので、「衾覆《ふすまおおい》」と呼ばれている。衾覆人は原則として新婦の母がつとめたが、時に父や他の後見人の場合もあり、彼らは三日間、新夫婦と同宿するのが建て前であった。道長の娘の威子が後一条天皇に入内した時や、その妹の嬉子（一〇〇七〜二五）が東宮の敦良親王（一〇〇九〜四五、のちの後朱雀天皇）に入った時（双方とも甥と叔母の結婚）には、いずれも母の倫子（九六四〜一〇五三）がその役をつとめている。余談だが、嬉子（十五歳）と敦良親王（十三歳）の新床の日には、東宮が嬉子の訪れをそわそわして待ち、夜も更けて嬉子が御所に参上すると、東宮は世慣れた男の振る舞いをしたので、倫子は半ば呆れ顔で衾覆を行っている（『栄花物語』巻第十四・十六）。

以上みてきたように、この時代の結婚、とりわけ貴族間の結婚は儀式をもって成り立っており、こんにちのそれが婚姻届けという法律によって認められるのとは大きく異なっている。そのため当時においては、どの状態をもって結婚と見なすのか、曖昧模糊としたところがあることを付け加えておきたい。

後一条天皇と威子の婚儀

それではここで、後一条天皇（十一歳、一〇〇八～三六）と威子（二十歳、九九九～一〇三六、時に尚侍）の床入り、衾覆の様子を見ておこう。この入内に際して四十人の女房たちが付き従っているが、これは姉の彰子、妍子の場合と同様である。

文献によれば、威子は「顔立ちがたいそう美しいうえに色つやがよく表情がかわいらしい、髪も黒々として身の丈にあまり、母や二人の姉と比べようもなく長かった」という。彼女にとって、夫となる天皇は幼い時からよく知っている甥、いざ夫婦となることを決まり悪く思ったようだが、小柄で可愛らしい威子と大人びていた天皇は、それほど年齢差を感じさせなかったようだ。新枕の夜、威子が天皇の御所（新造の一条院内裏）の夜御殿《よるのおとど》に参上し、恥ずかしそうに坐っていると、乳母に促されて天皇が威子の袖を引き、二人は帳の中へ入られた。そして二人が衾に横になると、天皇の祖母の倫子が衾覆を行い、「その後のことは知り難し」とある（『栄花物語』巻第十四、『御堂関白記』寛仁二年三月七日条）。

早朝に退下した威子のもとへ、後朝《きぬぎぬ》の使いが天皇からの文を届け、その夜にはまた前夜と同じように威子が参上し、こうした通いが三日間続いた。まさに当時の結婚のしきたりのとおりである。

後一条天皇には中宮威子ただ一人の妃しかいなかった。前後に例を見ないことであるが、天皇より九歳年長の叔母に当たる威子は、嫉妬心が強く、他の妃が入ることを拒んだようだ。この威子が二十六歳で第一皇女（章子内親王）を出産した時、「甚だ本意とは異なるけれど安産だったので悦びだ」と、源経頼は道長の心中を見透かしたように日記に記している（『左経記』万寿三年十二月九日条）。道長の反応は知られない。威子は八年後にも出産するが、これも女児（馨子内親王）であった。それを聞いた「宮人」（官人や女房）らはたいへん冷淡な表情になったという（『小右記』長元二年二月一日条）。天皇家に入った娘たちに期待されるのは、ひたすら皇子を生むことであった。けっきょく後一条天皇に皇子の誕生はみられなかった。

そのことに関連していえば、三条天皇中宮となった娘の妍子が皇女（禎子内親王）を出産した時の道長の反応は赤裸々で、たちまち不機嫌な顔をしたという。だが、これが初孫ではないし、そのうち皇子が誕生するだろうと思った、ともある。そして敦成親王の誕生を「栄花の初花」、禎子内親王のそれを「栄花の蕾花《つぼみ》」というべきだ、とある（『小右記』長和二年七月七日条、『栄花物語』巻第十一）。当時、すでに姉の彰子と一条天皇の間に二人の皇子が誕生していたので余裕もあったのであろう。

藤原育子の入内

こんどは平安後期の例を見てみよう。「摂関家の固定―御堂流の成立」の項で登場した藤原忠実の跡を継ぎ、鳥羽天皇の関白となったのは嫡男忠通《ただみち》（一〇九七～一一六四）であった。忠通はその後も崇徳・近衛・後白河の三代にわたって摂関を務めたが、すでに摂関政治は形骸化して院政の時代となっていた。さらに保元元年（一一五六）には「保元の乱」が勃発し、その三年後には「平治の乱」が起こり、慈円の『愚管抄』の言葉を借りれば、「武者《むさ》ノ世」となりつつあった。

そんな時代に、藤原忠通の養女の育子（十六歳、一一四六～七三）は時の関白藤原基実《もとざね》（一一四三～六六）の猶子という形をとって十九歳の二条天皇（一一四三～六五、在位一一五八～六五）に入内した。応保元年（一一六一）十二月十七日のことである。

藤原育子の出立所となる摂関家の東三条殿および入内先である内裏の飛香舎《ひぎょうしゃ》（藤壺）の室礼は、関白藤原基実が沙汰して受領らに命じて十二分になされた。同時代の藤原（中山）忠親《ただちか》（一一三一～九五）が著した『山槐記』（当時、忠親は頭中将）には、その折の飛香舎の図が掲げられ、上達部・殿上人・女房の座や、饗宴の場における御簾・敷物・几帳・畳・厨子・燭台・燈台・火櫃などの調度に至るまで、儀式の詳細が記述されている。それによれば、婚姻儀礼は次のような次第であった。

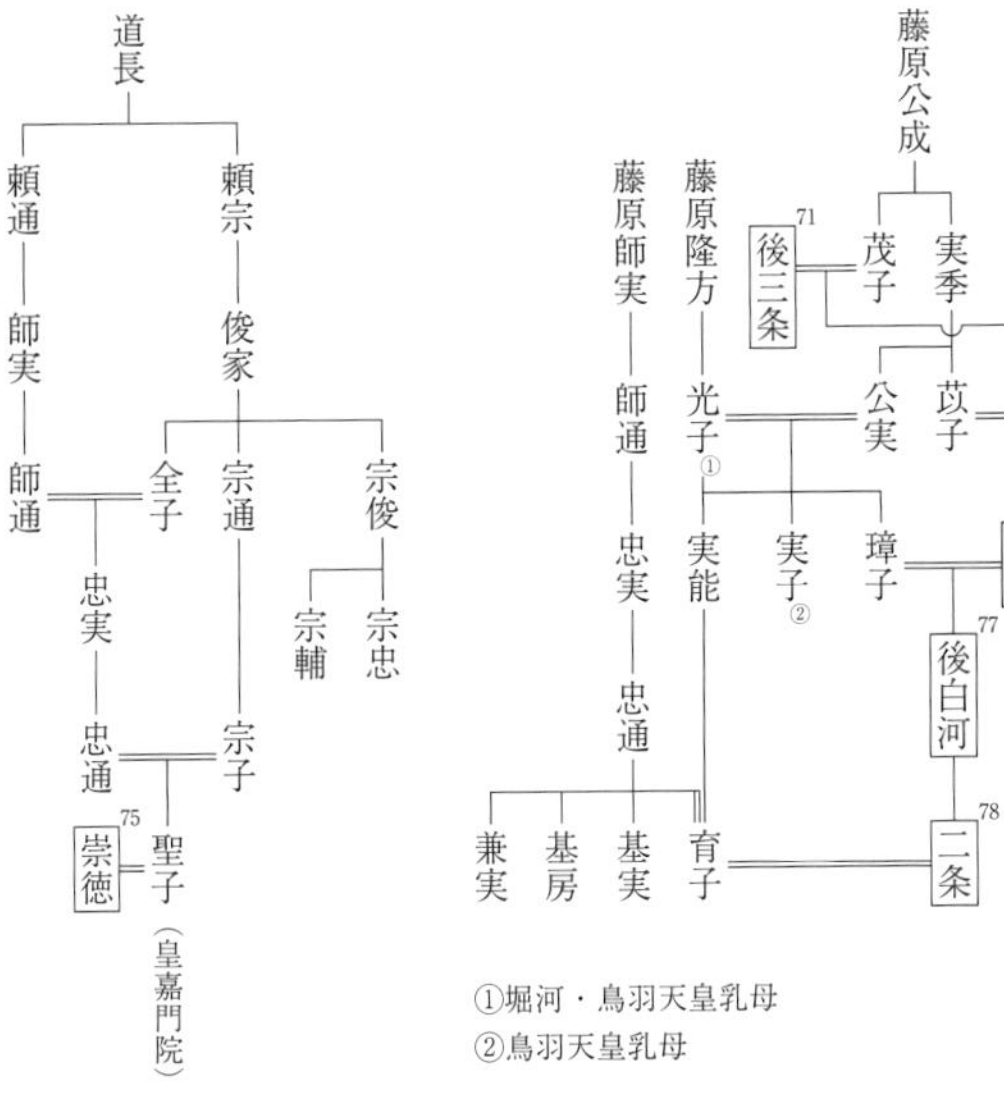

藤原育子と摂関家

この日の夜、柳筥に入った「御書」を携えた勅使が東三条殿へ参向し、東の対に着座して三献の後、禄を受け取って内裏へと向かった。「御書」とは天皇からの入内を促すもので、薄い紅色の用紙に天皇の御歌が認《したた》められていた。この御書を受けて育子が参内したのは夜の十時ごろであった。関白藤原基実、権中納言藤原兼実以下三十人ほどの公卿が前《ぜん》駆《く》をつとめ、指燭《しそく》（紙燭、移動式の小さい照明具）を持つ二人の小舎人の前行に導かれて育子は飛香舎（藤壺）へ入っている。この様子を二条天皇は弘徽殿から内々に見物された。

まず天皇が夜御殿《よるのおとど》の御帳の中（御帳台）へ入御され、次いで育子が上御局《うえのみつぼね》から夜御殿へ入った。天皇と育子が臥された後、右大将藤原兼実が御衾をかけ、育子が履いてきた草鞋を持って退出している。この草鞋は三ヵ日間、育子が用いるものという。ついで右大臣藤原基房（一一四五〜一二三〇、基実の弟）が指燭を持って夜御殿に入り、燈籠に点火して（この火は三ヵ日間消さない）退出している。

ここで衾覆役を担った藤原兼実は十三歳と若く、このような例はほとんどないと言ってよいが、「障りのない人を探したがおらず、末子の兼実が適当」という前関白藤原忠通の意見で決まったという。

翌十八日にも飛香舎で公卿らに三献が振る舞われ、夜の十時に内侍が天皇の御使として飛香舎に参り、それを受けて初夜と同様のことがあって、育子が飛香舎に退下したのは夜明け前という。十九日も飛香舎に参集の輩に「盃酌の事」があり、夜の十時に育子が夜御殿に参上し、前夜と同様のことが行われた。入内して四日目を最後に婚儀の記事が見えないので、それを最終日と見なしてよかろう。この日も育子が退下したのは夜明けであった。

一週間後（二十七日）、育子は女御となり、飛香舎に入っている。そして育子は、翌年二月に中宮に冊立されるが、十一年後の承安三年（一一七三）八月に二十八歳で逝去する。ちなみに二条天皇はその八年前の永万元年（一一六五）に二十三歳で崩御しており、二人の間に皇子女は生まれていない。

平徳子と高倉天皇の結婚

最後にもう一例、平清盛の娘の徳子（建礼門院、一一五五〜一二一四）のケースを紹介しておこう。清盛（一一一八〜八一）と後白河法皇（一一二七〜九二、在位一一五五〜五八）の政治的思惑により、徳子が高倉天皇（一一六一〜八一）に入内したのは、承安元年（一一七一）の冬のことである。高倉天皇はその年の正月に元服したばかりの十一歳、徳子は十七歳であった（『兵範記』『玉葉』承安元年十二月二・十四日条）。

この時すでに清盛（浄海）も妻の時子（二位尼）も出家していた。そのため七歳の時に父（閑院流五代の藤原公実《きんざね》）を失い、その後は白河法皇に養われた藤原璋子（待賢門院《たいけんもんいん》、一一〇一～四五）の鳥羽天皇への入内に準じて行われた。右大臣藤原兼実（二十三歳）の『玉葉』によると、徳子は異母兄の重盛の養子、さらに後白河法皇の養子として入内したとある。高倉天皇の生母の平滋子（建春門院《けんしゅんもんいん》、後白河上皇女御）は二位尼の妹ゆえ、新郎新婦は従姉弟であるが、結婚の時点では姉弟の間柄ということになる。

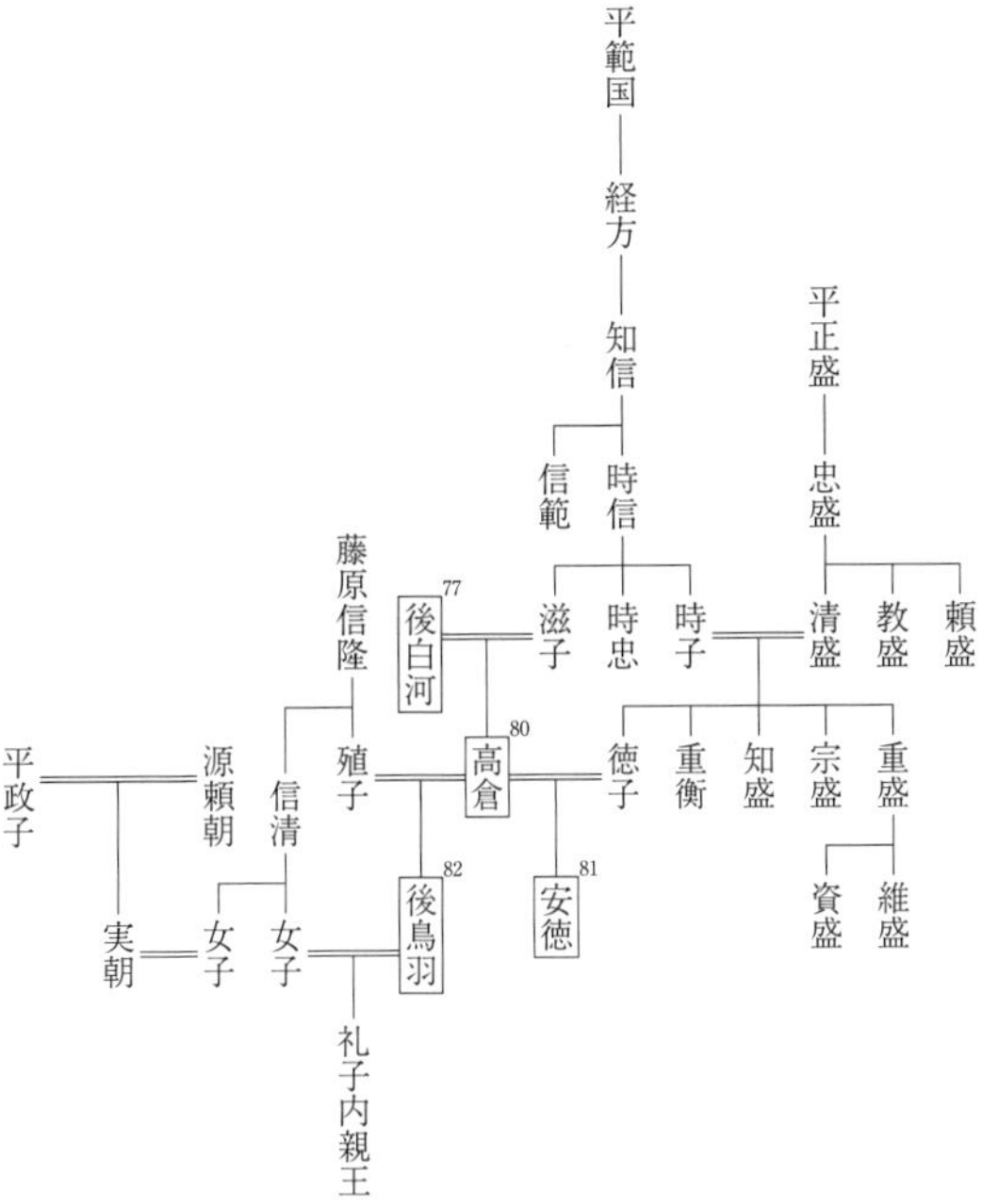

平徳子と高倉天皇の結婚

承安元年十二月十四日の朝、徳子は母の時子とともに出立所となる法住寺殿へ参上している。そして午後二時ごろに徳子の裳着のことがあり、建春門院が腰結を行っている。夕刻に、御書勅使の右少将藤原泰通が寝殿西妻戸の御簾前で天皇の御書を進上して着座した。ついで三献の後に禄が与えられ、退出。夜も遅くなって、法住寺殿の寝殿南階から糸毛車に乗った徳子の一行は、内裏へと向かった。松明《たいまつ》を手にした諸大夫ら百余人が前駆をつとめ、後ろには公卿の車はじめ七、八十人が扈従《こしょう》した。

高倉天皇（『御物聚成』）

その様子を法皇と女院（建春門院）は七条殿（法住寺北殿）に設《しつら》えた桟敷から見物している。先陣が通過したのは夜の十時ごろという。

六条河原辺でこの行列を見物した平信範《のぶのり》は「明月光朗、白沙昼の如し」と記しており（『兵範記』）、明るい月夜であった。徳子一行はこの辺りで鴨川を渡ったのであろう。そして東の京極大路を北行し、四条大路を西へ、東洞院大路を北へとり、中御門大路を西進して突きあたる大宮大路（宮城東大路）を大内裏（平安宮）の築地塀に沿って北上し、上東門から大内裏へ入っている。そして内裏の外郭北門の朔平門のところで徳子は輦車《てぐるま》に乗り替え、その輦車は内裏内郭北門の玄輝《げんき》門を入って登華殿《とうかでん》西面に寄せられ、入内先の御在所の弘徽殿《こきでん》まで移動したものと思われる。そこへ内侍が参上して天皇のお言葉が伝えられた。

天皇が夜御殿に入御されると、履いて来られた草鞋は傍らの者に預けられ、次いで徳子が天皇の傍らに入った後に衾覆が行われた。この間に奉仕した公卿らには三献が振る舞われた。

翌日の夕刻から三大臣以下十七名の公卿が弘徽殿に参会して前夜のように盃酌三献のことがあり、その翌日も同様であった。露顕の儀の挙行は三日目を慣例としているが、この時は入内から十日余り後のことで、これまで夜御殿で逢瀬を重ねられた天皇が徳子の御在所の弘徽殿に初めて渡御されて露顕の儀が行われた（『兵範記』承安元年十二月十五・十六・二十六日条）。

悲劇の結末

徳子は年が明けた承安二年（一一七二）二月十日、立后して中宮となった（『玉葉』同日条）。しかしすぐには子に恵まれず、入内から七年後に待望の皇子を授かった。言仁《ときひと》親王、すなわち後の安徳天皇（一一七八～八五、在位一一八〇～八五）である。

出産図（『北野天神縁起』）

この懐妊から出産までの様子は、『山槐記』（治承二年十一月十二日条とその前後）に実に詳しい。それは、作者の藤原（中山）忠親が清盛に極めて近い人物であったことによる。忠親の妻は、「平家にあらずんば人にあらず」と豪語した平時忠《ときただ》（一一二八～八九）の娘であり、時忠の姉の時子は清盛の妻で徳子の母、妹の滋子は後白河上皇の皇子、高倉天皇を生んで女御となった女性である。当の時忠は、中宮大夫として出産のいっさいを取り仕切っている。つまり、作者は情報源の中核にいたわけである。

徳子（二十四歳）は懐妊して五ヵ月で着帯し、その一ヵ月後に内裏から六波羅第（清盛の泉殿）に退出している。医療技術が乏しい当時にあって出産は命がけであり、命を落とす人が多かった。したがって、ひたすら神仏にすがる安産祈願が盛大をきわめ、いっぽう悪霊・物怪を取り除くためにあらゆる手段を講じて祓除や加持祈禱が行われた。中宮徳子の場合、出産が迫って来ると、「僧都、声を揚げること雷のごとし。宮中周章す」（『玉葉』治承二年十一月十二日条）という状況であった。

そして治承二年（一一七八）十一月十二日、徳子は無事に皇子を出産した。分娩の際には、臍の緒を乳母の洞院局こと平時忠の妻が練糸で結び、それを重盛《しげもり》（一一三八〜七九）が竹刀で切り、その直後に洞院局が皇子を抱いて綿で口中や舌の上の血を拭い取り、「甘草湯」を綿に湿して含ませ、同様にして、「朱蜜」を唇に塗り、ついで乳を含ませている。すなわち「乳付」で、中宮や高級貴族の場合、いちおう形式的に生母が含ますが、あとは乳母が行ったのである。

当時の出産は坐ったままで行う坐産で、妊婦は懐抱と腰抱の二人に寄りかかる格好で産むわけで、徳子の出産時には大輔局が腰抱の役をつとめている。妊婦はもちろん、御産に関わる侍女たちもみな白装束で奉仕した。『紫式部日記』によれば、出産が近づくと調度類まで白一色に変わるという。

この時に誕生した言仁親王は、生後一ヵ月という前例のない早さで東宮となり、六波羅第を御所として母とともに住み続けた（『玉葉』治承二年十二月十五日条）。平氏政権の全盛期のこと、清盛は対立していた後白河法皇をクーデターで鳥羽殿に幽閉し、言仁親王を天皇に擁して政権の完全掌握を目指す。かくして幼き東宮は治承四年（一一八〇）二月二十一日に践祚して、数え年三歳で安徳天皇となる（『山槐記』『玉葉』同日条）。

平安時代、五十代の桓武から八十二代の後鳥羽まで三十三代の天皇の中で、最年少の践祚（同日即位の帝はなし、数日から数ヵ月後に即位）は、七十九代六条天皇の二歳であり、これに次ぐのは七十六代近衛と八十一代安徳両天皇の三歳である。いうまでもなく数え年であるから閏月など加味して正確に計算すると、六条天皇は生後七ヵ月、近衛天皇は二年六ヵ月、安徳天皇は一年三ヵ月での践祚ということで、実質的には安徳天皇が二番目の幼帝だったことになる。しかも、六条天皇の践祚は父の七十八代二条天皇の早すぎる病死（二十三歳）によるものであるのに対して、安徳天皇の場合は外祖父平清盛の権力伸長のもとになされており、その後の悲劇を暗示するきわめて異例の事態であった。

『平家物語』冒頭に「驕れるものも久しからず。ただ春の夜の夢のごとし」とあるように、政権の崩壊はもう目前に迫っていた。治承五年（一一八一）一月、高倉上皇が崩御し、二ヵ月後には清盛が熱病で急死。そして都を追われた平氏は元暦二年（一一八五）三月二十四日、壇ノ浦の戦いで滅亡する。『平家物語』によれば、安徳天皇は母方祖母の時子（二位尼）に抱かれて入水し、歴代最年少の数え年八歳（満六歳四カ月）で崩御した。続いて徳子も身を投じるが、源氏方の武士に引き上げられて助けられる。そして京へ送還され、出家して大原の寂光院で安徳天皇と一門の菩提を弔う日々を過ごすことになる。まさに「政治と結婚」の非情なありように翻弄された人生であったといえよう。

第六章　受領と才女

1　受領の世界

受領と呼ばれる地方官

前々章、前章と二章にわたって、摂関家というエリート一族を中心に王朝社会を見てきたが、既述のとおり、朝廷の政治を推進していた上級貴族（公卿）たちはほんのひと握りであり、貴族の大半は、いわゆる王朝貴族の優雅なイメージとはかけ離れた中・下級の貴族たちであった。彼ら四・五位止まりの貴族のなかには、受領《ずりょう》として地方へ赴任し、人民支配・租税収取など地方行政にあたる者も多かった。

平安時代というと、王朝文化に彩《いろど》られた都の華やぎに目を奪われがちだが、じつのところ、受領を長とする地方官人の存在が都の暮らしを支えていたといっても過言ではない。そこで本章では、中央での出世は望めない家柄の貴族たちが務めていた受領の実態を見ていこう。また、紫式部や清少納言ら王朝女流文学の作家の多くが受領階級の出身であることから、本章後半では王朝の才女たちの育った環境やその後の人生にも言及したい。

申文（『直幹申文絵巻』出光美術館蔵）
天暦８年（954）文章博士の橘直幹は欠員となっていた民部大輔の兼官を希望して申文を作成，書家の小野道風に清書させて村上天皇に申上した。

さて、そもそもこの時代の官人は、京官（内官）と地方官（外官）に大別され、いずれも除目《じもく》（官職を任命する朝廷の儀式）によって任官が決定された。朝廷から任命されて任国へ赴任して政務を行った地方官のことを国《こく》司《し》といい、国司は守《かみ》・介《すけ》・掾《じょう》・目《さかん》という四等官《しとうかん》と、史生《ししょう》（書記官に相当）などの職員で構成され、彼らは中央官僚として、下部組織の郡司《ぐんじ》（地元の有力者が世襲的に任命された）を指揮し国政を遂行した。任期は原則として四年であった。この国司のうち最高責任者の国守が受領で、交替の際に新任者が前任者から書類や事務を引き継ぐ、つまり「受領」することから、そう呼ばれるようになったのである。なお、一部の受領には親王や上級貴族も含まれていたが、彼らは任国に行かず、経済的な優遇措置として官職に対する給与だけを受け取った。そういう場合は遥任《ようにん》国司と呼ばれた。

また、ひとくちに地方といっても、律令制に基づいて設置された全国六十八ヵ国は、平安京との距離によって近国、中国、遠国の三段階に分けられ、東海道、東山道、北陸道、山陰道、山陽道、南海道、西海道の幹線道路などで結ばれていた（『延喜式』巻第二十二「民部上」）。それら諸国がどこも同じ状況下に置かれていたわけではなく、生産物などが豊富な国（熟国）か否かによって大国（十三ヵ国）、上国

（三十五ヵ国）、中国（十一ヵ国）、下国（九ヵ国）の四等級に分けられ、役人の定員、その官位、収入といったすべての点で隔たりがみられた。つまり、生産力が高く租税収入が多く見込める大和や越前のような大国と、和泉や淡路のような下国とでは、同じ国司でも待遇の上で大きな開きがあった。

国司を選任する除目《じもく》を県召《あがためし》（「県召の除目」の略）といい、正月から三月の間に三日間にわたって行われたので、春の除目とも呼ばれた（正月下旬の例が多い）。いっぽう京官の場合は司召《つかさめし》（「司召の除目」の略）と称して、秋に挙行された。このほかに病気や死亡などによる臨時の除目（小除目）があった。

県召の場合、任官希望者は、秩満《ちつまん》（任期満了）あるいは病気や死亡により国司が欠となっている国（欠国）の一覧（大間書《おおまがき》）の中から、「播磨国の守」とか「越前国の介」という具合に、身分に応じた所望の任国に狙いを定め、これまでの自身の業績を自己推薦書にまとめて申文《もうしぶみ》（叙位・任官などに際して個人が朝廷に上申する文書のこと）を提出する。ちなみに、こんにちに伝えられている数点の大間書のうち年次のもっとも古いのが長徳二年（九九六）のもので、このとき紫式部の父の藤原為時《ためとき》が淡路守となったことを記していて興味深い（『続群書類従』巻第二百六十七「長徳二年大間書」）。

切々と訴える哀願調や、過去の業績を並べたてる自慢型など、中文もさまざまだが、中には一生懸命書きながら自分の名前を書き忘れたり、所望国（官）を落としたりしているものもある（藤原明衡編『本朝文粋』巻第六「中官爵」）。朝廷では、集まった中文の中から不備なものや虚偽のものを取り除き、残った中文について過去の実績などを勘案して検討し、天皇の前で公卿会議にかけて任官を決定するのである。

除目と口利き

この任官に際して大きな力を発揮したのが摂政・関白や上皇であった。それゆえ受領になりたい者たちは任官を後押ししてもらおうと、日ごろから贈り物をしたり、建物を造進したりして奉仕に励んだのである。受領らは任国へ下るにあたって、任官の際に世話になった権力者に挨拶するのが慣例となっており（このとき餞別を貰うことが多い）、任国にいる間も、「志」と称して土地の名産品などを献上することを怠らなかった。もちろん帰京に際しても手土産を忘れなかった。受領は任国においては大きな権限を有するため、役得で莫大な富を手中に収めることも可能だったから、その財を使って権力者にせっせと貢いだ。こうした私的な貢物が次の除目への布石になるのだから、みな必死である。

政権の頂点に立っていた権力者のもとには、任官希望者からさまざまな献上品が届けられた。たとえば藤原道長の日記『御堂関白記』には貢馬をはじめとする貢物の数々が克明に記録されている。道長の豪邸、土御門殿も受領たちの奉仕で再建されている。

長和五年（一〇一六）初秋のこと、土御門殿が火事に遭った。夜中の三時ごろ道長家の家司《けいし》（公卿の家に置かれた職員）を務めていた西隣の藤原惟憲《これのり》宅からあがった火の手は、折からの西風に煽《あお》られて瞬《またた》く間に燃え広がり、北は土御門大路から南は二条大路までのほぼ十六町と京極大路の東の京外まで被災し、五百余家が焼失した。この火事の報を聞きつけて、まず京に住む卿相雲客《けいしょううんかく》（公卿・殿上人）が道長を見舞っているが、そのあとすぐに道長の息のかかった受領たちが任国の名産を手土産に駆けつけ、上京の輪は日を追って遠国へと広がった。そして受領たちの間で再建の相談がなされ、彼らはそれぞれに自国から用材を調達するなどして造作を競い合った。そうして二年後には「造作の過差、往跡に万倍す」の言辞のごとく、前よりも豪華な建物が出現したのである。

この時、必要な家具調度類の一式を献上して貴族らを驚かせたのが、酒呑童子の説話で有名な伊予守源頼光《よりみつ》（九四八〜一〇二一）であった。彼の一条邸から新造の土御門殿までの一キロほどの間、運ばれる調度などを見物する人垣ができ、なかには品目の目録をとる人もいたという（『小右記』寛仁二年六月二十・二十八日条）。献上には莫大な費用を要したが、頼光は道長の家司的存在であり、数国の受領歴任による蓄財がそれを可能にしたのであった。

じつは火元となった惟憲も名うての受領経験者で、その致富ぶりが知られる。この火事の十数年後のことであるが、大宰大弐の任を終えて帰京する際、西海道（今日の九州地方）全域からかき集めた夥しい量の財宝と唐物を携えていたという。右大臣藤原実資の「すでに恥を忘れるに似たり、近代は富人をもって賢者となすか」（『小右記』長元二年七月十一日条）との批判をよそに、こういった輩があとを絶たなかった。彼らは受領として任国の民から搾《しぼ》り取った物を道長のような権力者に献上し、その見返りとして、よりよい条件の国守に推挙してもらったのである。言ってみれば、道長と受領はそういう持ちつ持たれつの関係であった。惟憲の大宰大弐という職もその結果であって、実資は「物を与えて官職を手に入れるとは世も末だ」と嘆いている。

土御門殿の再建中のこと、蔵に泥棒が入って二千両を盗まれるという事件があった。後に検非違使が盗人を捕まえて八百両ほどを取り返しているが（『御堂関白記』寛仁元年五月二十七日・七月十日条）、これなど、蔵が受領たちからの贈り物でいっぱいに満たされていたことが周知の事実であったから、それを盗人に狙われたのである。

そうした道長の最盛期と時代が重なる実資の日記『小右記』には、道長の強引な人事に対しても厳しい批判の目が向けられている。例えば、長和五年（一〇一六）の長門守藤原有家の死にともなう小除目において、道長が数ヵ月前の除目で肥前守になったばかりの高階業敏《なりとし》を長門守に据え、中文を出していた源聞を肥前守にしたことについて、実資は「意に任せるに似たり、いかん」と憤っている。また、とある受領功過定で、摂津前司橘為義《ためよし》に過失があったにもかかわらず、公卿たちが黙して意見を述べなかったのも、為義が道長の家司だったからであろうと、「事の気色、左府（道長）を恐懼《きょうく》するか」と嘆いている。もっとも「近代の除目はただ人の心にあり」と道長を揶揄する実資も、面と向かっては口を閉ざしていた。藤原北家嫡流の小野宮家としての気概を有し、当代一流の学識者としても名高かった実資にとっては、物言えば唇寒し、といった心境だったのであろう。

なお、このような経済的な負担と引き換えに官職を手にする行為を成功《じょうごう》（売官買位）という。これは官位の売買にほかならず、この風習は摂関政治全盛期にはじまって院政期に盛行をみたのである。

清少納言の父は文人受領

数国の受領を歴任すれば莫大な富を得ることになるから、除目にかける受領たちの執念は凄まじかった。清少納言は『枕草子』のなかで、「春の除目が近づくと、人々が申文を持って駆け回る。年とった白髪頭《しらがあたま》の男が女房に上への取り次ぎを頼んだり、女房の局で自分がいかに優秀かを説き聞かせたりするのを、若い女房たちは口まねをして陰で笑っている。それでも望む官位を得られた人はいいが、手に入れそこなってしまった人は、本当に気の毒だ」（二段）と記している。さらに、「すさまじきもの（興ざめのもの）」（二十二段）として、「除目で任官が叶わなかった人の家」を挙げ、本人と周囲の人々のぬか喜びと落胆ぶりを事細かに描いている。じつは彼女の父の清原元輔《もとすけ》（九〇八〜九〇）も受領であったから、他人事ではなかったのである。元輔は六十代後半で周防《すおう》守となり、少女期の清少納言は周防国（上国）で四年間の地方生活を体験している。

周防の国府は山口県防府市に所在し、八町（約八七〇メートル）四方の地を占める国府跡は、こんにち史跡公園として保護されている。この国府域の中央北よりに国庁（国衙）を中心とする方二町の国庁域が確認され、そこには江戸末期の「国廳」と戦前の「史蹟周防国衙趾」の碑が建っている。そもそも「防府」を「ほうふ」と読むのは、「周防国府」に由来している。こういった地名の類には「甲府」（甲斐国府）、「長府」（長門国府）などがあるほか、「府中」（国府の中心）とか「国府」（「こくふ」「こう」などと読む）といった地名も国府の所在を暗示させる。筆者は実際に各地の国府跡を訪ね歩いて実見しているが、今となっては、その地名に辛うじて痕跡をとどめているものがかなり多い。その点で周防国府は、遺構から往時の国府の様相のあらかたが確認され、国分寺、総社が知られる数少ない例といえる。

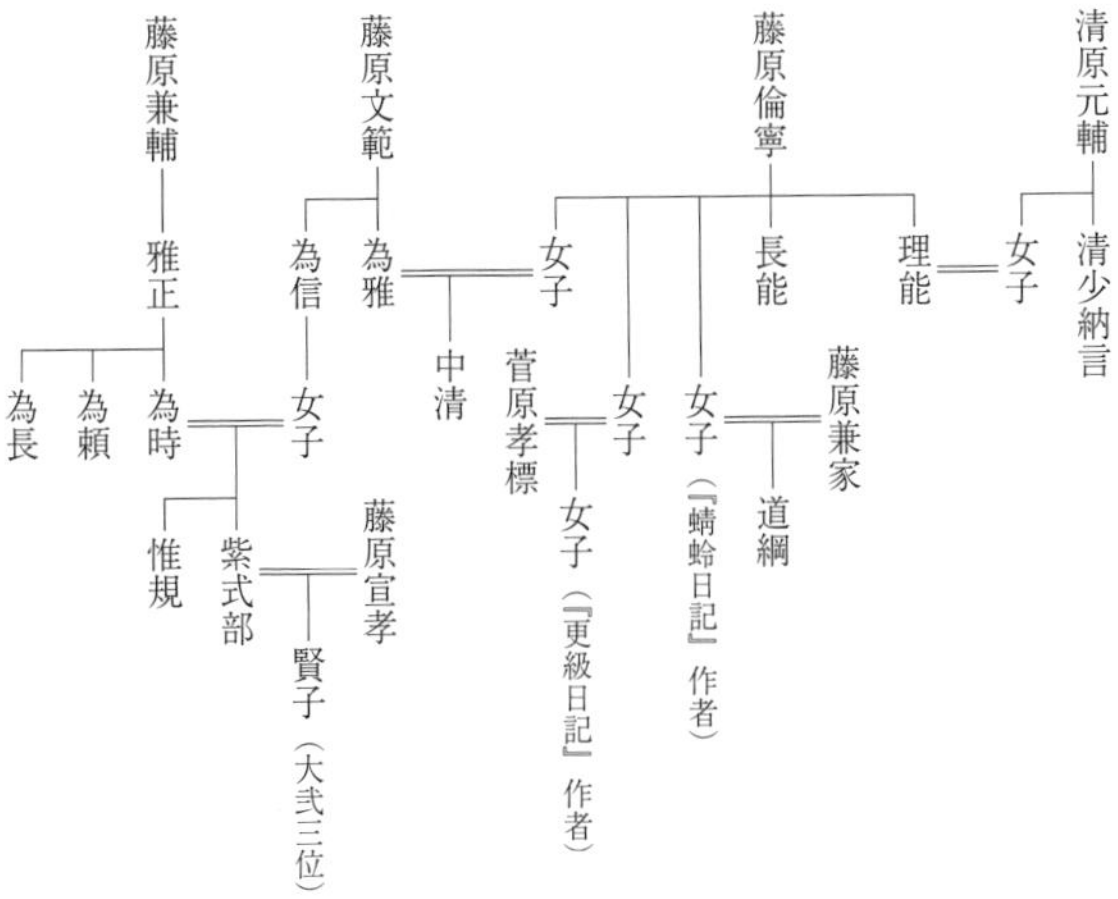

王朝女流作家の系累

元輔は周防守となって地方へ下向するまでは、中央で中級官人としての生活を送っていた。三十六歌仙の一人に数えられ、当意即妙の詠みぶり（『袋草紙』下）の歌人として名を馳せ、村上天皇の勅命によって成った『後撰和歌集』（『古今和歌集』につぐ二番目の勅撰集）

周防国府跡
（清少納言が少女時代の一時期を過ごした）

では撰者五人の一人に挙げられ、「梨壺五人」と呼ばれた。これは撰歌所が後宮の昭陽舎（梨壺）に置かれたことによる撰者に対する呼称である。勅撰集への撰歌は百首におよび、『元輔集』を遺している。さまざまな歌会にも招かれ、祝いのための屏風に多くの歌を寄せるなど、歌の世界では八面六臂の活躍である。

しかし、就職では苦労をしている。幾度となく申文を出して任官を希望しているが、思うに任せなかったことが次の歌からも知れる（『拾遺和歌集』巻第八「雑上」）。

除目のあしたに命婦左近がもとにつかはしける
元輔

年ごとに絶えぬ涙やつもりつゝいとゞ深くは身をしづむらん

元輔は除目のあった翌日に、馴染みの内裏の女房に宛てて「毎年官職に就けずに流す涙の水に深くこの身を沈めていることであろう」という意味の歌を送っている。別本（桂宮本『元輔集』）の詞書には、「司《つかさ》え給《たま》はらで司召《つかさめし》のまたの日、内《うち》の右近かもとに遣《つか》はし侍《はべ》りし」とあるから、この時は京官の除目であった。いずれにしても、歌から察するに、元輔は数年におよんで官職に就けていなかったようである。ほかにも、加階を申請したが報せがなく、鶯の鳴く声ばかりが聞こえてくる、といった詠歌もある（『後拾遺和歌集』巻第一「春上」）。

やっと任官叙位が叶えられ地方官になれたのは、天延二年（九七四）春のことであった。そして初の地方官として周防国で四年の任期を終えて帰京した元輔は、都にあること十年足らずで再び地方官に任官した。今度は周防国よりさらに西に遠く離れた肥後国（大国）の受領として赴任したのである。下向に際して源満仲（九一二～九七）と歌を交わしている（『拾遺和歌集』巻第六「別」）。

肥後守にて清原元輔くだり侍けるに、源満仲餞し侍けるにかはらけとりて　　元輔
いかばかり思らむとか思らん老いてわかるゝ遠きわかれを
かへし　　源満仲朝臣
君はよし行末遠しとまる身の松ほどいかゞあらむとすらん

元輔の肥後守補任は寛和二年（九八六）正月であるから、右の歌は、その年の秋ぐらい（元輔の赴任時）までに交わされたものであろう。元輔が盃をとって、「どれほど私が別れを惜しんでいるか、君はわかってくれているかね」と歌うと、その返歌として満仲が「君はまだいいよ、肥後までの道のりが長い、そのように君の命も長い。京に留まっている私は君の帰りを待つ間、どのようにして生きていようか」と詠んでいる。

このとき七十九歳であった元輔は、八十三歳という長寿を保ったが、都へは戻らず任地の肥後国で最

期を迎えている。しかし八十路を越えてなお現役だったとはたいしたものだ。他方、都にいた満仲が元輔の死を知ったか否かは知り得ないが、歌を交わした翌年、「前摂津守満仲朝臣、(摂津国)多田宅において出家す、と云々」(『小右記』〈逸文〉永延元年(九八七)八月十六日条)とあって出家(満慶)している。満仲も京を離れて摂津国多田荘に引き籠っており、元輔の七年後に他界している。

藤原道綱母、菅原孝標女も受領層の娘

ところで、元輔の歌を見ていると、深い関係にあったことを彷彿とさせる数名の女性を詠んだものが何首かある。その中には清少納言の母も含まれているかもしれないが、なかなかの発展家だったようで、藤原長能《ながよし》(九四九〜一〇〇九)が詠んだ歌では、元輔は「あだなる人」呼ばわりされている(『後拾遺和歌集』巻第十六)。

元輔文通《ふみかよ》はしける女《をむな》をもろともに文などつかはしけるに、元輔に会ひて忘られにけりと聞きて、女のもとにつかはしける　　藤原長能

こりぬらんあだなる人に忘られてわれならはさむ思《おもふ》ためしは

ともに争った女を元輔が射止めたが、しばらくして二人が疎遠になったことを聞きつけた長能が、その女性のもとへ送った歌である。「浮気ではなくて深く愛するとはこういうことだ、ということを教えて差しあげよう」。自分を見限った女が元輔に捨てられたと聞いて、改めてこう求愛した長能は、なんと元輔の娘の夫である理能と兄弟で、年齢はというと、元輔より四十歳ほど若かった。この女性とのこ

とは元輔の還暦近いころと思われる。

なお、長能の姉妹には、後に摂関となる藤原兼家の二十年あまりの妻で、道綱を生んだ『蜻蛉日記』の作者と、もう一人、菅原孝標《たかすえ》の妻となった女性がおり、そこに生まれた女子が『更級日記』の作者となっている。長能らの父の藤原倫寧《ともやす》（?～九七七）は、伊勢・河内・丹波・上総・常陸・陸奥の国守をつとめる（『尊卑分脈』第一篇「摂家相続孫」）など、受領層に属していた。娘が『蜻蛉日記』に記したところによれば、陸奥国（大国）への赴任は天暦八年（九五四）の初冬であった。「わが頼もしき人、陸奥国へ出で立ちぬ」とあり、倫寧は兼家に新婚の娘の後事を託す手紙を残して涙ながらに発って行った。そして陸奥国に在任中の倫寧は、その地に産出する砂金三千両あまりを五年間にわたって弁進している（『小右記』長元五年八月二十五日条）。

『更級日記』の作者が『源氏物語』への強い憧れを抱いて、上総介（大国、親王任国ゆえ実質上の守）の任を終えた父の菅原孝標（九七三～?）ともども上総国を発ったのは寛仁四年（一〇二〇）晩秋のことであった。孝標は十二年後の還暦の歳（正五位下）で常陸介（大国、親王任国）となり、七月に赴任している（藤原定家自筆本『更級日記』〈国宝〉の巻末に付す勘物による）。彼もまた受領層であった。その娘の日記の冒頭には「十三になる年、のぼらむとて」とあるから、そもそも京を発った寛仁元年には彼女は十歳、清少納言と同様に少女期を地方で生活したことになる。

越前国守と紫式部

いっぽう紫式部も地方生活を体験しているが、清少納言や菅原孝標女とは事情が異なり、二十代半ばでの下向であった。

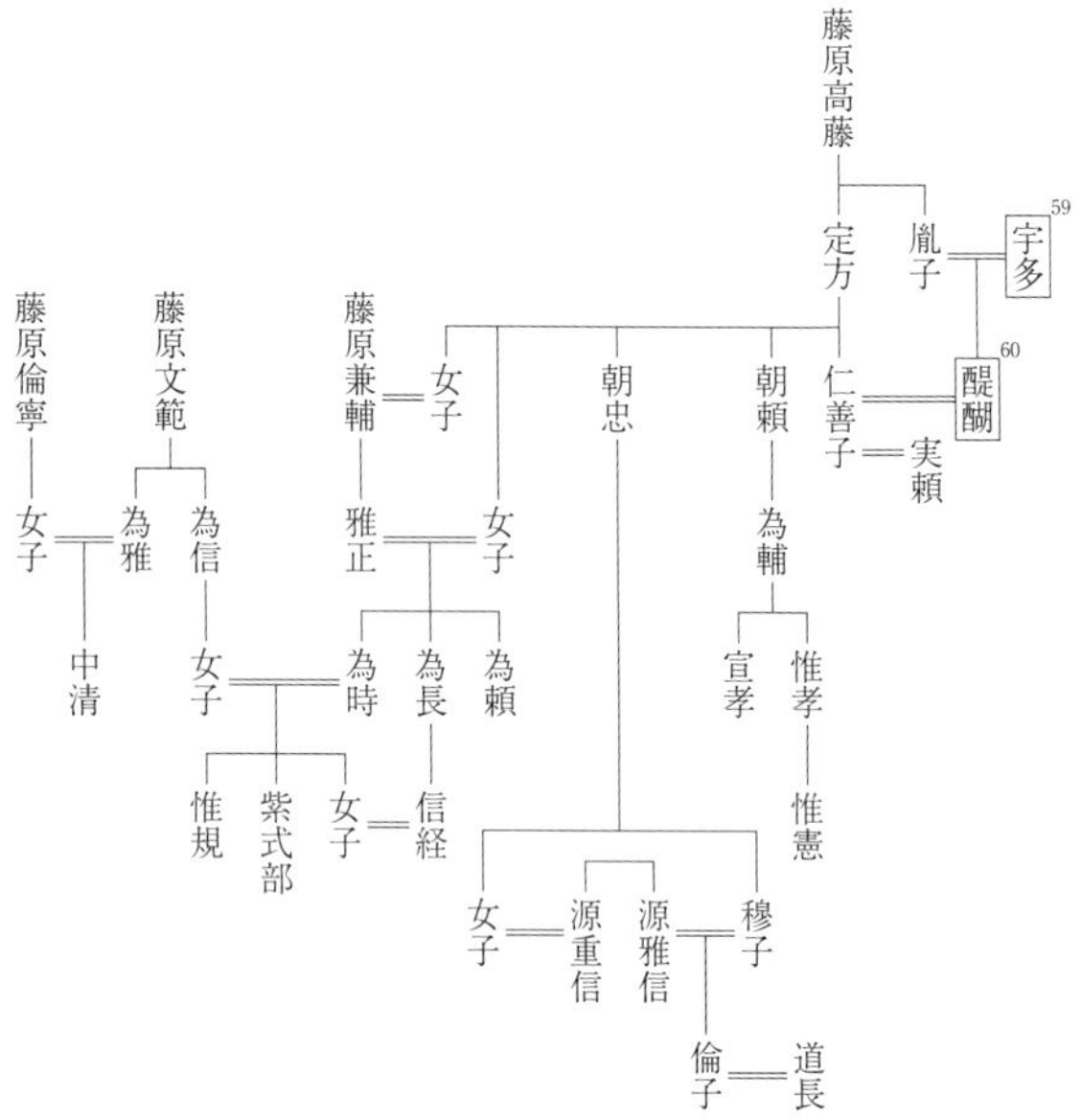

紫式部と道長

紫式部の父、藤原為時は六位の蔵人・式部丞として花山天皇に仕えていたが、天皇の失脚によって官職を失い、十年ほど散位《さんい》（位階のみあって官職に就いてない者）として逼塞生活を送り、長徳二年（九九六）の除目でようやく得たのが、淡路守（下国）であった。そこで彼は「苦学の寒夜、紅涙袖を霑《うるお》す。除目の春朝《あした》、蒼天眼《そうてんまなこ》にあり」（苦学に励んだ寒い夜にあまりの辛さに血の涙で襟が濡れてしまった。その努力も認められず、除目で不本意な職しか得られなかった春の朝、天を仰いで嘆く私の眼には蒼空が虚しく映っている）と記した苦哀の申文をある女房に付して一条天皇に奏上したという逸話が残る（『古事談』第一、二十六による。『今鏡』『今昔物語集』にも同話あり）。

一条天皇は、これをご覧になると食も摂《と》らずに夜御殿《よるのおとど》に入って啼泣《ていきゅう》し、臥してしまったという。文《もん》章生《じょうしょう》（大学寮で学問の代表とされる紀伝道を専攻した学生）出身の為時だけあって、彼の漢詩が天皇の心を深く揺さぶったのであろう。天皇の悲嘆を知った道長は、越前守に決まっていた源国盛《くにもり》に辞書（辞退の文書）を提出させ、為時を越前守に充てた。無理やり降ろされたショックが原因かどうかは不明だが、国盛はその年の秋の除目で播磨守（大国）に任官したものの病死している。

紫式部が、この父を「書《ふみ》に心入れたる親」（『紫式部日記』）と言うように為時は漢籍に通じた文人であった。受領層でもあったが、元輔に近い存在つまり学殖豊かな人であった。曽祖父に三十六歌仙の一人に数えられ、「堤中納言」と称した風流人、藤原兼輔《かねすけ》（八七七～九三三）がいる。為時は藤原為信《ためのぶ》の娘と結婚して一男二女を儲《もう》けたが、母と姉は早世したようで、次女の紫式部と弟（兄とも）の惟規《のぶのり》（？～一〇一一）が父とともに残った。

為時が越前国へ赴いたのは、長徳二年（九九六）夏の終わりから秋にかけてのころである。この時点で紫式部には文を交わす男がいた。父方の又従兄妹にあたる藤原宣孝《のぶたか》（？～一〇〇一）である。血縁もさることながら父の為時とは、花山天皇時代に同僚官人として親しい関係にあった。そんなことからあい知る仲となったらしく、彼の華やかさ、官吏としての有能さに心惹かれたようである。

とはいえ、宣孝はすでに四十代半ばに差しかかっており、数人の妻と、式部と同年輩の子もいた。式部のほうはまだ二十代前半であったから親子ほどの歳の差があった。そのため彼からの求婚に飽き足らぬものも感じていたらしく、そのことが父に同行して越前に下向した理由とみられている。

越前国衙までの行程は、当人の歌集（『紫式部集』）をたよりにおよそ辿ることができる。都をあとに逢坂の関を越え、近江国の役人に迎えられて大津の湊《みなと》のあたりに宿った。翌日は打出《うちで》の浜（大津市膳所の琵琶湖岸）で船に乗り、琵琶湖の西岸沿いに北上し、勝野《かちの》津（滋賀県高島市大溝）泊まり。途中の「三尾《みお》が崎」（高島市の白髭神社以北あたり）で漁夫が網を引くのを見て都が恋しい、と詠んでいる。まだ京を出て間もないのに、これから遭遇するさまざまなことを思うと心が暗くなったのであろう。三日目

紫式部の父為時の越前への下向を再現した様子

木ノ芽峠を行く国司列

塩津浜に近い船上にて

待女の一行

峠を越える一行

幣手向けの儀（木ノ芽城跡）

輿に乗り木ノ芽峠を越える

境迎えの儀

鹿蒜神社に到着

紫式部像（式部公園）

は、右に竹生島《ちくぶしま》を見ながら進んで湾が狭くなった最北端の塩《しお》津浜《つはま》（長浜市西浅井町）で下船し、船旅が無事であったことを塩津神社に奉謝。四日目は輿《こし》に乗り塩津山を越える難路。国境の深坂峠《ふかさか》（福井県敦賀市追分と滋賀県長浜市西浅井町沓掛を隔てる旧街道の峠、近江国より越前国に至る玄関口）では越前国の役人が境迎《さかむか》えの準備をして一行と対面したはずであるが、そのことは知られない。この日は気比《けひ》神宮（越前国一の宮）や松原客館《まつばらきゃくかん》（渤海使の迎賓施設）などがある敦賀泊まり。翌日は木ノ芽峠を越え鹿蒜駅《かひるのうまや》（福井県今庄町字帰→南越前町南条郡鹿蒜村→南条郡今庄村→南越前町）に至り、旅の最後の宿泊地となった。山ふところには式内社の鹿蒜神社が鎮座している。そして最終日、湯尾峠を越えると広い平野に国分寺の七重塔などが目に入ったはずで、やがて越前国府に至っている。都と越前国との公式の所要日数は海路で六日となっているので、ゆっくりとした旅路であったかと思われる（足利健亮「越前国司下向の旅」）。

越前国府はこんにちの越前市（二〇〇五年九月三十日までは武生市）に所在し、その跡は確定できていないが、市街中心部の幸《さいわい》町を中心とする一帯と推定されている。幸町は「こう」→「国府」から転じたものであろう。幸町の西北隅のところに総社、これと道を隔てた北に国分寺が建っている。

紫式部は『源氏物語』宇治十帖の中の「浮舟」の巻で、「武生の国府にうつろひたまふとも、忍びては参り来なむを、なほなほしき身のほどは、かかる御ためこそいとほしくはべれ」など、うち泣きつつのたまふ」（たとえあなたが、武生の国府といった、遠い所へいらしたとしても、私はこっそりやって参りましょうものを。数ならぬ身分の母の身では、こうして出世なさったあなたに対して、何もしてあげられなくてお気の毒でなりません）（日本古典文学全集『源氏物語』六「浮舟」）と、「武生」の名を出している。

そんな紫式部とのゆかりから、旧武生市では、昭和五十八年（一九八三）に市制三十五周年を記念して寝殿造庭園の紫式部公園を造り、日野山を仰ぎ見る黄金の紫式部像（文化勲章受賞者の彫刻家圓鍔勝三氏の制作）を建てて、庭園の一郭に釣殿を復元している。さらにその五年後の市制四十周年には第一回源氏物語アカデミーを開催し、以降、毎年三日間を要して『源氏物語』に関わるさまざまな講演・イベントを行っている。

しかし現代はともかくとして、当時は都と地方（田舎）の文化の懸隔は想像を超えたものであった。式部は日野岳（山）に初雪が降ったのを見ては、京の小塩山（大原野神社の西にある式部には見慣れた山）に思いを馳せており、僻遠の地の生活に馴染めずに都を恋しがっていたようだ。

雪深い、鄙びた風土。どんよりとした空。退屈きわまりない北国の生活に耐えられなくなってきたところへ、宣孝からは都の風雅な催しを綴った便りがたびたび送られてくる。式部は都恋しさのあまり、逃げ出したはずの男に心を動かす。北国という環境が彼女に結婚を決意させたとも言えようか。父を残しての単身帰京に一抹の不安はあったが、一年あまりで越前を離れた原因はその辺にあったかと思う。

帰京は長徳四年の春ごろという（前年の秋か冬との説もある）。これと前後して「従五位上右衛門権佐藤原朝臣宣孝」は山城守を兼任している（『権記』長徳四年八月二十七日条）。そして、その年の秋ごろに宣孝が通ってきて、それなりに幸せな日々を送ったことが歌から読みとれる。式部と結ばれて間もなく他に通う女ができたようで、夜離《よが》れの悲しみを味わうこともあったらしいが、結婚という女としての幸せも味わった式部であった。しかしそれも束の間、長保三年（一〇〇一）の夏前に宣孝は疫病に罹って他界する。二年あまりの結婚生活で二歳になったばかりの一女、賢子（大弐三位）があとに残った。宣孝の死が彼女に与えた打撃は大きく、数年は茫然《ぼうぜん》と物思いに耽《ふけ》り、閉じ籠りの日々を送ったらしい。

紫式部が中宮彰子のもとへ宮仕えにあがったのは、夫の死から五、六年後のことであり、その間、寡婦として暗い里邸生活のなかで『源氏物語』の執筆が開始されたと考えられている。その事が評判になっていたか定かではないが、為時の娘ゆえの文才を買われての出仕ということは大きな要素となったと思う。その宮仕えをいつ、いかなる理由で辞めたのか、定かでない。ただ、『源氏物語』は宮仕え以後も里邸にあって書き進められたと見られている。

2 任国での実態

受領への不与解由状

いっぽう為時が任期を終えて越前国から帰京したのは、宣孝の死の前後であった。その後、京官などをしながら都にあること十年、今度は越後守（上国）に任官して再度、京を離れることとなった。寛弘八年（一〇一一）のことである。子の惟規も蔵人を辞して父を追って越後に向かったが、着いて間もなく病死している。

越後守の前任者の藤原信経《のぶつね》は為時の甥であり、しかも女婿でもあった。信経は任国にあった時、左大臣藤原道長に十頭の馬と馬具一式を進上している（『御堂関白記』寛弘六年十月十五日条）。これはたいへんな贈り物であり、このほか道長家の三十講に非時《ひじ》を奉仕（同、寛弘八年五月十七日条）するなど追従に余念がなかった。信経については、こうした貢物が功を奏したかと思われる出来事があった。

というのは、藤原行成の『権記』には、「越後守信経」のところに「不与状」との記述がある（寛弘八年十二月十八日条）。「不与状」は「不与解由状《ふよげゆじょう》」のことで、官人交替の際に作成される事務引継ぎ文書「解由状」が発行できなかった時に提出される。本来であれば、後任者は前任者が職務を果たしたことを確認し、それを証する解由状を作成して前任者に渡し、前任者はこれを太政官に提出して初めて職務完遂、帰京が叶うのである。ところが律令国家が変容し、国司が中央の命令どおりに動かなくなり、私腹を肥やす者が現われるようになると、租税の未納など多くの問題が生じるようになる。そうなると解由状は出せないから後任者は問題点や職務内容の懈怠《けたい》について記し、それに対する前任者の説明・反論も付記して両者署名のうえ勘解由使《かげゆし》（平安初期に解由状監査のために設置された令外官）に提出した。この文書を「不与解由状」といい、前任者は勘解由使のもとで責任について審判されることになる。つまり、信経は問題を残したまま退任していたのである。しかし後任が為時だけに両者の間でうやむやにされ、道長も目を瞑った節がある。

さらに、越後守となった為時が任期四年のうち在任三年で辞状を提出した際にも、道長以下公卿による臨時除目（小除目）で税の未収などさまざまな問題が指摘されたが、最終的にはトップの道長の差配により為時の退任、信経の再任で決定を見ている（『小右記』長和三年六月十七日条）。やはり馬の効は大なり、といったところか。

なお、為時の退下の直接の理由は娘、紫式部の訃音によるものであろう。為時の帰京は長和三年（一〇一四）の晩夏のことであり、式部の他界は少し前の春ごろとみられている。式部の死没年については長元四年（一〇三一）正月に五十九歳とする説もあるが（角田文衛『紫式部伝』）、やや無理がありそうである。子らに先立たれた為時は、帰京して二年後に三井寺で出家を遂げている（『小右記』長和五年五月一日条）。

悪徳受領への悪状

受領を語る際によく引用されるのが、十二世紀前期に成った説話集『今昔物語集』（巻第二十八、第三十八）に収められている次の話である。

任期を終えて帰京の途にあった信濃守藤原陳忠《のぶただ》は、美濃との国境近くで乗った馬が橋を踏み外して谷底に落ちてしまった。心配した家来たちが声をかけると、「籠に長い縄をつけて下ろせー」との返事。主人が生きていると知ってほっとして言われたとおりに籠を下ろし、「引き上げろー」の声に引き上げると、平茸がいっぱい入っていた。また「籠を下ろせー」との声。しばらくして「引き上げろー」の声に応じると、今度は籠に乗った陳忠が片手で縄をつかみ、もう一方の手には持てるだけの平茸を持っていた。これを見た家来たちが、生死がかかっている時になんとまあ、と呆れ顔で笑うと、陳忠は彼らをたしなめるように言った。「けしからぬことを言うな。宝の山に入って何も取らずに帰る法があるか。『受領は倒《たお》るる所に土をつかめ』と言うではないか。下にはまだ平茸がいっぱい残っている。惜しいことをした」。

この話が史実かどうかは確認できないが、藤原陳忠は実在した人物で、信濃守になったことは確かめられる。その現任は天元五年（九八二）と記録されている（『小右記』天元五年三月十一日条）。それにしても、こうして受領の強欲ぶりを体現した人物として後世に名を残すことになるとは、なんとも因果な話である。

受領はこんにちの知事に該当するが、善政を敷いて国人《くにびと》から慕われた受領もいれば、悪政により嫌われた受領もいた。こうしたことは時代を問わずみられる現象であろう。ただ、受領と知事の大きなちがいは、地元の在住者に任免権があるか否かである。受領の場合は、すでにふれたように中央で決めて派遣という形をとったので、住人に選択の余地はない。地方の国政はそれぞれの国の長である受領にまかされており、彼らは一定の税を中央に納入さえすれば、あとは自分の収益として懐に入れることができた。そのため、民を酷使して収奪に走る貪欲な受領が多く、地元の人々は苛斂誅求《かれんちゅうきゅう》に苦しめられ、泣き寝入りすることもしばしばだった。

尾張守の藤原元命《もとなが》は、そんな悪徳受領の典型であった。元命は、租税を不当に徴収し、苛酷な労働を強いたばかりか、農業を営むうえで重要な池溝の修理費や国分寺僧らの布施料などをくすね、部下の給料まで横取りしていた。また、中央へ納入の品物なども、国人から税として良質の糸を徴収しておきながら、他国の粗悪な糸を買ってそれを納めるというやり口で横領着服していた。

だが、地方の民・百姓とて、いつまでも受領の言いなりになっていたわけではなかった。一条天皇の永延二年（九八八）、ついに尾張国の民は立ち上がった。郡司・百姓たちが団結して国守藤原元命の三ヵ年間の非法乱行の数々を三十一ヵ条に列記し、上京して朝廷に訴え出たのである。その詳細は、今に残る「尾張国郡司百姓等解文《おわりのくにぐんじひゃくしょうらのげぶみ》」（『平安遺文』三三九号）から知られる。元命の糾弾と良吏の派遣を要求したこの訴えを受けて、朝廷では公卿会議を開いて元命の罷免を決めた。五ヵ月後には国守の更迭が実現し、代わって藤原文信《ふみのぶ》が任じられている。

もっとも、元命にとってはわずか一年を残しての罷免ゆえ、さほどの痛手はなかったと思われる。その後の元命が不利な状況に立たされた形跡もなく、むしろ重要な祭事の行事を務めたりしているから、罷免といっても、じつは地元民に対して取り繕っただけの一時的なものといえよう。中央政治に関わる権力者たちが受領から受けるさまざまな贈り物の原資は国の民からの収奪によるものだから、両者の対立は、道長たち政権担当者には好ましいものではなかったのである。

元命に代わって国守となった藤原文信という男も、問題を抱えていたようである。補任の一ヵ月前、文信は大和の金峯山《きんぷせん》からの帰途において斬りつけられている。怪我をしたものの命に別状はなく、いっぽう刃傷におよんだ安部正國《まさくに》はすぐに捕まり、検非違使に引き渡されて両手指を切られ、足を折られたという。

そもそもの原因は文信の方にあったらしい。事は七年前にさかのぼり、文信が築後守をしていた時(『小右記』天元五年二月二十五日条)、文信が任国において安部正國の両親と兄弟姉妹を殺害しているのである。事件はその報復であったらしい(『小右記』永祚元年四月四~七日条)。刃傷沙汰の発端は不明だが、理由の如何を問わず、殺人を犯した人物を国守に登用する公卿会議もいかがなものかと思う。

この尾張国をはじめ国の民が上京して愁訴におよんだ場所は、貴族・官人たちの通用門である陽明門の前が多かった。したがって前もってそのことを察知した国守側はそれを妨げたり、甘い言葉で言い含めたり、といったこともみられる。そのため国守の妨害を避けて摂関家邸での直訴もまれに見られる。また、こうした苛政上訴は、十世紀末から十一世紀前半にかけて集中的にみられるが、都に比較的近い国(知られるのは畿内と近国、せいぜい中国)に限られていた。遠国の場合は、上京の困難さがそれを不可能にしたのであろう。

真清田神社（尾張国の一の宮）

善政を敷いた儒官受領

朝廷に受領の悪政を訴えて解任を求める悪状とは逆に、国人が受領の再任を求めて善状を提出する場合もあった。尾張国においては、大江匡衡《おおえのまさひら》（九五二～一〇一二）は歓迎された国司であった。文章博士《もんじょうはかせ》という学者官僚で道長のお抱え文人とも目される匡衡は、生涯で三度も尾張国守となっている。

初回の時は権守であって赴任した形跡はないが、元命の一件から十数年後の長保三年（一〇〇一）春の除目で匡衡は二度目の尾張守となり（『権記』二月三日条）、『栄花物語』（正編）の作者に比定される妻の赤染衛門《あかぞめえもん》をともなって赴任している。王朝の女房作家の彼女も地方生活体験者であった。

ただ、その赴任前後に百姓たちは何かに腹を立てて、耕作放棄のストライキに入ってしまったようだ。そこで妻の衛門が一宮の真清田《ますみだ》神社に詣でて次の一首を献じた（『赤染衛門集』）。

賤《しづ》の男《お》の種干《ほ》すといふ春の田を作りますだの神に任《まか》せん

（農夫たちが種を干して耕作をしないようですが、田作りをなさる真清田の大神さまにお任せします。農夫たちが耕作しますようにと）

これが神に通じたのか、歌の後に「かくてのち、田みな作りてきとぞ」とあり、農民たちが田をつくりはじめたという。匡衡は、農民たちのために灌漑用水路を造るなど善政を行った。大江匡衡にちなんで「大江用水」と名づけられた用水路は、約千年を経た現在も水田に水を供給している。そんな偉業のお蔭もあって再任の声があがり、あわせて三度の任官となったわけである。もっとも、三度目は「文章博士、式部大輔として都での勤めもあり、遠国の往還は辛い」という理由で、一年ほどで自ら希望して都に近い丹波守（上国）に転じている。現任官の藤原業遠が病気により辞退した後任の丹波守であった（『御堂関白記』寛弘七年三月三十日条、寛弘七年六月六日付「丹波守大江匡衡奏請不退本任尾張守放還給任符赴任国状」〈『類聚符宣抄』第八「任符」所収〉）。

大江用水

受領の任国入り

除目で幸運にも受領になれた人は、どのようにして任国に赴任していったのだろうか。それを知る手がかりとなるのが、「国務条々事」（十二世紀初め三善為康編の『朝野群載』第二十二巻所収。以下「条々」と略す）という文書である。これには新任国司の入国から着任、政務開始などについての決まり事や、任国で守るべき心得を四十二箇条にわたって記されており、受領たちはそれを心にとめて任に就いたのである。

また、近年発見された『時範記《ときのりき》』という貴族の日記には、作者の平時範《たいらのときのり》（一〇五四～?）が因幡国（上国）に赴任する様子がつぶさに書き残されている。おびただしい数の人が赴任しているのに、その具体的な動きはほとんどわからなかったから、この日記は、謎に包まれていた任国入りの実態を教えてくれる貴重な史料といってよい。

春の除目（多くは正月の除目）で任官が叶った受領は、夏から秋にかけて任国へ下る者が多いが、時範が京を発ったのは、任官から半年後の承徳三年（一〇九九）二月九日のことである。主君の関白藤原師通から餞別としてもらった黒毛の馬に乗っての任国下向であった。

二月十四日、出発から五日間で国境近くに達した時範は、ここから使者を出して、国風《くにぶり》（その国の風俗・習慣）を因幡国の在庁官人に尋ねている。これは、「条々」の中に、入国にあたって国境で執り行われる境迎《さかむかえ》えの儀式は、国人たちが新任受領を品定めする場でもあるから、国風をよく頭に入れてそれに従うように、という教えがあり、それに従ったものであろう。そして翌日、正装の束帯に帯剣姿で黒毛の馬にまたがって国境に進んだ時範は、無事に境迎えの儀を済ませ、因幡国入りを果たした。

その日の夜に総社《そうじゃ》（惣社）に着き、接待を受けたあと、時範は夜八時に正装して総社の西舎に赴き、そこで官符（因幡守に任ずるという太政官符）を官人に手渡し、国印と倉の鑰《かぎ》を受け取っている。この印《いん》鑰《やく》は国司の象徴とされるものである。この着任の儀式を総社で行っていることで、国府における総社の占める重要さが理解できよう。このあと時範は国府の館に入り、簾中で饗宴がもたれた。当時は三日《みっか》厨《くりや》という慣例があり、三日連続で饗応されることになっていたが、彼は残り二日間は停止するよう前もって申し入れていた。これも「条々」の教訓どおりだ。

時範は、国庁（国衙）に席をあたためる暇もなく神拝を行っている。神拝とは、国内の神社を奉幣して廻ることで、赴任した国司が最初にやらねばならぬ重要な任務であった。彼は一日かけて総社と国府近くの五社に参拝し、数日後に国庁で初の国政を行っている。これも、「条々」の「神拝の後、吉日時を択んで初めて政を行う事」に従ってのことである。

ちなみに十一世紀後半以降には、受領の任国滞在が短期間となったため、国府の近くに国内の諸神を合祀した総社が設けられるようになった。その社前に奉幣することによって、遠方の神社も含めた任国内の神社への参拝の代替としたのである。こんにち各地を訪ね歩くと、国府、国分寺、国分尼寺、総社、印鑰社などの建物・遺構や地名が一定の区域内にあるのはそのためである。

時範も、京官として重要な役職にあったから、長期の滞在はできなかった。実際、任国にあったのは四十日ほどで、国務をみたその月の終わりには、宇倍《うべ》社に参詣して帰京の挨拶と旅の無事を祈っている。帰路も往路と同じ道程であったようで、六日目の夜に京に着き、その足で関白藤原師通とその父の大殿、師実に帰京の挨拶をし、わが家に旅装を解いた。

このように短期の在国では、国政はおぼつかない。そこで受領に代わって国務にあたったのが目代《もくだい》である。時範の場合には、保清（姓は不詳）という男が目代を務めた。受領の代官として地方行政を任された目代は、任国における行政責任者としての地位を大きくしていった。このことが、さらに受領の遥任化を促進し、やがて地方政治は目代と在庁官人の手に委ねられるようになり、ひいては国司制度そのものを崩壊に導くことになるのである。

3　「都」と「鄙」

二項対立的な都鄙意識

繰り返しになるが、受領をはじめ地方行政の上層部はすべて中央から派遣される官人によって占められていた。いわゆる中央集権国家である。わが国では歴史的にそうした中央集権的体制がとられてきたがゆえに、一極集中という社会構造が形成され、「中央」と「地方」、あるいは「都《みやこ》」と「鄙《ひな》」という二項対立的な意識が生まれることになった。とくに「都」と「鄙」といった場合は、地理的な観念にとどまらず、そこには「都」の優越視と「鄙」に対するある種の蔑視観が介在しているように思う（村井康彦「都鄙意識の形成」、笠井昌昭「古代における〝中央的なるもの〟と〝地方的なるもの〟」）。

この現象が奈良時代にすでに見られたことは、山上憶良（六六〇～七三三）の「天離《あまざか》る鄙《ひな》に五年《いつとせ》住まひつつ都のてぶり忘らえにけり」という歌（『万葉集』巻五）をもって明らかである。そもそも「天離る」は空の向こうに遠く離れている意で、「鄙」にかかる枕詞。天平二年（七三〇）、筑前守として五年の歳月を過ごした憶良は、都から遠く離れた田舎に五年間も住み続けているうちに、「都のてぶり」も忘れてしまったと、優雅な都の風習に思いを馳せている。

憶良の歌にはそれほど鄙を蔑視した観念はなさそうであるが、前掲書で村井氏は、平安時代中期の歌物語『伊勢物語』になるとその意識が濃厚だと論じている。『伊勢物語』といえば在原業平の東下りに象徴され、そこに鄙蔑視の問題も介在する、という。たとえば陸奥国の女について「歌さへぞ鄙びたりける」、つまり読み交わした恋の歌までが田舎っぽいと評しており、性悪《しょうわる》で粗野と見下しているというのである。この指摘は留意されてよい。

手みじかに言えば、平安京＝中央が都市として整備・発展するにつれ、生活文化などの面で地方との差が生じ、ひいては地方蔑視観を生む要因ともなったのである。

時代は下り、鎌倉時代前期の鴨長明の『方丈記』には、「都の手振りたちまちに改まりて、ただひなびたる武士《もののふ》にことならず」とある。治承四年（一一八〇）六月、平清盛が突如断行した摂津国福原への都遷り。京の都はすでに荒廃し、新しい都はいまだ都として機能していない。あらゆる人が浮雲のように心細い思いをしている。路傍を見れば、牛車に乗るべき公卿が馬に乗り、衣冠・布衣《ほい》であるべき身分の人が庶民の平服である直垂《ひたたれ》を着ている。そんなありさまを目の当たりにして、長明は「都の風習はたちまち改まり、ただもう田舎武士と変わらない」と嘆いているのである。この一文には、貴族中心の世の中から武士の世の中へと移りゆく激動の時代にあって無常観に身を染めて生きた長明の、都の雅とは対極にある鄙を蔑視する意識がにじんでいるように思う。

菅原道真の鄙への悲哀

『伊勢物語』の「昔男」のモデルとされる在原業平《ありわらのなりひら》（八二五〜八八〇）と同時代人の菅原道真（八四五〜九〇三）も、鄙での生活を嘆く文を残している。道真は仁和二年（八八六）正月の除目で讃岐守に任じられたが、その心境を自身の漢詩文集『菅家文草《かんけぶんそう》』で「心身迷乱……涙流れて嗚咽す」と述べているのである（川口久雄校注『菅家文草・菅家後集』）。道真は学者の家系に生まれ、二十六歳で方略試《ほうりゃくし》（律令制最高の官吏採用試験）に及第して正六位上となり、学識を披瀝できる京官を歴任しながら文章博士となるなど都での生活を送っていた。それが四十二歳で都を離れることへの衝撃は大きく、「讃岐守となって住

紅梅殿（『北野天神縁起』）

み慣れた京都を去って辺地に赴任することを思えば、それだけで自然に悲しみがわいてくる」と吐露している。

道真が讃岐へ赴いたのは晩春のころであった。彼は、国司の館での生活に「田舎暮らしの身の上が恨めしく悲しい」と嘆きの言葉を縷々述べ、「辺地の生生《しょうじょう》は常に下賤なり、未来の世世《ぜぜ》もまた単貧ならむ」、つまりこの国の人々は粗野にして卑賤で将来も暗いという感触をもった。その後、時が移り、晴れて秩満《ちつまん》（任期満了）を迎えて帰京の時期が近づくと、京の屋敷、紅梅殿のことを思い描き、気が高ぶって眠れなかったという。鄙びた田舎の生活に四年も浸った道真の思いは、「野情《やじょう》は我を趁《お》ひて寂寥たれり」というものであった。何ともいえず侘《わび》しくなってきた、と悲嘆に暮れていた任地暮らしを後にして都へ向かう道真の足取りはどんなに軽かったことであろうか。

道真が讃岐に在任中、都では光孝天皇（八三〇～八七）の崩御にともない皇子の宇多天皇（二十一歳、八六七～九三一）が帝位に即いた。天皇は臣籍降下して源定省《さだみ》と称していたが、父の死の直前にその意により親王に復帰し、立太子してその日に皇位を継承した。このとき藤原基経（八三六～九一）の関白補任の勅答をめぐり「阿衡《あこう》の紛議《ふんぎ》」が起きている。第四章の「阿衡の紛議と初代関白」項で述べたとおり、このとき讃岐にあった菅原道真は長文の書状を送って基経を諫めており、これが帰京に功を奏したことは否めない。

藤原氏の示威事件と目されるこの事件の背後には、天皇親政への警鐘と天皇の岳父橘広相《ひろみ》の追い落としを狙った、との解釈があるが、最近では「天皇の後見者をその父（上皇）から母方の祖父（外祖父）へ移行させた紛争」との視点もある（瀧浪貞子『藤原良房・基経』）。

いずれにしても、結果として道真の行為は宇多天皇から篤い信任を得ることになり、次帝の醍醐天皇の時に右大臣という寒門出身者では破格の地位に就いた。しかし、それも束の間、権門の左大臣藤原時平らの反発を買って大宰府に配流となり、二年後に配所において五十九歳で他界した。

余談だが、道真が讃岐守となって赴任した同じ年の春、任官されたにもかかわらず任国に赴かないでいた受領たちが叱責を受けている（『三代実録』仁和二年二月三日条）。それは大国の伊勢・上総・肥後、上国の摂津・甲斐・紀伊・豊後、中国の安房、下国の隠岐・対馬の十ヵ国におよんでいる。その受領のほとんどは前年春の任官であり、甲斐国守にいたっては二年前の八月である。なかには病を理由に陳謝している輩もいるが、あまりの時間の経過に申し開きのできる状況ではなかろう。下国の隠岐・対馬国ならなんとなくわかる気もするが、摂津・伊勢・紀伊といった近国が含まれているのはどうしたことか。なぜ赴任しなかったのか理解に苦しむ。もしかしたらその背景には、道真同様、鄙での暮らしを忌避したい思いがあったのであろうか。

才女二人の鄙蔑視

ところで、すでにふれたように、王朝女房文学の書き手たちは受領クラスの出身者が多かった。それに加えて、みな教養ゆたかな家庭環境にあり、『蜻蛉日記』の作者をのぞいて宮仕え経験をもつ、という共通点があった。彼女たちは宮仕えをとおして通常では知り得ない天皇家や摂関家などハイクラスの暮らし向きを知ることができ、一方で生活体験をとおして地方の様子を知り得たのである。こんにちに比べて行動半径が極端に限られる当時にあって、このことは想像以上に大きく作用したと考えられ、彼女たちの作品に反映されているといえよう。清少納言にとっての地方観は周防国で培われたもの、紫式部のそれは越前国で得たものである。

紫式部

清少納言

　王朝時代を代表するこの二人の女性は、地方に対してどのような認識を抱いていたのであろうか。『枕草子』（石田譲二訳注）と『源氏物語』（阿部秋生・秋山虔・今井源衛〈校注・訳〉）をたよりに探ってみることにしよう。

　清少納言は「興ざめなもの」（二十二段）として、「地方からよこした手紙に、何の贈り物もついていないもの」を挙げている。いっぽう京からの手紙に関しては、「物がついていなくとも、知りたい都の情報がたくさん書いてあることだし、それによって世間の形勢も知ることができるのだから手紙だけで十分というものだ」と言っている。そのほか言葉を拾って訳すと、「田舎まる出しで話にならない」「何でも田舎の物は見た目に賤《いや》しい」「田舎びた言葉遣いをしたのは嫌《いや》らしい」「田舎びていて、身分賤しい下々の者」といった調子で、地方を蔑《さげす》む視線が露《あらわ》である。

いっぽう紫式部は『源氏物語』のなかで五十例あまりの「鄙」「田舎」の語とともに感じるところを述べている。こちらも、「みすぼらしい田舎じみた者」「とるにもたりない分際の田舎者」「まったく田舎じみて卑しい下人」「粗野で気持にも田舎びたところ」「道理をわきまえない田舎者」「礼儀もわきまえない荒々しい田舎人」などといった物言いである。

二人にかぎらず彼女たち宮仕えにあがる女房たち、ひいては都人から見た地方の民は、卑しく、品がなく、風情を解さない輩と捉えられていたのである。

4　受領階級に生まれた才女たち

機智に富む清少納言

ここからは、「受領階級に生まれた才女たち」を個別に紹介していこう。まず、のちに清少納言と呼ばれることになる女児が清原元輔の娘として生を享けたのは十世紀の半ばのことである。一説によると康保三年（九六六）ともいわれ、そうだとすれば藤原道長と同い歳となる。彼女は前述のように十歳になるかならないかで父の任地の周防国で四年間、地方生活をしており、帰京後、天元四年（九八一）ごろに十代半ばで橘《たちばなの》則光《のりみつ》（九六五〜？）と結婚して翌年に則長《のりなが》（九八二〜一〇三四）を生んでいる。『小右記』に、則光に関連して次のような記事が見える（長徳三年四月十六〜十八日条）。

参議藤原公任と斉信《ただのぶ》（九六七〜一〇三五）が左大臣藤原道長のところから牛車で退出の間、花山法皇の供奉の数十人が牛童に乱行を働いた。このことが道長から一条天皇に奏聞され、供奉人追捕の命が下った。検非違使らが花山院（花山法皇の御所）を取り囲み、法皇側は下手人を差し出している。この話のなかで、則光は左衛門尉検非違使として登場する。「彼の院の御乳母子なり」とあるから、則光の母は花山天皇の御乳母、則光は花山天皇とは乳兄弟の関係にあったことが知られる。ゆえに「彼の院に通じる、と云々。嗷々《ごうごう》の説、記すべからず」となるのも宜なるかなである。さらに則光は、藤原斉信の家司であった。その斉信が被害者とあっては、則光も検非違使として微妙な立場に立たされたことであろう。

則光との離婚後の話になるが、清少納言は藤原斉信のことを、容姿端正で風雅に富んだ上流貴族として『枕草子』に登場させている。この当代きっての貴公子と清少納言は互いに思わせぶりなやりとりをする仲で、梅壺の簀子に坐した斉信と御簾越しに対面した清少納言は、美しい衣装に身をつつんだ斉信にうっとりとしている。

香炉峯

もう一人、彼女が好意を抱いた男性が藤原行成（九七二〜一〇二七）である。蔵人頭となって間もない行成は、清少納言のもとへ手紙を添えて餅餤《べいだん》（鴨・家鴨・鶏卵・野菜など煮たものを餅皮で包んで四角に切ったもの）一包を送ってきた。「持参すべきと思いながら昼は顔を見せるのがみっともないと思って」と美しい筆跡で認めてあった。三蹟（小野道風《みちかぜ》、藤原佐理《すけまさ》）の一人に挙げられる行成の面目躍如といったところである。これを中宮に御覧に入れると、消息のみを手もとに留め置かれたという（『枕草子』百二十八段）。

行成といえば、「夜をこめて鶏の虚音《そらね》ははかるともよに逢坂《あふさか》の関は許さじ」という、百人一首で有名なあの歌を清少納言に詠ませた男である。その経緯が『枕草子』に見える。ある日、行成が彼女のところへやって来て話しこんでいるうちに夜も更け、「明日は帝の物忌に詰めなくてはならないので、丑の刻になったらまずかろう」と言って帰った。その翌朝、「昔話を夜通しで語り明かしたかったのに鶏の声にせきたてられて」と、紙屋紙《かみやがみ》（官用の製紙所の紙屋院で漉《す》いた上質の紙）を重ねたものに実に見事な筆

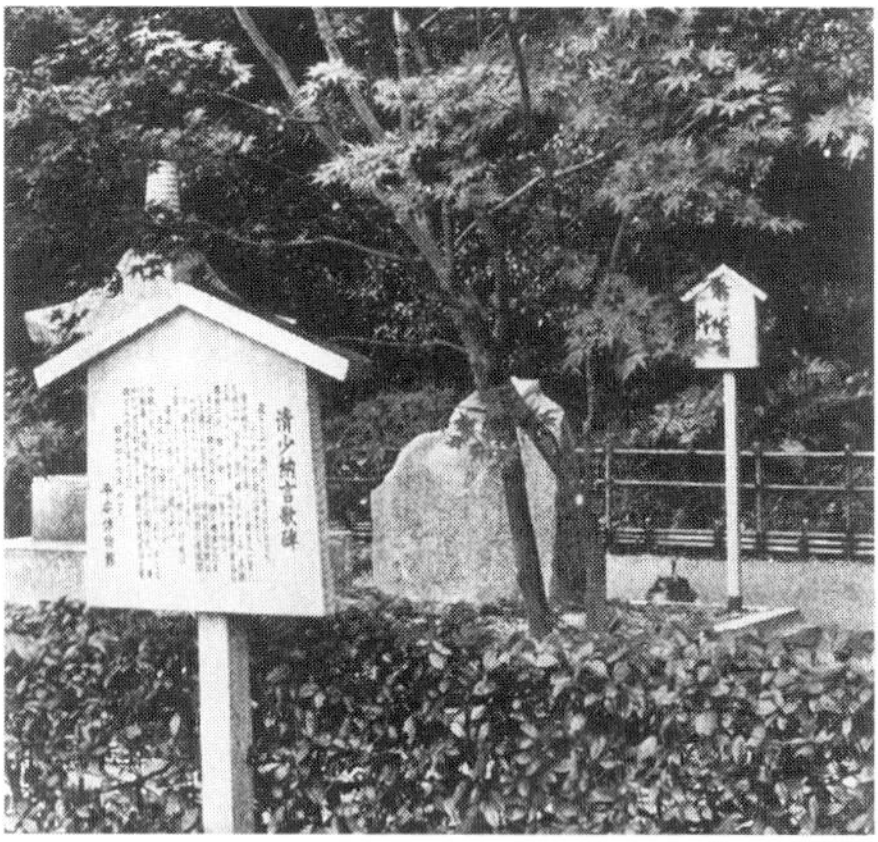

「夜をこめて……」の歌碑（泉涌寺）

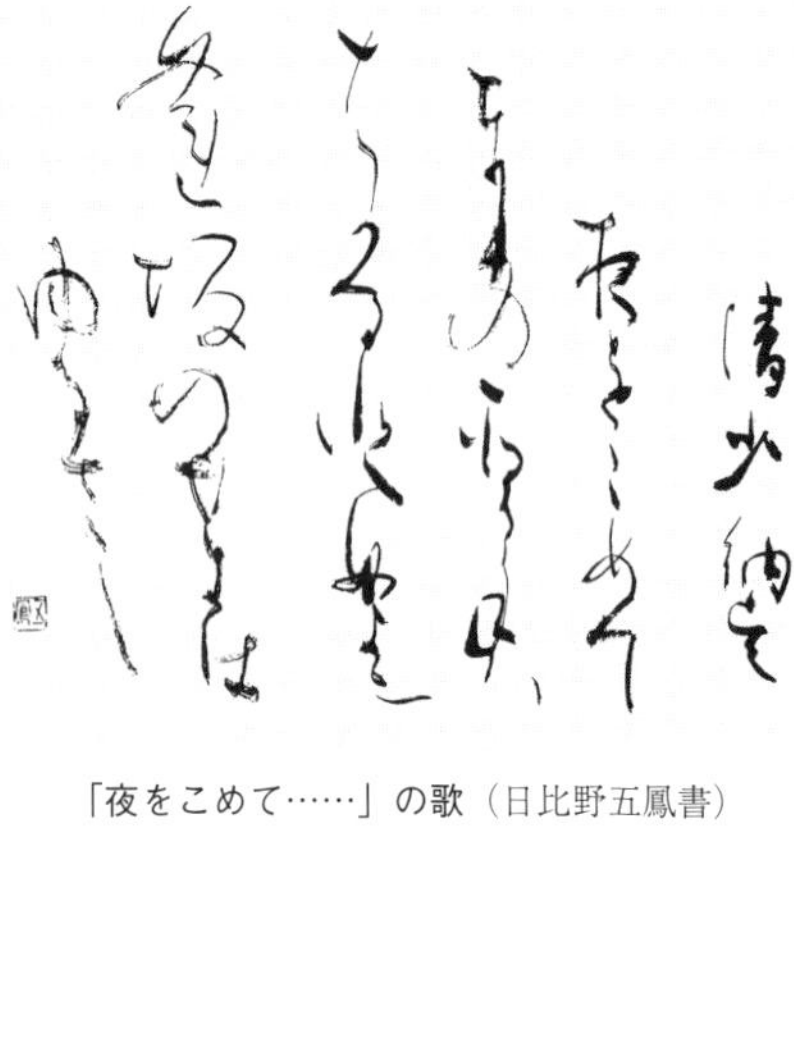

「夜をこめて……」の歌（日比野五鳳書）

跡で書いて寄こした。その返事に、「まだ朝も早いうちに鳴いた鶏は、あの孟嘗君《もうしょうくん》のにせの鶏でしょうか」と彼女が言うと、すぐに行成が「孟嘗君の鶏が空鳴きをして函谷関《かんこくかん》を開いて三千の食客《しょっかく》が逃れた、と中国の故事にあるが、私の言うのは逢坂の関のことです」と、返して寄こした。これに応じて清少納言が詠んだのが、「夜をこめて」の歌であった（『枕草子』百三十一段、『後拾遺和歌集』巻第十六、とりわけ詞書が注目される）。才知あふれる掛け合いは、教養ある二人ならではというところであろう。

このように行成と清少納言は夜遅くまで親しく会話する間柄ではあるが、恋人というところまでは発展しておらず、行成は彼女を中宮への取次役として遇していたと見た方がよいかと思う。

さて、話を則光に戻そう。則光は受領階級で、詠歌を好まず、文学の方面には暗い凡庸な人物であった。文学好みの清少納言にとって、そんな夫との生活はいつしか退屈きわまりないものになっていったにちがいない。そこへきて、永祚二年（九九〇）に父親の元輔が任地の肥後国で亡くなった。それが則光との関係を清算させるきっかけになったのかもしれない。一方で、その後の再婚相手とみなされる摂津守藤原棟世《むねよ》との関係がはじまっていた可能性も考えられる。

中宮定子のもとへ宮仕えにあがったのは、十年ほど続いた則光との結婚生活が終わって間もない時期、正暦四年（九九三）初冬のころらしい。時あたかも関白藤原道隆の全盛期であり、一条天皇（十四歳）に入内して四年目を迎えた娘の中宮定子は十七歳、清少納言は二十代後半になっていた。宮仕え当初は先輩の女房のなかで恥ずかしそうにし、涙も出そうになるほどで、夜など中宮の御前に参上しても几帳の陰に隠れて小さくなっていたという清少納言であったが、中宮は彼女に何かと声をかけ気持ちを解きほぐしてくれた。そんな明朗快活で心優しい中宮の引きもあって、清少納言は持てる才能を発揮して定子サロンの中心的存在へと成長していったのである。

清少納言（土佐光起筆，東京国立博物館蔵）

『枕草子』というと第一段「春は、曙」があまりにも有名だが、次の「雪のいと高う降りたるを」（二百八十四段）も負けず劣らず人気がある。

雪がたいへん高く降り積もっているのに、いつものようでもなく、御格子《みこうし》を下ろしたままで炭櫃《すびつ》に火をおこして、私たち女房が話などして集まっていると、中宮が「少納言よ、香《こう》炉《ろ》峯《ほう》の雪はどんなでしょう」と仰せになった。そこで少納言は御格子を上げさせて、御簾を高く巻き上げたところ、中宮はわが意を得たとばかりにお笑いになる。周囲の人々も、「この詩は誰でも知っていて歌などにも歌うけれど、思いつきもしなかった。やはり、この中宮にお仕えする女房としてはうってつけの人のようだ」と言う。

このやりとりは唐の詩人、白居易（白楽天）の詩（『白氏文集』）の一節の「遺愛寺《いあいじ》の鐘は枕を欹《そばだ》てて聴き、香炉峰の雪は簾を撥《かか》げて看《み》る」（遺愛寺は中国江西省の廬山にあった寺、香炉峯は廬山の一峯で香炉の蓋のような形をしている）を背景としている。そこにいた女房の誰もが教養として知っている漢詩であるが、定子はそれを謎かけのように投げかけ、返しをさせようとしたのである。学才に長け、機転の利く清少納言ならどんな返しをするかしら、とワクワクしていた定子に、清少納言は見事に応えて白居易の詩にあるように御簾を高く上げて外の雪景色を御覧に入れた。定子の意図を汲んで当意即妙に返答した清少納言。君臣水魚の交わりの女性版と言えようか。中宮定子と清少納言の才女ぶりとともに、定子サロンの華やかで文化的素養の高さを表徴していよう。もっとも、こうした清少納言の自慢げな物言いが紫式部の癇に障り、非難の的となったのであるが……。

活気に満ちた華やかな定子サロン。上流貴族たちも盛んに足を運んで、機知に富んだ会話を楽しみ、都の中でもひときわ華やいだ場であったが、中関白家《なかのかんぱくけ》（道隆家）の春はそう長くは続かなかった。清少納言が出仕して二年もするかしないうちに、関白道隆の死去に端を発し、花山院威嚇《いかく》事件による伊周・隆家の左遷などもあり、中関白家は朝廷内で没落していく。そして長保二年（一〇〇〇）には定子の崩御に遭い、それからまもなく清少納言は宮中を離れることになる。

漢才に苦しんだ紫式部

紫式部に関しては、道長や彰子を語るなかでも言及し、さらに「越前国守と紫式部」の項で結婚や『源氏物語』の執筆などについても述べている。温厚にして謙遜深く見せながら内に鋭いものを秘める紫式部は、明るく勝気な清少納言と対極の存在と見なされることが多い。だが実際には、案外そうでもなさそうである。彼女は日記や自撰家集のなかで自らの本音を吐露し、和泉式部、赤染衛門、清少納言の三人の批評を行っているのだが、誰よりも自分が上だと言わんばかりの口ぶりで、一般にイメージされている謙虚さは微塵もない。

とりわけ清少納言に対する批判は凄《すさ》まじい。『紫式部日記』では、「得意顔をして鼻もちならず、あれほど賢ぶって漢字を書き散らしている学力も、よく見れば足りない点がたくさんある」といった調子で悪口は続き、こんな人の末路は「いかでかはよくはべらむ」（どうしてよいことがありましょう）と結んでいる。敵視もはなはだしい。あたかも面識があって、見るたびに我慢ならない人だと思っていたかのような物言いである。

しかし、この二人が同時期に宮中にいた可能性はないとみてよい。清少納言の宮仕えの時期は正暦四年（九九三）ごろから長保二年（一〇〇〇）ごろ、紫式部が出仕したのは寛弘二年（一〇〇五）もしくは同三年（一〇〇六）と言われているので、紫式部の出仕の数年前に清少納言は退下していたと思われる。にもかかわらず紫式部がこれほどむきになるのは、彼女が出仕したころの一条天皇の宮廷では、早世した定子のサロンの楽しかった思い出と清少納言の噂でもちきりだったからであろう。つまり、紫式部の清少納言に対する嫉妬とみることもできよう。

また、王朝の漢詩表現に詳しい本間洋一氏は、清少納言と紫式部について次のような興味深い見方をしている（本間洋一『詩人たちの歳月』）。

納言は日常生活の中、社交の場で、漢学の素養をふまえて自然に反応ができ、知的な楽しめる空間（場）を作り出せるすぐれた才能を持った人だったと思う。定子とも白居易の詩句をめぐるやりとりをよくしているが、何気ない日常生活に活気をもたらすスパイスのように作用している気がするのだ。それは実は教養の深さ広さとはまた異なる、感覚《センス》の問題なのである。納言が和歌（他者とのコミュニケーションの手段）を事とする家柄の出であるのに対し、式部は先に記したように漢学を事とする学問の家の出で、父の薫陶《くんとう》を受けていた。そして、中宮彰子に白居易「新楽府《しんがふ》」二巻を進講したり、『源氏物語』のような漢学の素養をしこたま仕込んだ作品を仕上げているわけだ。彼女にとって、漢学はもっと奥深い重い物だったので、納言に物足りなさを覚えたのかもしれない（後略）

和歌と漢学の違いとは、言い得て妙ではないか。式部にとって漢学は深遠なる学問であって、和歌のようなコミュニケーションのツールとは一線を画すものであった。それなのに、清少納言は会話の彩りとして漢詩の詩句を気軽に用いていた。そういうところが、紫式部の目には「真名書き散らす」という風に見えたのであろう。

紫式部の実家には、大きな厨子にぎっしりと漢籍や物語などの書物が納められていて、式部は漢籍の世界に幼少より慣れ親しみ、漢学を教養の苗床としてきた。『源氏物語』には『論語』『史記』『漢書』『文選』『白氏文集』『隋書』『老子』『蒙求』などが引用されているが、おそらくそれらの漢籍は、花山天皇の漢籍指南役を務めたほどの学殖豊かな父、藤原為時の蒐集になるもので、式部はそれを厨子に納め持っていたのであろう。

しかし既述のように、女性は、真名（漢字）を知っておかねばならないが、男社会の文字であるから人前で書くことは憚られた時代である。式部が厨子から一、二冊引っぱり出してこっそり見ていると、侍女たちが「ご主人（式部のこと）はこんなふうでいらっしゃるからお幸せが薄いのです。どうして女が漢字の本など読むことがありましょうか。昔は女が経読みをするのさえ止められたものです」と陰口をたたく。世間では「男だに、才がりぬる人は、いかにぞや」（男でさえ学才をひけらかすような人はいかがなものか）と言われている。それゆえに、式部は人前では「一といふ文字をだに書きわたしはべらず」、すなわち、一という漢字すら書くことをしなかったし、屛風に書いてある文字さえ読めないようなふりをしていたのである（『紫式部日記』）。
その一方で、式部は人目を避けて中宮彰子に『白氏文集』のご進講を行ってもいる。つまるところ、彼女は漢学をはじめとする諸学問に対して類まれなる才能と知識を持っていたが、男性であれば誰に憚ることなく享受できたそうした才は、式部にとっては手放しで喜べるものではなかった。ある意味では生きづらさの原因ともなっていたのである。彼女はこうも述懐している。

この式部の丞といふ人の、童にて書《ふみ》読みはべりしとき、聞きならひつつ、かの人はおそう読みとり、忘るるところをも、あやしきまでぞさとくはべりしかば、書に心入れたる親は、「口惜しう、男子にて持たらぬこそ、幸ひなかりけれ」とぞ、つねになげかれはべりし。

幼少期、弟の惟規《のぶのり》が父為時から漢籍を読み習っていた時、彼女もそばでいつも聞いていたが、弟が暗唱するのに手間どったり、忘れたりするようなところでも、不思議なほどに賢く理解したという。それに対して、学問に熱心だった父は、「残念なことよ、この娘《こ》を男の子として持てなかったのは、不運というものだ」と、いつも嘆いていたというのである。
高名な漢学者でありながら官人としては苦労した父がいつも口にしていた「口惜しう、男子にて持たらぬこそ、幸ひなかりけれ」。それは、為時が自分の不運を嘆く言葉であると同時に、父として娘の才能を認める言葉でもあったのであろう。しかし式部の耳には、才能があるがゆえの不幸を感じざるを得ない〝呪い〟の言葉のように響いていたのではなかろうか。為時は娘の式部にも漢籍の手ほどきをし、漢学の面白さや奥深さを伝授し、式部のほうも学識を深めたのは疑いようがない。しかし、こうして日記に記すほどに、父から漢籍を習った思い出にこの言葉がついて回っていたとしたら、宮中のサロンで、清少納言のように漢学の素養を踏まえて気の利いたことを言って周囲を楽しませるなどという芸当は、式部にはできようはずもない。

右記の逸話は一見、自慢話のように聞こえるが、こう考えると、式部のトラウマの告白のようにも思えるのである。

恋多き和泉式部

紫式部をして、「趣をそそる手紙をやりとりした人で感心しない面があるが、気楽に走り書きした時に、その方の才のある人だけに、ちょっとした言葉にも色気が感じられる」と言わしめた和泉式部。もっとも、紫式部は「古歌の知識や歌の理論などにはそれほど通じていないけれど、思いのままに即興で詠んだ歌などには必ず、これは、と思う魅力ある一点が詠みそえてある。しかし、こちらが気恥ずかしくなるほどの立派な歌人とは思われない」との辛口批評も忘れてはいない。恋に生きた和泉式部は、宮仕えにあがった中宮彰子の父、藤原道長からは「浮かれ女」と揶揄《やゆ》されている。

和泉式部

父の大江雅致《まさむね》は受領階級であり、大江氏は学問の宗家で漢詩文にすぐれた学者文人を輩出している。彼女の文章の才はその血を受け継ぐものであろう。最初の夫は道長の家司的存在で受領層の和泉守　橘道貞《たちばなのみちさだ》であり、彼女の女房名はこれにちなむ。時に彼女は十代の終わりで、夫は十歳近く年長だった。

道貞は、『小右記』長保元年（九九九）九月二十二日条に和泉守の現任官として登場する。その時点では結婚して数年が経っていたとされるので、彼女も和泉国での生活を体験していたと思われる。次いで寛弘元年（一〇〇四）春の除目で陸奥守に転じ（『権記』寛弘元年正月五日条に「和泉前守道貞」とある）、三月に道貞が単身赴任、半年後に妻子が陸奥国（大国）へ下向しているが、いずれの時も道長が手厚い餞別の会を催して、装束、野釼《やけん》、馬、鞍、平緒《ひらお》などを下賜している（『御堂関白記』寛弘元年三月十八・二十一日、閏九月十六日条）。そうした恵賜に対して、道貞のほうも任国から道長に馬四匹を貢上している（『御堂関白記』寛弘元年九月二十四日条）。

ただし、陸奥に下った妻は和泉式部ではない。彼女は夫の和泉守在任中に冷泉上皇皇子の弾正宮《だんじょうのみや》為《ため》尊《たか》親王（九七七〜一〇〇二）との恋愛が進行して道貞との縁は切れていたと言われている。道貞の方から去ったとの説もあるが（増田繁夫『冥き途』）、いずれにせよ、和泉式部と為尊親王との関係は二年足らずで親王の病死（二十六歳）をもって終わる。そして親王の一周忌ごろに、今度は弟の帥宮《そちのみや》こと敦道《あつみち》親王（九八一〜一〇〇七）と親しくなり、やがて帥宮邸に迎えられることになった。この二人の恋愛は『和泉式部日記』に語られるところである。しかし、これも三年あまりで帥宮の死（二十七歳）をもって終わる。

ところで道貞との関係について、赤染衛門が親身になって和泉式部に何かと忠告する歌を送ったりしている。これは、大江匡衡と赤染衛門の子の大江挙周《たかちか》の妻が和泉式部の妹ゆえのことである。その歌から推して考えるに、「和泉と道貞とのあいだには、はじめ道貞のほうに夫婦の信頼を裏切る行為があって、そのためか和泉が帥宮に傾いたというのが真相に近いかと思える」との指摘もある（清水好子『恋歌まんだら 和泉式部』）。実際、和泉式部は道貞のことをいつまでも忘れなかったようで、彼が京からは遥かに遠い陸奥国へ旅立つ日に次の歌を詠んでいる。

陸奥守にて立つを聞きて
もろ共に立たましものを陸奥《みちのく》の衣の関をよそに聞くかな
（一緒に行くところだったのに。御任地の陸奥の衣の関〈歌枕〉も、身に近い衣ならぬ、他人事《よそごと》として聞くことよ）

和泉式部が中宮彰子のもとへ出仕したのは、帥宮の死から一年あまり後のこと、三十歳になっていた。
時あたかも道長家では将来、皇位を狙える初皇子が誕生して沸いている直後のことであり、赤染衛門、伊勢大輔、紫式部ら中宮を取りまく女房が綺羅星のごとくいた。そのなかに入って彼女の歌才が注目されるのに時間はかからなかった。

小式部内侍

和泉式部の娘、小式部内侍

この出仕が縁となって、和泉式部は道長家司の藤原保昌《やすまさ》と結婚している。父親ほど年の離れた夫婦であった。保昌は寛仁四年（一〇二〇）に丹後守となって夫婦で任地に赴いた。そのころ都では歌合が催され、その歌人として和泉式部と最初の夫である道貞との間に生まれた小式部内侍《こしきぶのないし》が選ばれた。当時、小式部内侍がいつも名歌を詠むので、突出した歌人であった母が代作しているという噂があり、それを疑う藤原定頼《さだより》（公任の子）が、彼女の部屋の傍らに来て「歌はどうしましたか。丹後の母のもとへ歌の代作を頼んだ使いはまだ帰って来ませんか」などと、からかった。すると、彼女はその場でこう詠んだ（『金葉和歌集』巻第九）。

宮津にある和泉式部の墓

大江山いく野の道の遠ければまだふみも見ず天の橋立

（大江山を越え生野を通って行く道が遠いので、まだ天の橋立を踏んでみたこともなく、母からの文も見ておりません）

「大江山」「生野」「天の橋立」と、京から母の和泉式部のいる丹後国までの三ヵ所の地名を詠みこみ、さらに「生野」に「行く」、「踏み」と「文」を掛けて当意即妙に歌った即答歌に、さぞや定頼も圧倒されたことであろう。歌を詠まれたら返歌を行うのが礼儀とされていたのに、狼狽のあまり定頼は返歌もせずに立ち去ってしまったという。代作の疑いが吹き飛んだことはいうまでもない。

和泉式部と小式部内侍は、母娘でともに中宮彰子に仕えていた時期があった。小式部内侍は母親から歌の才能だけでなく美貌も受け継いで、恋多き女流歌人として知られ、中宮彰子の弟の藤原教通《のりみち》や、受領層の歌人である藤原範永《のりなが》、閑院流三代の藤原公成《きんなり》など、多くの高貴な男性と交わり、子を成している。しかし万寿二年（一〇二五）、公成の子、頼仁《よりひと》を出産直後に二十代半ばで病死してしまう。この時、和泉式部が詠んだのが次の一首である。

とどめおきて誰をあはれと思ふらむ子はまさるらむ子はまさりけり

（亡くなった娘はこの世に自分の子供と母親の私を残して、どちらを不憫に思っているのだろう。きっと我が子を思う気持ちのほうがまさっているであろう。私も娘を亡くしてこんなに悲しんでいるのだから）

この娘に先立たれた母の悲しみは、哀傷歌の傑作として『後拾遺和歌集』『和泉式部集』に遺る。

『源氏物語』に憧れた孝標の娘

これまで取りあげてきた清少納言、紫式部、和泉式部らが相前後して活躍していた時期、つまり十一世紀初頭に生を受けた女性に『更級日記』の作者がいる。彼女は宮仕え経験をもちながら女房名が伝わっていないので、一般に菅原孝標女《たかすえのむすめ》と通称されている。父の孝標（九七三～？）が上総介となったとき、当時十歳だった彼女も任国へ下向して四年間を過ごしたことは、先の「越前国守と紫式部」項で紹介した。任期を終えた一家が寛仁四年（一〇二〇）の晩秋に上総の国府を出発して帰京の途についたところから筆を起こし、帰路の様子や帰京後の都での暮らしなどを、晩年五十代になって回想風に記したのが『更級日記』である。

「あづま路のはてよりも、なお奥つかた」（京都から東国へ向かう東海道の最果てよりも、さらに奥の方）にあって退屈な日々のなか、継母や姉から『源氏物語』やその話、あの話とあれこれ話すのを聞いていると、ますます知りたいという思いが募るばかりで、等身大の薬師如来仏を造ってもらい、それに手を合わせて「一刻も早く帰京を叶え、多くの物語をこの世にある限りお見せください」と、額《ぬか》づいて祈っていた、と日記の冒頭に綴っている。それほどに物語に憧れていた多感な少女は、ついに念願叶って十三歳で都に戻ることになった。

上総国から京まで東海道で十ヵ国を通る。その道中、さまざまな体験をするが、なかでも彼女の心に残ったのは、足柄山で出会った遊女であったようだ。樹木がうっそうと繁って昼なお暗い山道を四、五日かけて辿りついた足柄山の麓の宿。月のない闇夜にどこからともなく三人の遊女が現われ、火を焚いて歌舞を所望する人々の前で、琴を弾じ笛を吹いて高らかに今様を謡いあげた。その声たるや、譬えようもなく美しく、空に澄みのぼってゆくようであった、という。あまりの美声に心震わせた彼女は、後に美濃と尾張の国境の墨俣川《すのまたがわ》を渡りきった野上というところで遊女の歌を聞いた時にも、足柄山の遊女のことをなつかしく思い出している。

駿河国にさしかかると、任地では西のかなたに見えていた富士山の威容を身近にながめ、「その山のさま、いと世に見えぬさまなり」（この世に類を見ない麗しい姿である）と感嘆している。その美しい富士山は、紺青を塗ったような山肌に雪が消えることなく積もっているので、色の濃い衣に白い衵《あこめ》（装束で使われる内着の一種）を着ているみたいだ、と秀逸に描出され、さらに、山頂の平たくなっているところから煙が立ちのぼり、夕暮れには火の燃え立つのも見える、とある。十世紀には休火山であった富士山だが、十一世紀に入って活動を始めていたと思われる。弘安二年（一二七九）阿仏尼が訴訟のために鎌倉へ下向した折には富士山は煙が立っていなかったが（『十六夜日記』）四十年ほど前には噴火していた（『うた、ね』）。

このあと田子の浦、富士川、遠江などを通って旅を続け、待望の京の都に着いたのは「師走の二日」。出発から三ヵ月が経過していた。上総国から京まで上りは三十日と規定にあるから、その三倍の日数を要したことになる。

京では左京三条の住所に旅装を解くや、実母（実母は任国には行かず京の留守宅にいた。上総国に同行した継母は帰京後に家を去る）にせがんで入手した物語や叔母から贈られた『源氏物語』を読み耽《ふけ》り、東国生活で夢に描いた読書三昧の日々を送る。ところが、そんな満ち足りた彼女の生活を狂わせる、予想外の事態が起こる。姉が二人目の子を産んですぐ病死してしまい、十七歳の彼女が赤子と幼子の二人の母親代わりをすることになったのである。姉の忘れ形見の二人を両側に寝かせて、読書もままならぬ悲しい日々を送った、と彼女は述懐している。

これが婚期を遅らせる一因になった。いっぽう父の孝標は、上総介のあと任官の話が十年あまりなく、ようやく得たのが常陸介であった。またもや京から遠い東国の果て。これには彼女は同伴せず、孝標が四年の任期を過ごして帰京した時には、彼女は三十路手前となっていた。まもなく父は官界から引退し、母も出家。彼女は二人の遺児をかかえ家庭の切り盛りをしなければならなかった。

そんな状況下で彼女が宮仕えにあがったのは長暦三年（一〇三九）、三十二歳の時である。時の関白藤原頼通の要請と思われ、出仕先は頼通が養女としていた後朱雀天皇の皇女祐子内親王（一〇三八〜一一〇五）であった。しかし、「何か運が開けるなら」とのしぶしぶの動機であったから出仕も滞りがちで、そうしたことも影響したのか、翌年に退下し、六歳年長の橘俊通《たちばなのとしみち》（一〇〇二〜五八）と結婚した。三十三歳での結婚は、当時にあってはかなりの晩婚である。翌春の除目で俊通は下野守《しもつけのかみ》となって任国へ下り、京に残った彼女は仲俊《なかとし》を出産する。

結婚生活は、『源氏物語』に憧れ夢見ていたものとはあまりにかけ離れていた。とはいえ光源氏が現実にいるはずもなく、物足りないと感じた夫は優しい人ではあった。やがて彼女は物語世界から目が覚めて、物語のようにはいかない現実を受け入れ、一家の幸せを願って寺社参詣に精を出すようになる。ところが彼女が五十一歳の時、その前年に信濃守となっていた俊通が病死してしまう。子供たちはすでに巣立っており、十八年連れ添った夫を亡くした彼女は孤独をかこつ身となる。そもそも『更級日記』というタイトルは、孤独な心境を読んだ自身の歌に由来している。誰もめったに顔を見せることのない寡居に、珍しく甥が訪ねてきた折に詠んだ歌である。

月も出でで闇にくれたる姨捨になにとて今宵たづね来つらむ
（月も出ないで闇に沈んでいる姨捨山のように、光明も見出せず、悲観にくれている私のところに、あなたはどうして今夜訪ねてきてくれたのでしょう）

『古今和歌集』に、「我が心慰めかねつ更級や姨捨山に照る月を見て」（よみ人知らず）と歌われており、「更科」「姨捨山」は古くから知られた月の名所である。孝標女の歌はこれを本歌取りしていることから、「月—姨捨—更級」の連想により『更級日記』と名づけられたとされる。姨捨山は俊通が晩年に国司を務めた信濃国の更級郡にある。この「姨捨」という言葉からは「姨捨＝自分」という自嘲だけでなく、亡き夫を追慕する思いの深さも感じられる。

日記の終盤、四十八歳となった天喜三年（一〇五五）十月十三日の夜、彼女は阿弥陀来迎の夢を見ている。この夢だけを「来世での極楽往生の頼み」として晩年を迎えたという彼女は、五十二歳ごろに静かな諦観のなか筆を置いている。そのあと老境での一人暮らしがどのくらい続いたのか、彼女の没年は知られない。

孝標女は紫式部や清少納言のような際立った個性はない。宮仕えにあがっても、経験を積むにはいたらず、女房名が残るような活躍もなかった。しかし、彼女が四十余年の半生を綴った『更級日記』は、平安時代の受領階層の娘がたどる人生のありようを見事に表現している。そして、そこに描かれた平安女性の人生――夢見がちな少女が現実を知り、ささやかな家庭生活の安定と幸福を願うも、思うにまかせないことの多い人生は、意外にも現代に生きる私たちの人生の実相とさほど変わらないように感じられるのである。

第七章　平安京から京都へ

1　変わりゆく都

『池亭記』に見る都の変化

これまでにもふれたことがあったが、京に都が定着して二世紀近くも経過すると、道路名もほぼ出そろい、家も建ち並んでそれなりに都としての景観を整えてきた。その一方で早くも変化が現れだしてきた。

そんな京の様子を随筆風に書き留めた短文の作品がある。それは作者の邸宅名にちなんで『池亭記』と呼ばれている（原文は漢文体であるが、小島憲之校注の読み下し文に依拠した〈日本古典文学大系〉六九『本朝文粋ほか』岩波書店、一九六四年。なお〈新日本古典文学大系〉二十七『本朝文粋』〈岩波書店、一九九二年〉にも大曽根章介・金原理・後藤昭雄校注の読み下し文がある）。

その作者は名を慶滋保胤《よししげのやすたね》（?〜一〇〇二）といい、代々神官をつとめる賀茂氏の出身で、彼自身は大《だい》内記《ないき》という職に就いていた。この職に就く者は六位の下級官人に属するが、詔勅や宣命をつくることを職務としたので、儒学者で漢詩文に長けた者が任命された。官位は低くとも賢者を誇れる職にあった保胤が、五十歳の坂を越したころに著したのが『池亭記』である。学殖豊かな文章の達人ゆえに誇張な表現が見られ、ある程度、割り引いて考えねばならないが、ほかに類書がなく、当時の京の状況を知る貴重な史料となっている。

執筆時期は天元五年（九八二）十月とあるから、平安遷都からおよそ二百年、ちょうど平安時代の中間点にあたる。保胤は当時の平安京の変化について次の四点を指摘している。

①右京（西京）の衰退
②左京（東京）の繁栄、とりわけ四条以北の西北と東北
③左京外の以北および以東への人家の進出
④左京の四条辺を境に北と南の地価の相違、貧富の差

①の右京（西京）の荒廃については、人家も疎《まば》らで幽墟に等しく、去っていく者はあっても入って来る者はなく、貧しい人ばかりが住んでいる、としている。あたかも右京には物好きと貧乏人しか住んでいないような書きぶりであるが、それはいささか言い過ぎである。

その証拠に藤原道長の娘の彰子が一条天皇への入内に際して、吉方ということで渡り、七日間の滞在をした太秦連理《うずまさのつらまさ》の家は右京にあった。彰子が渡御するような家がみすぼらしいはずがない。相当な構えの立派な邸宅であったことは容易に察しがつく。

そもそも右京も平安時代初期の段階では、大内裏の南には八町の広さの朱雀院（嵯峨天皇以来の累代の

右京六条一坊五町邸模型

後院）、その西に二町の広さの左大臣源高明の西宮殿、四条には四町の広さをもつ淳和天皇の離宮である淳和院《じゅんないん》があった。また、『大和物語』にみえる花の美しい時期に宇多上皇とゆかりのある人々が集まって詠歌をしたという上皇の御所・宇多院《うだいん》も、四町の広さを有して右京（北辺三坊）に所在した。

発掘調査では、宇多院と道路を隔てた南（右京一条三坊九町）から、平安初期の一町規模の大邸宅跡が見つかっている。その各殿舎は回廊で結ばれておらず、寝殿造の原初的なものとされるが、これは短命で終わり、十世紀以降には小規模な建物が登場している。具体的には一九七九・八〇年と一九九八・九九年の発掘調査で邸宅の南門跡が見つかり、それが四脚門であること、一町域を占有する豪邸だが南の十町にはおよんでいないことなどが解明されている。その後の二〇〇二年秋から翌年春にかけての九町（東南部）および十町（北東部）の発掘調査で、南側に築地跡が見つかって南限が確認され、その南に鷹司小路が検出された（いずれも財団法人京都市埋蔵文化財研究所による発掘調査現地説明会資料ならびに報告書参照。以下とくに掲出しない場合の発掘調査の成果も同様）。

この発見後、これをうわまわるものが右京の六条の地で見つかっている。時代的には三、四十年遅れる遺構で、殿舎が廊下で結ばれるなど一段と寝殿造に近いものということが判明している。右京六条一坊五町の東半部で十四棟の建物跡と付属する廊・柵・井戸などが検出されたが、西半部は湿地であった。平安時代前期の大規模な貴族邸と見なされている。

この西の右京六条三坊七・八・九・十町の調査においては、三十棟近い建物跡が見つかり、九世紀代からの一町占地をうかがわせる大規模宅地の存在を示すものという（古代学研究所編『平安京右京六条三坊』〈平安京跡調査報告第二十輯〉古代学協会、二〇〇四年）。

このほかに右京三条二坊十六町では、九世紀末から十世紀前半におよぶ十数棟の建物が確認され、一町規模の邸宅であったとみられる。そして出土遺物から斎宮と関わる仮宮の可能性も指摘され、有力な貴族邸を偲ばせる。さらに七条一坊十四町、八条二坊二町などでは小規模邸宅が見つかっている。

このような右京における大規模邸宅は文献史料には出典せず、発掘調査に負うところが大きい。

全体を俯瞰してみれば、『池亭記』にある「右京が幽墟に等しい」という描写は大袈裟としても、第二章の「左京・右京の住居域の実態」の項でも述べたように、保胤がそれを書いた十世紀末までに右京の衰退が進んだことは事実であろう。おしなべて右京域は、清少納言の「西の京という所の荒れたりつる事」の指摘（『枕草子』七十九段）を俟つまでもなく、湿地のため居住には向かず、とりわけ南部は田畑や侍従池領といった水量豊富な荘園などが多く存在した。そして十世紀中期の段階で「西の京極、九条のほとりにいきけり。そのあたりに築地など崩れたる」（『平中物語』、十世紀中期の成立）とあるように西南隅のあたりは築地も崩れて存在しなかったようである。そもそも西京極大路の南端と九条大路の西端は道路も立ち消えて、京外の田野が自然に溶けこんだ格好になっていたことは前述のとおりである。そして院政創始期の十一世紀末の時点で三百町あまりが田畑であったといい（『扶桑略記』応徳三年六月二十六日条）、これは右京の六割近い数値である。

栄える左京

左京の繁栄は摂関期から院政期にかけて進展した。藤原道長と同時代人である慶滋保胤は、自宅を構えるにあたり次のように吐露している。

これまで自分は長い間、高給住宅街（左京の土御門大路沿い）の一郭に一家で間借り生活をしてきたが、五十歳に手が届くようになって、家を持つことにした。しかし、住み慣れた場所は地価が高くてとても手が出ず、そこで六条の辺りに四分の一町（千坪あまり）ほどの土地を求めて家を構えた、と。

このことから、左京の中でも北と南では地価が異なっていたことが知られる。保胤が間借り生活をしていた土御門大路沿いは有力貴族の居住圏であって、大内裏にも近いことから、その近辺には官衙町（諸司厨町《しょしくりやまち》とも言う）も存在した。その具体例として、承和五年（八三八）の陰陽寮関係の長さ二十四丈（約七十二メートル）、幅四丈（約十二メートル）の広さのところに二十二人の「廬（粗末な家）一居」は参考になるし、こういった長屋形式の建築遺構が発掘調査でも見つかっている。九世紀後半の織部司織手町、左兵衛府駕輿丁町、衛士町、木工町などの火災記事を見ると、諸司厨町もけっこう建て込んでいたことが察せられる。

保胤が家を構えた、路を隔てた北には、文人の具平《ともひら》親王（村上天皇皇子）の千草殿《ちぐさどの》（一町）があった。この邸は親王の娘の隆姫女王の婿となった藤原頼通が伝領し、頼通の養子となった隆姫の弟の源師房《もろふさ》へ、そして師房の女婿となった頼通の子、師実《もろざね》に伝領され、承保四年（一〇七七）に関白師実から学者官僚の大江匡房《まさふさ》（一〇四一～一一一一）に売却されたという経緯がある（『水左記』十二月十五日条）。匡房は学者公卿らしく自邸の一郭に大江家代々の書物を収めた千種《ちぐさ》文庫（江家《ごうけ》文庫）を設けたが、仁平三年（一一五三）の大火で万巻の書が灰燼に帰し、平信範《のぶのり》をして「是朝の遺恨、人の愁悶なり」と歎かせている（『兵範記』四月十五日条）。このように左京域の南とはいえ、当辺は文化的な雰囲気の漂う地区であった。

五条辺から以南でも、立派な邸宅はあった。嵯峨天皇皇子の源融の河原院は『源氏物語』の六条院のモデルとされたことで知られる。また『伊勢物語』の「むかし、東の五条に大后宮おはしましける西の対に住む人ありけり」の仁明天皇女御で太皇太后藤原順子の東五条第、『大和物語』（十世紀中期の成立）にみえる「亭子院に御息所たちあまた御曹司して住みたまふに」の宇多上皇の亭子院は七条にあった。院政期になると白河・後白河両上皇の御所として六条殿の名は知られるところである。

左京の繁栄ぶりは火災記事からも窺い知れる。延喜十四年（九一四）五月の一・二条の火事で六百余家、寛弘八年（一〇一一）十一月の土御門から近衛大路にかけての三町前後で官衙町に比定されている場所の七百余家、長和五年（一〇一六）七月の一条辺りの二十町あまりのところで五百余家、万寿四年（一〇二七）正月の中御門富小路から三条大路にかけての千余家、康和五年（一一〇三）十一月の五条の四町あまりのところで数百家といった焼亡記事を挙げることができる。

紫式部が描いた京

保胤が観察した平安中期における平安京の住み分けの傾向は、おおむね作者の指摘のとおりで、左京の四条以北における住居の稠密さは焼亡記事の分析からも証明でき、五条から九条にかけて院御所や受領たちの豪邸が登場するようになるのは、もう少し時期が下る。その意味では『源氏物語』の京の様子の描写とも矛盾しない。

たとえば「六条わたりの御忍びありきのころ、内裏よりまかでたまふ中宿に、大弐の乳母のいたくわづらひて尼になりにける、とぶらはむとて、五条なる家訪ねておはしたり」で始まる「夕顔」の巻の描写などは下町の光景を彷彿とさせる。

稲荷祭を見物する長屋風町家（『年中行事絵巻』）

六条御息所のもとへ忍び通いしていた源氏は、ある時その道すがら五条に住む病気の乳母を見舞い、そこで隣家の夕顔をあい知ることとなる。両家は五条大路に沿ってあったようで、この道は紫式部に言わせれば、「むつかしげなる大路」、むさくるしいところであった。夕顔の家は、蔀《しとみ》のような格子の扉を押し上げて出入りする質素な門で築地もなく、「檜垣といふもの新しうして、上は、半蔀四五間ばかりあげわたして、簾などもいと白う涼しげなるに」と、蔀が吊り上げてあると御簾ごしに中の動きが窺えるほどで、月夜の晩などは方々から月明かりが漏れる隙間の多い粗末な板張りであった。この家で夕顔との思いを遂げた明け方、寝所で源氏は、「おお寒い、今年は不景気で仕事もさっぱりだ」といった隣近所の身分卑しい男どもの会話を聞き、早くから起き出して忙しく働く音を耳にする。まさに下町の庶民の暮らし向きであり、有力貴族の街区に暮らす源氏にとっては物珍しい世界であった。

小さな家ばかりでむさくるしいその界隈は、「この面《も》かの面《も》あやしくうちよろぼひて、むねむねしからぬ軒のつまなどに這ひまつはれたる」（あちらこちら見苦しく崩れかかって、みすぼらしい軒先に夕顔の蔓が這いのびてからまっている）。そんな粗末な家のさまは、『年中行事絵巻』において稲荷祭の行列とともに描かれる長屋風の民家を彷彿とさせる。当時の庶民の家は、板葺きの屋根、網代を張った壁、片側を板敷きにして正面の高窓に半蔀をつる、といったものであった。それはちょうど良岑宗貞《よしみねのむねさだ》（のちの僧遍昭）が通りすがりに五条辺りで覗いた、荒れはてた門と「五間ばかりなる檜皮屋のしもに土屋倉」（『大和物語』）の光景と呼応する。

さらに『源氏物語』の九条辺りの描写になると、「都のうちといへど、はかばかしき人の住みたるわたりにもあらず、あやしき市女商人《いちめあきびと》のなかにて」（「玉鬘」の巻）と、れっきとした人が住んでいるところでもなく、貧しげな物売りが行き交うところ、とされている。

それが、五条や九条界隈に対して紫式部が抱いていた認識であろう。その九条にも「むかし、堀河のおほいまうちぎみと申す、いまそがりけり。四十の賀、九条の家にてせられける日」（『伊勢物語』）とあるように摂関藤原基経の九条邸があり、これを引き継ぐものか、藤原師輔の九条殿をはじめいくつかの豪邸が存在した。

「東朱雀」の出現

平安京のメインストリートの朱雀大路には当初、柳や桜が植えられ、輿や牛車や人の往来する街路であった。しかし、すでに九世紀中頃には牛や馬の放牧や夜ともなれば盗賊も徘徊する物騒な巷と化している。これは羅城門が倒壊後に再建されず荒廃していったことと無関係ではない。こうした朱雀大路の凋落と右京の衰退によって、かつては朱雀大路を中心軸として左右対称のほぼ正方形にちかい都のかたちが、おもに左京域からなる細長い都市型に変化していった。そんな変遷のなか、朱雀大路はいつしか京の西端を意味するようになっていた。

このことに関連して「京極の東に朱雀あり」（『拾芥抄』中、京程部）が注目され、十一世紀末の院政期になると、「東朱雀大路」「朱雀河原」「朱雀堤」の言辞が登場する。ここにいう「東朱雀大路」を京の東端の京極大路とみるか、その東で法成寺の南大門から南に伸びる南北路とみるかは意見の分かれるところであるが、いずれにしても、左京の繁栄が東朱雀大路と称する南北の大路を生んだといえよう。また、「朱雀河」というのは鴨川とみなしてよいであろう。

左京が繁栄し、都市域を東側に拡大していったことは、『中右記』の記事からも知られる。嘉承二年（一一〇七）十月十四日条に「亥の時ばかり大炊御門東朱雀河原の小屋、二条に及び焼亡、人家数百宇、灰燼となる」とあり、二条大路末あたりの東京極大路から鴨河原にかけて、かなりの人家があったことがわかる。それを傍証するのが、十一世紀末以降によくみられる鴨川の氾濫での人家の流失であり、そこでは「貴賤の輩は悉く居宅を鴨水の東に占め、各堤防を東岸に築く」（『本朝世紀』康治元年〈一一四二〉六月十八日条）といった状況を呈していた。十二世紀中期のことであるが、人家が川東までおよんでいたのである。

いっぽう従来の朱雀大路は、「東朱雀」に対して「西朱雀」と呼ばれるようになった。それは、『平家物語』において平清盛の怒りを買った大納言藤原成親が治承元年（一一七七）に備前国へ配流される際、「西の朱雀を南へゆけば」と、「西の朱雀」の語が用いられていることからもわかる。

要するに、これらが朱雀大路の東遷を物語っていることは明白で、その言辞の出典が十一世紀末であることに注目するとき、ここにも院政期における京の変化の表徴をみてとれる（鈴木進一「東朱雀大路

左京域東北部の道長邸と上級貴族邸

考」、瀧浪貞子「東朱雀大路と朱雀川」など）。

建ち並ぶ貴族の邸宅

左京の四条以北に一町の邸宅が多く存在するが、これはとりもなおさず有力貴族の集住を物語っており、それは大内裏の東辺で一条から二・三条大路にかけて顕著であった。大内裏のすぐ東には四町の広さを誇る藤原頼通の高陽院があり、この南にはいずれも南北二町におよぶ堀河院、閑院、東三条殿が並存していた。摂関家の邸として知られるもので、一般の人は往来も憚る地域であった。

左京の東北部にはすでに述べた道長の土御門殿があり、この西隣には源倫子の鷹司殿《たかつかさどの》、さらに一町隔てた西には藤原頼通の邸宅として脚光を浴び、子の師実以下歴代の摂関が家主となった高倉殿があった。この邸宅は院政の創始者白河天皇の里内裏になったのをはじめ、短期間ながら二条・六条天皇も里内裏とした。

いっぽう九条に邸宅を持っていた藤原兼実は日

常の勤務に近い四条坊門東洞院にも邸を構えていて、これが二条天皇の里内裏に決まったことがあった。ところが、ここが皇居となれば周囲は陣中となって一般参詣の妨げとなる、と至近の頂法寺（六角堂）から愁訴され、高倉殿に改まったことがある（『山槐記』応保元年九月三十日条）。それだけ六角堂が観音霊場として多くの参詣者を集めていたことが推察され、十二世紀中期における観音信仰の高まりが知られるというものだ。

その高倉殿の西南には道長の枇杷殿があり、一条天皇が一年間の里内裏とし、三条天皇と中宮妍子が居住（里内裏）したことで知られる。道長から譲位を迫られ、退位の一ヵ月前の皓々と照る真冬の月を眺めながら三条天皇が「心にもあらでうき世にながらへば恋しかるべき夜半の月かな」と詠ったのは枇杷殿においてであったことは先に述べた。傍らにいた中宮妍子の心中や如何に、である。

枇杷殿の西北の一町宅に土御門内裏の称があるのは、十二世紀初めに鳥羽天皇が皇居としたことによるもので、皇子の崇徳・近衛両天皇の里内裏ともなった。

このように土御門大路（上東門大路）を中心とする周辺地域には権門の家が建ち並び、京内でも高貴な雰囲気に包まれた場所であって地価も高かった。

歴史の静観者——鴨川

平安京には南北の街路に沿って川が流れていて貴族邸の池を潤していた。そして京外の東には鴨川が流れており、その由来から「東河」の名もあり、単に川と称されることもあった。現在では、高野川との合流地点より上流を賀茂川、下流を鴨川と記すのが慣例のようであるが（本書では鴨川に統一）、平安時代にそのような区別はない。その延長で神社も「下鴨」「上賀茂」と記すが、これとて同様で、「賀茂《かも》御祖《みおや》神社」「賀茂《かも》別雷《わけいかずち》神社」が正式名称である。

京の顔ともいえるこの川は太古の昔から悠久の歴史を見つづけて今日に至っているが、黙して語らない。しかし、さまざまな役割を担ってきており、巨視的にみれば聖と賤が交錯する鴨川（禊ぎと穢れ）ということになろうか（朧谷「京の顔――鴨川」）。

平安初期の鴨川は清浄なイメージとともに禊祓《けいふつ》の場として歴史に登場する。鴨川での禊祓としては大嘗祭（即位して初めて行う新嘗祭）を控えての天皇の禊が早い例である。天長十年（八三三）に即位した仁明天皇（八一〇～五〇）は鴨川へ行幸し、あらかじめ設営してあった幄舎に入って禊祓を行ったが、皇太子の恒貞《つねさだ》親王は幄の前へ立って天皇を迎えており、禊事が済むと幄舎で五位以上の扈従たちに供饌と賜禄があった（『続日本後紀』十月十九日条）。

これを初見として文徳・清和・陽成・光孝・宇多・醍醐と歴代の天皇の御禊が確認でき、とりわけ光孝天皇（八三〇～八七）の例は次に示すように具体的である（『三代実録』元慶八年十月二十八日条）。

> 鴨河に行幸し、大いに禊事を修す。天皇践祚の年、十一月に大嘗会の祭りを修し、先んずること一月に法駕（宝・鳳駕とも書き天子の乗り物）を備え、旗鼓《きこ》を建て、水に臨みて盥禊《かんけい》を行うの例なり。この日、京城の万民の会聚（衆）して縦観《しょうかん》（自由に見る）することを聴《ゆる》す。山城国、物を献じ、親王以下、五位以上に禄を賜う、差あり。日暮れて鸞輿、宮に還る。

ここにも見えるように新嘗祭は十一月の年中行事であり、大嘗祭の禊は一ヵ月前の十月の後半に行われるのが常態であった。ここで民衆の見学を許可していることが注目される。

下って院政期、初代の堀河天皇の若死（二十九歳）により五歳で即位した鳥羽天皇の大嘗祭の御禊は天仁元年（一一〇八）十月二十一日に行われた。その十八日前に、川原で神祇官《じんぎかん》陰陽寮《おんみょうりょう》の官人たちによる点地のことがあり、絵師に地形の図を描かせ、木工寮《もくりょう》の官人に命じて、春日末路（今日の丸太町通りの京外東）から南は二条末路にかけての川原に御禊や御膳用のために幄舎や蔀屋などを七宇ほど設営させ、神祇官が卜占した場所に井戸を掘らせている。

鴨川の様子

当日の午後に内裏の紫宸殿を出御した天皇の鳳輦《ほうれん》は、建礼門を出て東へ、待賢門から大宮大路へ出て南下し、二条大路を東進して「河原頓宮」に到着している。摂政藤原忠実以下が供奉《ぐぶ》した。川原における幄舎の配置や規模、供奉者など実に具体的かつ詳細である（『中右記』『殿暦』）。

同じく皇族ということでは斎王（伊勢の斎宮・賀茂の斎院）の禊祓がある。斎宮の場合、平安京になってからは、右京（西京）および以西にかけて散在した野宮との関係から葛野川（現在の桂川）で禊が行われたが、九世紀前半の天長年間（八二四～三四）、十七代の宜子女王と十八代の久子内親王の禊を先例として以降は、鴨川での禊が多い。寛仁元年（一〇一七）九月の嫥子女王の場合は鴨川までの経路を示しており、待賢門を出て東行、東洞院大路を南下し、二条大路を東へ鴨川の「河原禊所」で禊をし、帰りは二条・東洞院・一条の各大路を通って野宮に入っている（『左経記』『小右記』）。

いっぽう賀茂の斎院は、初代の有智子内親王（嵯峨天皇皇女、八〇七〜四七）以来、歴代の斎王は鴨川で御禊を行い、その後に紫野の斎院に入るのを慣例とした。そして賀茂社での重要行事に奉仕したのである。賀茂祭の奉仕もその一つで、それに備えて祭日の数日前に鴨川に赴いて禊祓を行ったのであり、それを斎王御禊《さいおうごけい》と称した。『源氏物語』（「葵」の巻）の六条御息所と葵の上の車争いは、この御禊列の見物場所をめぐっての争いである（これについては第八章の「平安時代を代表する賀茂祭」の項で取りあげる）。

このような大掛かりな禊ではなく、貴族たちの川原での日常の解除《げじょ》（穢を祓い浄めること）となると、すこぶる多い。たとえば藤原道長の場合、大原野祭への神馬使の出立に際しての解除を早い例として、梅宮・賀茂・春日社などへの祭使の出立、逆に穢れなどによる不奉幣の時、あるいは理由を記さず単に「早朝、東河に出でて祓す」との記事が日記に頻出する。道長の土御門殿は平安京の東北に所在したから鴨川は四百メートルほどの至近にあった。

同世代の藤原実資の場合は、日記を見るかぎり道長を凌いでいる。実資の小野宮第から鴨川までは直線にして七百メートルほどである。実資は女児誕生のおりの産湯も鴨川の水を用いている。このほか例を挙げれば枚挙に遑《いとま》なく、当時の皇族、貴族たちは何かにつけ鴨川に赴いて禊祓、解除を行ったのである。

こうした鴨川での禊祓の場は主として二条末路以北であったが、これは内裏の場所や上級貴族の居住域に近いということが関係していよう。禊ぎのためには川水を清浄に保っておかねばならず、狩猟など川原を穢す行為の禁止令が出されたこともあった（承和十一年十一月四日付「太政官符」など）。しかし現実には、鴨川の河原には行き倒れや棄てられた遺骸がごろごろしていて、『続日本後紀』承和九年（八四二）十月の記事によれば、左右京職および東西悲田院《ひでんいん》（病人・孤児・貧窮者などを収容する施設で、京職の管轄下に設置）に命じて鴨河原などに散乱する髑髏を集めて焼歛《しょうかん》させたところ、その数は五千を超えたというから凄まじい。場所の明記はないが、おそらく三条末路以南であろう。

天延二年（九七四）以降に成立した『蜻蛉日記』でも、道綱の母は「河原には死人も臥せりと見聞けど恐ろしくもあらず」と述べている。十世紀中期でも悲惨な状況は相変わらずで、飢饉や疫病が流行すれば目も覆いたくなるような様相を呈したのであった。

2　院政政権と都市域の拡大

洛外の上皇御所、鳥羽離宮

ところで、天皇の住居は内裏であるが、譲位すると次の天皇のために内裏を出なければならず、そこで在位中に譲位後の居所を定めておく必要があった。譲位後つまり上皇となっての居所を後院《ごいん》と称したが、この延長線上に院政期のいわゆる「院の御所」を位置づけることができよう。

白河天皇（一〇五三〜一一二九）は、在位十四年にして三十四歳の若さで第二皇子の善仁《たるひと》親王に譲位し（八歳の堀河天皇、一〇七九〜一一〇七）、太上天皇（上皇）となって天皇政治を後見した。時に応徳三年（一〇八六）、世にいう院政の開始である。以降、崩御まで白河院政は四十四年におよんだ。その院政を行った「院の御所」が、鴨東（鴨川より以東を指す）の二条大路末を中心に広大な面積を占めた白河殿と洛南の鳥羽離宮であった。このことによって鴨東の都市化が進み、平安京は当初の姿をさらに大きく変容させたのである。

鳥羽離宮（復元図）

最初に造営に取りかかったのは鳥羽離宮であり、次の史料によってその御所がいかに広壮なものであったかを知ることができる（『扶桑略記』応徳三年十月二十日条）。

公家《こうけ》、近来、九条以南の鳥羽山荘に新たに後院を建つ。凡そ百余町を卜う。近習の卿相・侍臣・地下《ぢげ》・雑人《ぞうにん》ら各家地《けち》を賜り、舎屋を営造すること宛も都遷りの如し。讃岐守高階泰仲、御所を作るにより、已に重任の宣旨を蒙る。備前守藤原季綱同じく以て重任す。山荘を献ずるの賞なり。五畿七道六十余州、皆共に課役し、池を掘り山を築く。去る七月より今月に至るも其の功未だ了らず。洛陽の営々此れに過ぐるはなし。池の広さは南北八町、東西六町、水深は八尺有余、殆ど九重の淵に近し。或は蒼海を模して島を作り、或は蓬山を写して巌を畳む。船を泛《う》かべて帆を飛ばし、煙浪渺《びょう》々たり。棹を飄《ひるがえ》して碇を下ろし、池水湛々たり。風流の美勝《あ》げて計《かぞう》べからず。

この鳥羽の御所は、朱雀大路を京外南に延長した「鳥羽の作り道」の東に位置し、東限の鴨川まで広大な敷地を占め、そこに南殿、北殿といった殿舎と証《しょう》金剛院《こんごういん》などの仏堂（御堂）が造立された。最初に創建の南殿は、譲位を前にした白河天皇が備前守藤原季綱《すえつな》から提供を受けた山荘跡に讃岐守高階泰仲《やすなか》の奉仕によって造営したものであった。その功により両名には重任の宣旨が与えられたが、このように特別の働きによって官位を賜ることを成功《じょうごう》といい、この現象は造宮・造寺に対して多くみられ、院政期に顕著であった。

御所の造作には全国の津々浦々から集められた人々が従事し、この一郭に近臣の卿相から地下・雑人に至るまで多くの輩が土地の提供を受けて家屋を造っている。その様子は「宛も都遷りの如し」、すなわち遷都のようであったという。この南殿に白河上皇が御幸したのは譲位の翌年のことであった。

鳥羽法皇像（古代学協会蔵）

次代の鳥羽上皇（一一〇三～五六、在位一一〇七～一一二三）も造営を引き継ぎ、多くの殿舎と御堂はこの上皇の時に出現した。それゆえに上皇名にもなったのである。水量が豊富であり、「城南の水閣」「鳥羽の水閣」の異称もあり、洪水の被害に見舞われることも多かった。白河・鳥羽両上皇の二代で南・北・東殿、泉殿、田中殿といった御所と証金剛院、勝光明院《しょうこうみょういん》、成菩提院《じょうぼだいいん》、安楽寿院《あんらくじゅいん》、金剛心院《こんごうしんいん》といった御堂が出現した。

このあと鎌倉時代になって後鳥羽・後

近衛天皇安楽寿院南陵（中田昭撮影）

嵯峨・後深草の各上皇もしばしば活用し、倒壊と修造を繰り返しながら十四世紀初頭までは健在であったが、南北朝期の内乱で兵火を浴びて以降、衰退した。

白河殿と六勝寺

「京・白河」という言葉がある。寿永二年（一一八三）平家の都落ちに際し、火をかけて焼かれた家について、『平家物語』に「京白河に四、五万軒の在家」とある。この名辞は、鴨東の白河の地が平安京と対比して用いられていることを意味するものであり、この概念の成立は院政の創始期ごろであろう。中国から伝わった「みやこ」を意味する一般名詞の「京都」という言葉が固有名詞化して地名としての「京都」を指称するようになったのも、このころからである。また二条大路を境にして北を「上辺《かみわたり》」、南を「下辺《しもわたり》」という呼称も、この時期あたりからである。

そもそも白河の地には、早く九世紀中ごろに初の人臣摂政となった藤原良房（八〇四～七二）が営んだ別荘、白河殿があり、これは藤原摂関家の累代の別業として道長、頼通そして師実へと伝えられた。この地は桜の名所として知られ、天皇をはじめ卿相、文人たちを招いてはよく観桜の宴が催されたが、普段は寂しい場所であったらしい。その証拠に、一条天皇中宮で道長の娘の上東門院彰子は一時期、白河殿に住んだが、「天狗などが現れて気味の悪いところ」だったので京内の四条の受領宅に移ったという。『栄花物語』（巻第三十六）にみえる話であるが、作者は白河の地を「山里」と表現しており、そういう認識であったらしい。この寂寥の地に賑いをもたらしたのは、白河上皇であった。

関白藤原師実から白河殿を献上された白河天皇は、この地に寺院の建立を企て、承暦元年（一〇七七）に出現したのが、高さ二十七丈（約八十二メートル）の八角九重塔をもつ法勝寺である。この「国王の氏寺」（『愚管抄』第四）を嚆矢として堀河天皇の尊勝寺、鳥羽天皇の最勝寺、崇徳天皇の成勝寺、近衛天皇の延勝寺と歴代が御願寺を創建し、待賢門院（鳥羽天皇中宮の藤原璋子）の円勝寺を加えて、いわゆる六勝寺が七十年ほどの間に白河の地に相次いで出現したのである。

白河院跡の碑

この御願寺の一郭に、白河上皇は譲位して十年目に泉殿（のちに南殿と称す）、二十余年後には北殿を営んだ。さらに鳥羽上皇の代にかけて白河押小路殿、得長寿院《とくちょうじゅいん》、蓮華蔵院《れんげぞういん》、宝荘厳院《ほうしょうごんいん》、金剛荘院《こんごうしょういん》が創建された。このうち得長寿院は平忠盛の造進による鳥羽法皇の御願寺で、間口が三十三という長大な建物に一千一体の観音像を安置した。それは、嫡男清盛が後白河上皇のために建てた蓮華王院《れんげおういん》（三十三間堂）の先例といえるものであった。

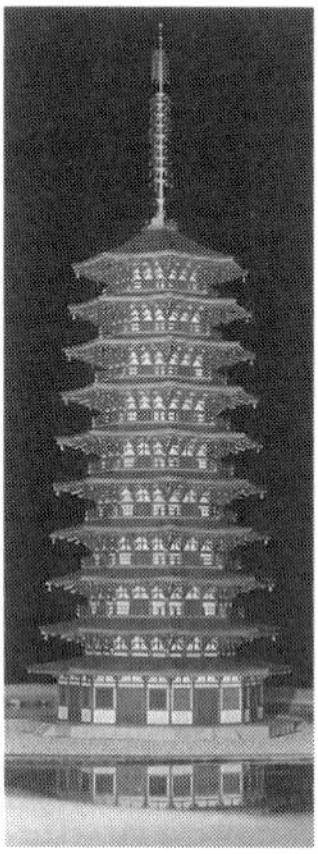

八角九重塔全景
（復元模型）

六勝寺を望む（復元模型）

こうして、鴨東の二条大路末を中心に広大な敷地のなかに院御所、白河殿が造営されたのである。さらに近辺には高級貴族らの邸宅もつくられ、「京・白河」の語が象徴するように、当初の平安京の規格から外れた鴨東の地に、外京と呼べるような壮麗な都市域が出来あがっていった。

なお、鳥羽・白河両御所においては、政治と生活空間である御所と宗教儀礼の場である仏堂（御堂）がセットで登場している。このことは後白河上皇の御所においても見られた現象である。

後白河院と法住寺殿

鳥羽上皇の次に院政を執った後白河上皇の御所は法住寺殿である。平治の乱で平清盛が覇権を握った二年後の応保元年（一一六一）に始まるこの御所は、鴨東の七条大路末を中心に南北は八条末路から六条末路、東は東山にかけて営まれた。

当初は七条末路の北に所在の、平治の乱で殺された信西（藤原通憲《みちのり》、一一〇六〜五九）の邸の焼失跡に、同

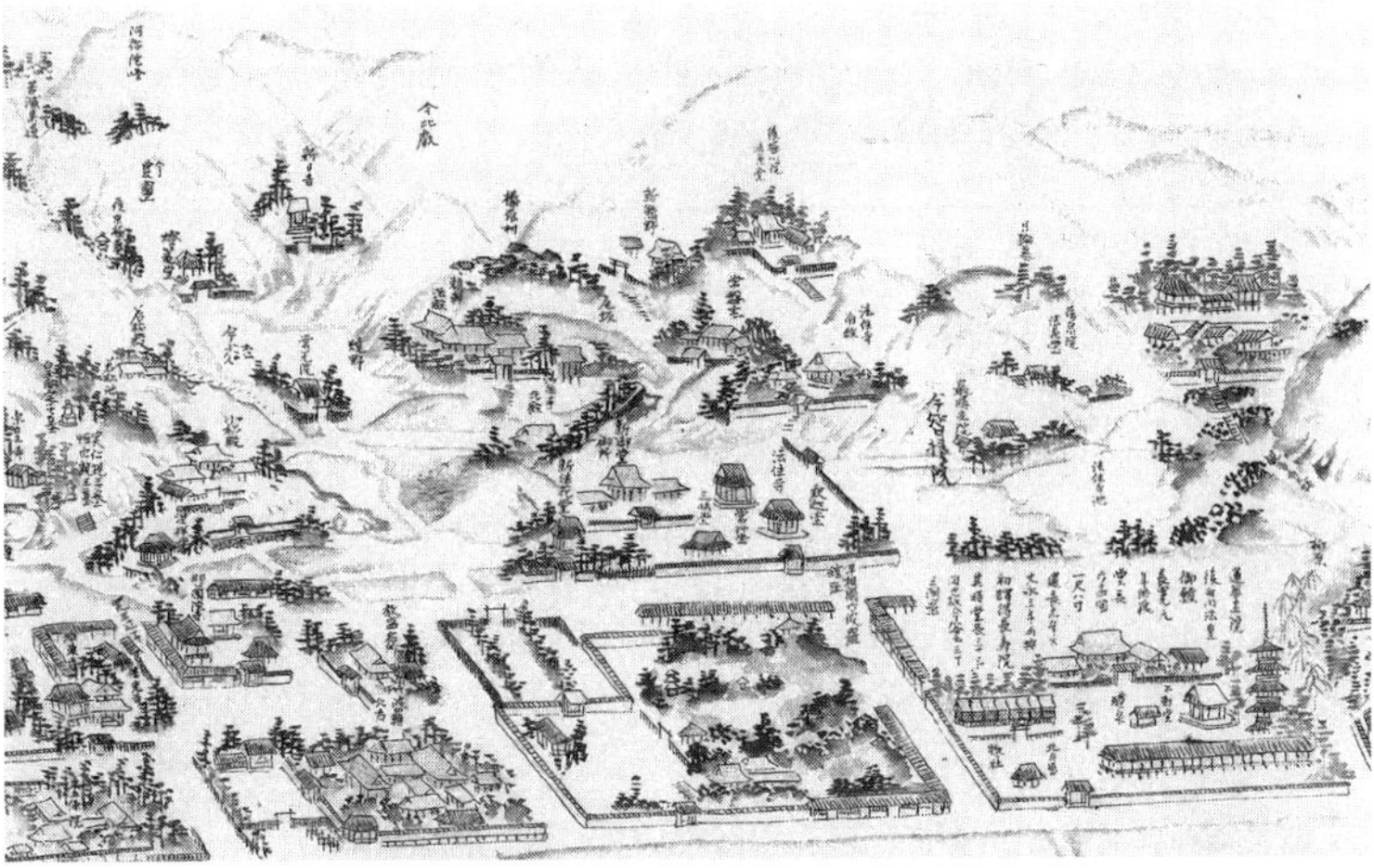

閑院内裏京城図（部分）

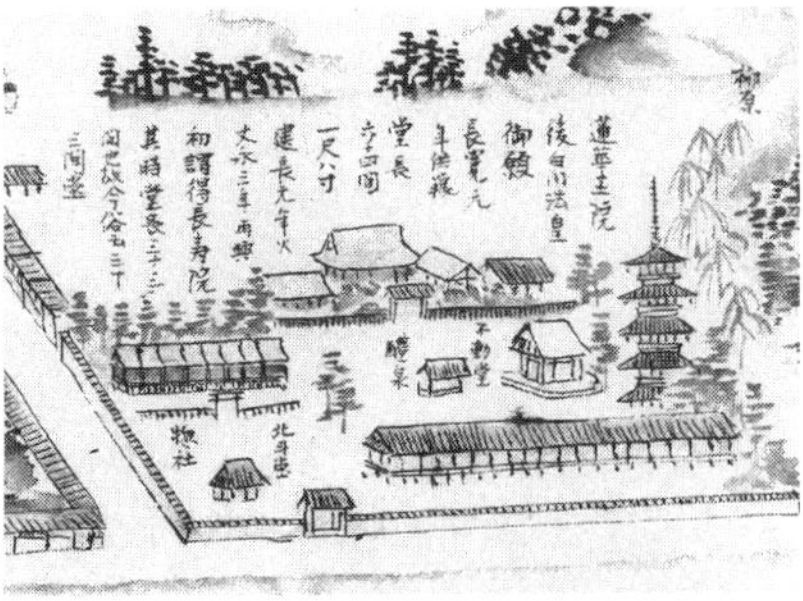

上図の下部の拡大

上部の記述に「蓮華王院は後白河法皇の御願で長寛元年（実際は2年＝1164）供養，堂の長さ六十四間一尺八寸，建長元年（1249）火，文永三年（1266）再興……」とある。平清盛造進の建物は85年後に焼失し，17年後に再建されたのが現在の建物。なお当初は五重塔があったが再建の際には建造されなかった。千体の観音像も一割ほど焼失を免れたという。再建時の造仏の中心にいたのが湛慶（運慶の子）。

じ乱で戦死した藤原信頼《のぶより》（一一三三〜五九）の京内の邸宅を移築したもので、造進者は播磨守藤原家明《いえあきら》であった（七条殿の名もある）。信西の妻の藤原朝子（?〜一一六六）は後白河上皇の御乳母であったから、御所の地をここに決めたのは、そのことと関わっていると考えられる。信西も信頼も後白河上皇の近臣であったが、平治の乱では敵対関係となった。

御所の造作にあたって、周辺にあった多くの家や堂

院御所での舞楽（『年中行事絵巻』）

舎を破却したため衆人の恨みを買ったという。十余町を取り込んだ御所は「高閣あり、平台あり、緑地あり、碧山あり」と、変化に富んだものであった（『山槐記』『法住寺殿御移徙部類記』永暦二年四月十三日条）。しかし数年後には、ここが手狭になったのか、七条末路の南に、周防守藤原俊盛《としもり》の功によって新御所を造営している。この造営により当初の御所を北殿、新造の御所を南殿と称した。

後白河上皇を父に、女御平滋子（建春門院、一一四二～七六。清盛の妻時子の義妹）を母として誕生した高倉天皇（一一六一～八一）は、幼少の一時期をこの御所で過ごした。そして天皇となってからは、この御所への朝覲行幸《ちょうきんぎょうこう》が慣例となっており、『年中行事絵巻』冒頭にみられる着色版の朝覲行幸図はその絵画版と見なされる（二条天皇説もある）。紫宸殿を出御した天皇の御輿が京内を巡幸して両親の御所である法住寺殿に至るまでを描いたもので、街並みや見惚《みと》れる群集が活写され、御所である南殿の寝殿、西の対、東西の渡廊、釣殿や南庭、池などの結構が

後白河法皇像（江里康慧作）

朝覲行幸図（『年中行事絵巻』）

よくわかる。寝殿中央に天皇、その右手に上皇の坐す裾のみを描いている。庭上で舞われている抜頭を公卿らと見物している光景である。

寿永二年（一一八三）の冬のこと、この御所（法住寺南殿）は源（木曽）義仲（一一五四～八四）の襲撃によって焼失する。その直前に上皇は避難したが、公卿以下は馬や徒歩で逃げ、逃げ惑う女房らは多く裸形であったという（『吉記』十一月十九日条）。これが源頼朝によって再建されるのは八年後のことであるが、後白河上皇が住むことはなかった。

この殿舎の西に位置する御堂が、父忠盛の得長寿院に倣って蜜月時代の平清盛が後白河上皇に造進した蓮華王院（三十三間堂）である。こんにち目にするのは鎌倉時代の再建だが、法住寺殿関係で今に残る唯一の文化財である（堂内の一千一体の千手観音像のうち創建当初のものが一割ほどある）。

このほか広大な敷地内には、建春門院《けんしゅんもんいん》御願の最《さい》勝光院《しょうこういん》も建立された。承安三年（一一七三）のことである（『玉葉』十月二十一日条）。その翌年の晩春、

宇治・松殿山荘での今様合――白拍子舞（2013年11月）

高倉天皇は法住寺殿へ方違《かたたがえ》行幸をしている（『玉葉』承安四年三月七〜十日条）。建春門院に仕える健（寿）御前（建春門院中納言とも。藤原定家の実姉）は、日記（『健寿御前日記』『建春門院中納言日記』『たまきはる』などと呼ばれる）に、その折の華やかな様子とともに以下のような興味深い話を記している。

御所方（法住寺殿）および天皇方の女房たちは着飾って華やかさを競っているようであった。そのなかにあって天皇方の女房で、青い単衣《ひとえ》、葡萄《えび》染の唐衣《からぎぬ》、白腰《しろこし》の裳《も》を着け、額髪のかかり具合、姿、装いなどが人よりことに華やかに見えた若い人を、今まで見たことがない人なので、同僚にその名を訪ねたら「小督《こごう》」と教えてくれた。十八歳という同年のよしみで、それからというもの親しくなった。ところが、ある時から行方知れずとなり、二十数年後に嵯峨でばったり行き会った、と。つまり、『平家物語』に高倉天皇との悲恋が語られる小督は四十歳ごろ嵯峨に住んでいたことになる。

さらに後白河上皇は、御所内に紀伊国の熊野三山と近江国の日吉大社を勧請して新熊野《いまくまの》・新日吉《いまひえ》両社を創建している。この社の造営は、先の白河・鳥羽上皇の御所では見られなかったものである。

後白河上皇といえば、当代最新の流行歌謡「今様《いまよう》」に心酔し、それを集成した歌謡集である『梁塵秘抄』の編者として知られるが（植木朝子『「梁塵秘抄」とその周縁――今様と和歌・説話・物語の交流』）、その今様合《いまようあわせ》の舞台としてよく法住寺殿の広御所が用いられた。ある秋の今様合では十五ヵ日にわたって行われ、三十人の堪能者を選んで毎夜一番ずつ雌雄を決した。ある夜の簾中での上皇の謡いぶりは「御遊《ぎょゆう》の趣、傍《かたわ》ら幽玄に入る、且つこれ境《きょう》を得るの故なり」というものであった。その間、聴衆が建物に押し寄せたが、上皇の命により追い払われることなく見物できたという（『吉記』承安四年九月十三日条）。

上皇は、乙前《おとまえ》という美濃国出身の遊女を師として十歳の時から習い始め、朝から晩まで詠い続け、声を破ること生涯に三度というから凄まじい。今様を嗜《たしな》む者は、上は公卿から下は遊女の類までさまざまな階層におよび、むしろ担い手は身分の低い者たちが多かったが、後白河上皇という最大の理解者を得て隆盛した（『梁塵秘抄』口伝集巻第十）。

六波羅館（『平治物語絵巻』）

平家と六波羅館

鴨東で法住寺殿のすぐ北には平家の六波羅館が展開していた。この地と平家との関わりは、以下に示す『平家物語』（長門本）によれば、忠盛に始まり、子の清盛の時に大きな展開を遂げたとある。

六波羅とののしりし所は、故刑部卿《ぎょうぶきょう》忠盛の世に出でし吉所なり。南六条河原が末、賀茂河一町を隔てて、もとは方一町なりしを、こ

平清盛像（六波羅蜜寺蔵）

の相国の時造作あり。これも家数百七十余宇に及べり。是のみならず、北の鞍馬路よりはじめて、東の大道をへだてて辰巳の角、小松殿まで二十余町に及ぶまで造作したりし。一族親類の殿原の室、郎等眷族の住所、細かに数ふれば五千二百余宇の家々……

最盛時の一族郎等の家数は、広範囲におよんで五千を越えたとあるが、かなりの誇張があろう。こんにちその面影を残すものは皆無に等しく、頼盛の池殿、教盛の門脇邸、重盛の小松殿といったことを町名に留めているにすぎない。

この六波羅館は、後述の西八条第などとともに都落ちに際して、平家みずからの手で火をかけて焼いてしまった（『玉葉』寿永二年七月二十五日条）。やがて鎌倉時代になると、幕府によって西国の御家人や京都の朝廷を監視するための拠点として、その地に六波羅探題が置かれるようになる。ちなみに東福寺の南の惣門（鎌倉時代、重文）は六波羅門と称し、探題のそれを移したと伝える。

ところで、摂政藤原忠実は永久元年（一一一三）十月一日の日記に次のようなことを書きとめている（『殿暦』）。

今日、院の女御世の人、祇園女御と云う備前守正盛六波羅蜜堂において一切経を供養す、と云々。……上達部・殿上人多く以て参会す。余、職事四人、堂童子を勤仕す。

これによると、忠盛の父の正盛が六波羅蜜堂を所持しており、公卿らが参列して一切経供養が行われたことが知られる。また、この前年のこととして、正盛が六波羅の一郭の珍皇寺に土地を所有していたことも知られ（天永三年十一月八日付「丹後守平正盛請文」『平安遺文』一七八一号文書）、平家と六波羅の地は正盛にまで遡るのである。六波羅の地を介して白河法皇と寵姫の祇園女御、そして正盛が結びついていた。上記の一切経供養の年の春には、白河法皇がこの堂（時に正盛は丹後守）に方違え御幸を行っている（『殿暦』永久元年二月二十五日、閏三月二日条）。

最近になって六波羅の一郭の千平方メートルほどの地の発掘調査が行われた。そこは最近まで京式の登り窯が存在していた場所である。筆者は数人の研究仲間と発掘担当者から懇切なる説明を聞きながら現場を見学する機会に恵まれた（二日後に現地説明会が行われている。令和元年五月十九日）。

遺構からは弥生時代の方形周溝墓、平安時代中・後期の土坑や溝がみつかっている。とりわけ平安中期の木棺墓、平安後期の堀跡の発見は、この地の歴史を考えるうえで重要である。

そもそも鴨東一帯は鳥辺野へ通じる葬送地の入り口であった。つまり、此岸と彼岸の境界でもあり、寺院が多いのもその表れといえよう。「六波羅」という地名にしても、「六原」とも記し、「髑髏原」の転訛したものとの説もある。さらに広範囲な確認を必要とするものの、平安中期の木棺墓の発見は、それまで人の住む場所ではなく、葬送の地であったことを暗示していよう。そういう場所へ貴族が居住することには抵抗があったであろうが、武士である平家が大きな居住区としたことは頷ける。

また、同時に発見された平安後期の堀跡は、その構造から防御用と推定され、六波羅第を襲来から守るためのものであったと考えられている。この堀は一度埋まって鎌倉初期に再利用されているというから、六波羅探題の政庁で活用されたのであろう。周辺の更なる発掘調査が望まれる。

西八条第跡の碑

平家の西八条第

吉川英治の名作『新・平家物語』は次の文で始まる。

「平太よ。また塩小路など、うろうろと、道草くうて、帰るではないぞ」

使の出がけに、清盛は、父の忠盛から、背へ喚《わめ》かれた。――その声を、背負つて歩いてゐる気もちの彼であった。

若き清盛のことを「平太」としているのは、『平家物語』（巻第一）の西光法師とのやりとりのなかで、京童《きょうわらんべ》が清盛のことを「高平太」と呼んだことに依拠しているのであろう。また「塩小路」とは、七条大路の一本南の通りを指す。平安京の左京のこの区域には、平家一門の屋敷が点在していた。その中心的存在が、朱雀大路に近く六町の広さを誇った清盛の西八条第である。吉川は、清盛が生まれ育った家をこの辺りに想定しているのである。

清盛と同年の西行（佐藤義清《のりきよ》、一一一八～九〇）は、「忠盛の八條の泉にて（中略）月あかかりけるに池に蛙の鳴きけるをききて」という詞書とともに「さ夜ふけて月にかはづの声きけばみぎわもすずし池のうきくさ」という一首を残している（『聞書残集』）。この「忠盛の八條」の家は西八条第の可能性が高いとされるので、吉川の設定は歴史的事実にも合致している。

白拍子舞（中田昭撮影）

今　様（中田昭撮影）

ただし、『平家物語』（巻第六）で「玉を延べ金銀を鏤《ちりば》めて作られたりける西八条殿」と謳われた大邸宅が出現したのは清盛の時からである。六町におよんだ広大な邸宅の中心は八条坊門櫛笥亭（八条一坊十一町）であったようで、清盛の福原滞在後は妻の時子（二位の尼）がこの亭の主となっており、この南には時子供養の仏堂があった。また、その東隣は関白藤原基実の妻となった娘の盛子邸となり、この北（つまり櫛笥亭の東）は一時期、高倉上皇の御所となるなど、一町単位で使用されていたことが知られる。

『平家物語』（巻第一）によれば、仏御前が清盛に白拍子舞を見てもらおうと門を叩いたのも、この西八条第であった。仏御前は追い払われそうになるが、その邸で養われていた白拍子妓《ぎ》王《おう》（祇王とも）のとりなしで清盛との対面を許され、今様を謡い、舞を見せた。すると清盛はそれに魅了され、それまで寵愛していた妓王から仏御前へと心変わりしてしまう。冷たい仕打ちに妓王は悲嘆に暮れ、母の刀自、妹の妓女とともに出家して奥嵯峨の往生院に隠棲した。その旧跡が現在「悲恋の尼寺」として知られる祇王寺である。

このほか幾多の逸話があるなかで、この邸におけるもっとも印象深い出来事というと、治承三年（一一七九）に生後一年の東宮、言仁《ときひと》親王（後の安徳天皇、高倉天皇皇子で母は平徳子）が初めて行啓して来た時の話であろう。東宮が指を舐《な》めて明障子《あかりしょうじ》（こんにちの障子）に穴を開けると、六十二歳の「爺」こと清盛も、同じように指を舐めて穴を開け、二人で交互に穴を開けて戯れた。清盛は感涙にむせんで、「この障子はわが家の家宝であるから、倉底に大事にしまっておけ」と家来に命じたとされる。反平氏運動が激化してきたさなかとあって、この行啓の折には辻々に武士を配し、舞台となった櫛笥亭の周辺は蟻一匹通さないほどの物々しさであったという（『山槐記』治承三年十二月十六日条）。

それから間もない治承四年（一一八〇）に言仁親王が数え三歳で安徳天皇として即位し、清盛は野望を果たしたかに見えた。しかし翌年の閏二月四日、清盛は病に倒れて他界。その二日後に西八条第で火災が発生して大小五十余の建物が焼けたとされる。『玉葉』によると、その後、再建されるも、それも寿永二年（一一八三）、平家一門が木曽義仲によって平安京から追われる際に平家みずからが火を放ち、跡形もなく灰燼に帰してしまった。そして文治元年（一一八五）、壇ノ浦の合戦において安徳天皇は二位尼とともに入水し、一族の多くも入水あるいは戦死して平家は滅亡するのである。

こうしたさまざまな歴史ドラマの舞台となった西八条第の跡地は、近代には梅小路貨物駅となっていたが、平成七年（一九九五）、建都千二百年記念事業として整備されて梅小路公園となった（一郭に石碑と説明板がある）。面積約一三・七ヘクタールの広大な公園内にその後、京都市初の本格的な水族館「京都水族館」や、日本最大級の「京都鉄道博物館」がオープンし、市民の憩いの場として、また観光スポットして人々に親しまれている。

3　寺院と邸宅

東寺と西寺

ところで、遷都当初、平安京内には官寺として東寺と西寺しか存在しなかった。これは桓武天皇が私寺の建立を認めなかったことによるもので、京外に私寺が多く存在するのはそれと関わりがある。ここ

空　海（龍泉院蔵）

東　寺

で京内の寺院についてふれておきたい。

平安京の南の九条大路と朱雀大路の交わるところに羅城門が開かれ、この門を入った左右対称の位置に東寺（教王護国寺《きょうおうごこくじ》）と西寺が存在した。これは平安遷都にともない桓武天皇が鎮護国家・王室繁栄を祈って造営された京内における唯一の寺院であった。ともに国家の寺として栄えたが、西寺は十世紀末の火事以降、衰亡に向かい、鎌倉初期には焼失してしまった。

いっぽう東寺は弘仁十四年（八二三）に嵯峨天皇から空海に勅賜され、真言寺院として発展を遂げ、こんにちに至っている。真言宗の開祖、弘法大師空海（七七四〜八三五）は、十五歳の時に讃岐国より上京して官吏の道を目指すが、求めていたものとの違和感を痛感し、仏道へと傾斜していった。それからというもの密教の修法を極めるべく山野を廻り、修行を重ねた。そして延暦二十三年（八〇四）、三十一歳の時に最澄とともに唐に渡り、二年間の在唐で研鑽を積み、帰国して嵯峨天皇の命により高尾山寺（神護寺）に入った。ここにおいて真言密教を流布し、彼の教えを請うて多くの僧が集った。そして一宗の根本道場として東寺を賜わり、四十三歳の弘仁七年（八一六）には嵯峨天皇より高野山を賜わり、真言宗の総本山となる。

また、弘法大師空海は社会のためにも尽力し、なかでも讃岐国（香川県）の満濃池《まんのういけ》（わが国最大の灌漑用の溜池）の修築工事は知られるところである。ほかの事業としては道を開き、架橋を行い、日本初の庶民教育機関といえる綜芸種智院《しゅげいしゅちいん》を東寺の近隣に建立したことでも知られる。

六角堂と革堂

こんにち京内には宗派を異にする数多くの寺院（私寺）が存在するが、桓武の禁止令と抵触するのは、

六角堂

聖徳太子が建立したとされる六角堂（頂法寺）である。しかし、根拠となっている『六角堂縁起』の成立が十世紀をのぼらないことや信憑性の高い記録にみえる初見の年代などから、平安時代を遡るものではないと考えられている。近年の発掘調査の結果からも、その創建は十世紀末ごろとされ、京内で初の私寺と位置づけられるのである（古代学協会編『平安京六角堂の発掘調査』一九七七年）。

ついで十一世紀初頭に京内に登場するのが、橘行平《ゆきひら》を開基とする因幡堂（平等寺）である。『因幡堂縁起』によれば、長徳三年（九九七）に行平が因幡守の任を終えて帰国の途中、夢告により海中から薬師如来像を引き上げて祀ったのが起こりとされ、長保五年（一〇〇三）に創建された。

これと前後して、京外北と至近の一条油小路の東北の地に、寛弘元年（一〇〇四）に出現するのが行願寺である。創建者の行円という僧は、寒暑を問わず鹿皮の衣を身に纏っていたので皮聖《かわひじり》と呼ばれ、それに由来して寺名も一条革堂《こうどう》とか一条北辺堂と称された（ただし、当辺には一条北辺堂と呼ばれる堂が、この寺以外にも何ヵ所か存在したことが日記などから知られる）。行円は、南無阿弥陀仏を唱えれば極楽往生が叶うと京のそこかしこで説いて回った遊行僧で、その教えは高度な知識を要求する天台宗、真言宗などと違って理解しやすかったので広く庶民に浸透していった。ちなみに、革堂の近くに邸を構えていた藤原行成は行円に頼まれて寺額を書いている（『権記』寛弘元年十二月十一日条）。

六角堂と革堂はともに如意輪観音像を本尊としており、この時期すでに高まりを見せていた霊験あらたかな観音の導きにひかれて、貴賤を問わず多くの人が参詣した。とりわけ六角堂は当時、盛行していた太子信仰とも相俟って参詣者でにぎわい、十二世紀には「観音験《しるし》をみする寺」として『梁塵秘抄』に詠いこまれている。縁起の成立が十二世紀中期とされるのは、このことと関わっているように思う。つまり六角堂の僧たちが聖徳太子を取り込むことで寺の更なる発展を期したのではなかったか。二十九歳の親鸞が叡山を下りて百日の参籠をしたのも六角堂であった。

こういった信仰に裏づけられて発展した六角堂と革堂は、中世になると、それぞれが京を二分する上京（上辺）と下京（下辺）の中心的存在となり、町衆の集会場としての役割を担うことになる。

貴族たちの御堂建立

いっぽう京内に寺院の造立を差し控えた貴族たちは、宗教儀礼の場として自邸内に御堂を営んだ。関白藤原実頼（九〇〇〜七〇）が、十世紀中ごろに小野宮第の一郭に構えた御堂はその早い例であろう。祖父実頼《さねより》からこの邸を伝領した養子の藤原実資《さねすけ》（九五七〜一〇四六）は邸内に念誦堂を建立しており（『小右記』寛仁三年十月二十一日、治安三年五月十日条）、道長（九六六〜一〇二七）も土御門殿内に御堂を造作している（『権記』長保四年三月一日条）。

こういった類の御堂が際立って登場してくるのは院政期、十一世紀末から十二世紀半ばにかけてのことである。地域的には九条、八条に集中している。それを拾えば、太政大臣藤原信長（一〇二二〜九四、道長孫、関白教通の子）の九条堂、太政大臣藤原伊通《これみち》（一〇九三～一一六五）の九条堀川堂、権中納言藤原顕頼《あきより》（一〇七二～一一二九）の九条堂、白河天皇女御藤原道子（一〇四二～一一四二）の九条堂、権中納言藤原顕隆《あきたか》（一〇九三～一一六五）の八条堂、中納言藤原家成《いえなり》（一一〇七～五四）の八条堀川堂、平時子の西八条第の二品堂、参議藤原家保《いえやす》（一〇八〇～一一三六）の七条東洞院堂などである。経営者の顕隆、顕頼、家保、家成らは白河院政下で権勢をふるった人々である。

なお、十一世紀末の段階で御堂の建立が顕著であったことは、「日来、両京の間に多く堂舎を立つこと朝憲に乖《そむ》く」（『本朝世紀』寛治元年八月二十九日条）という理由で京職と検非違使に命じて厳しく抑制させている事実が証明している。

同じころ前関白藤原師実（一〇四二～一一〇一）が祖父道長以来の土御門殿に嫡妻、源麗子のために御堂を建立するに際して、「洛中は憚るによりて瓦を葺かず、鐘楼を建てず」（『中右記』『百錬抄』嘉保二年六月十八日条）とあること、十三世紀後半においてなお「私堂舎、争《いかで》か京中に建てん」（『三代制符』文永十年九月二十七日付宣旨）とあることなどをみると、桓武天皇の遺訓が意外と後世にまで強く意識されていたことが察せられる。

京外の寺社と邸宅

京中における寺社の建立が憚られると、おのずとその地は京外に求められる。かくして京外に寺社が出現していった。

京の北端を示す一条大路（北極大路とも）より北に展開する比較的早い時期の様相は、天皇の遊猟地としての禁野のほかに、上出雲寺《かみいずもでら》、上御霊神社、北野廃寺、北野社、平野神社といった宗教的な施設が

北野天満宮（中田昭撮影）

上御霊神社（中田昭撮影）

散在する程度であった。野原が多かったことは、「北野」という地名に象徴される。平安京の北側に広がる七野《しちの》（内野、北野、平野、点野、紫野、蓮台野、上野の七ヵ所の野）は、天皇や貴族の狩猟場であり野草を摘んで楽しむ遊興の場だったが、それが徐々に嵯峨野などの郊外に移っていったことにより、当辺において禁野の跡地利用を含めて変化がみられるようになった。それが所領や公共の馬場（左・右近馬場）であったり、寺社であったりした。

九世紀中ごろに登場する雲林院《うりんいん》もそのひとつである。この寺院は淳和天皇（七八六〜八四〇）の離宮であった紫野院を寺とし、僧遍昭《へんじょう》（八一六〜九〇）を住持としたことに始まる。貴賤の信仰を集め、十世紀末からは菩提講《ぼだいこう》（法華経を講説して衆生を仏道に導く法会）が行われるようになり、多くの庶民が集って活況を呈した。『源氏物語』に、光源氏が雲林院に参籠した描写がみえ、紫式部もよく知る寺院であった。

十世紀に入ると北野社、蓮台寺《れんだいじ》（上品《じょうぼん》蓮台寺）、施無畏寺《せむいじ》（観音寺）、さらに十一世紀に引接寺《いんじょうじ》（千本閻魔堂）といった寺社が登場している。

一方で宅地化も進み、その早いものが桃園第《ももぞのてい》であろう。これは、先に一条革堂のところでふれた藤原行成（九七二〜一〇二七）の邸宅である。当辺は京外とはいえ、大内裏に近いので便利な場所であった。行成はこの邸の寝殿を堂と成し、等身の金色大日如来像などを安置して、百人を超す僧らによって盛大な供養を行っている。こうして創始をみた世尊寺《せそんじ》は十日後には御願寺となっている（『権記』長保三年二月二十九日、三月十日条）。

この世尊寺の東隣には同じ時期、実相寺と妙覚寺が南北に並んで登場しているが、いずれも受領クラスの邸宅を寺にしたものである（『権記』長保三年三月二十二日条）。このほか大蔵卿藤原長忠《ながただ》（一〇五七〜一一二九）の一条堂、隠岐守大江行重《ゆきしげ》の堂塔などが当辺に所在した（『中右記目録』天治元年七月二十七日条、『本朝世紀』仁平二年三月二十九日条）。

平安時代も末期ともなれば、一条大路に南接して、近衛家の別所である藤原基通《もとみち》（一一九七〜一二四二）の猪隈《いのくま》殿、西園寺・九条両家の一條殿（ちなみに関白藤原道家《みちいえ》〈一一九三〜一二五二〉はこの邸に立派な桟敷を構えていた）、今出川殿といった摂関家の邸宅が建ち並んでいた。鎌倉初期のことであるが、藤原定家（一一六二〜一二四一）が「舎屋相連ね空地無き」（『明月記』）と指摘するように、この時期ともなれば、京外以北でも場所によっては賑うところもあったのである（高橋康夫『京都中世都市史研究』参照）。

洛東の寺院

北部と比較して京外東部における仏堂の出現ははるかに多いが、それはすでに述べた鴨東における院の御所や平家一門の屋敷の登場と無関係ではなかろう。鴨東ならぬ鴨川西で東京極大路以東の地域についても見ておかねばならない。なぜなら、そのことが鴨東への進展の契機と考えられるからである。

その地区の一条末路以北には、九世紀に遡るとされる河崎観音堂があった。感応寺《かんのうじ》とも号したこの堂は、「河崎」の語からイメージされるように鴨川原の至近に存在し、観音信仰の寺として参詣人で賑った。この寺院は中世においても健在で、『とはずがたり』の作者である二条の父、大納言源（久我）雅《まさ》忠《ただ》（一二二八〜七二）の河崎邸が近くにあり、作者が里邸にいたとき観音堂の鐘を聞いて心を動かしている。下って南北朝の内乱期には軍勢の宿となったこともあり、応仁の乱で被災し、十六世紀前半に観音堂が焼失して以降、退転したらしい。

河崎堂の南には、歌聖とうたわれた藤原定家の一条京極第があった。また平安時代の中期から後期にかけては、堤中納言の名で知られる歌人、藤原兼輔《かねすけ》（八七七〜九三三、紫式部の曽祖父）の堤第《つつみてい》、藤原成範《しげのり》（一一三五〜八七）の桜町第、大江朝綱《あさつな》（八八六〜九五七）の梅園第ほか公卿たちの邸第が散在した。さらに三条末路辺には、貧窮者や孤児の収容施設である悲田院《ひでんいん》があった。

摂関家に関わるものとしては、十世紀末に摂政藤原兼家（九二九〜九〇）が二条京極第を寺院とした法興院《ほうこういん》があり（『小右記』正暦元年八月十二日条）、この一郭に子息の関白道隆（九五三〜九五）が亡父の菩提を弔って積善寺《しゃくぜんじ》を建立している（『日本紀略』正暦五年二月二十日条）。

道隆の実弟の道長は、自邸の土御門殿と東京極大路を挟んで四町余りの広大な敷地に多くの伽藍をもつ法成寺《ほうじょうじ》を建立し（『小右記』寛仁三年七月十七日条）、その南には左大臣藤原顕光《あきみつ》（九四四〜一〇二一）の広幡第《ひろはたてい》を寺院とした祇陀林寺《ぎだりんじ》（広幡寺）があった（『権記』長保二年四月二十日条）。また院政期には、この界隈に堀河天皇の中宮篤子内親王（一〇六〇〜一一一四）の京極御堂こと證菩提院《しょうぼだいいん》（『殿暦』『百錬抄』永久五年正月八日条）、右大臣源顕房《あきふさ》（一〇三七～九四）の御堂（『殿暦』永久五年正月八日条）、大納言源経信《つねのぶ》（一〇一六～九七）の河原堂などがあった（『中右記』天永三年十一月十九日条）。

鴨東の様相については、院の御所のところで少し取りあげたが、早い時期のものについてここでふれておこう。

鳥辺野で代表されるように早期においては、鴨東は野辺送りの煙漂う彼岸の雰囲気に包まれた場所であったかと思う（京都市編『史料　京都の歴史』第十巻「東山区」概説〈朧谷執筆〉平凡社、一九八七年、参照）。

藤原定家一条京極第跡の碑と除幕式の様子（2023年２月）

八坂塔で知られる法観寺のように遷都以前から存在した古い寺院もあるが、平安京が定まって以降のものとしては、桓武天皇の菩提を弔って菅野《すがの》真道《まみち》（七四一～八一四）が創建した雲居寺《うんごじ》は早い時期にみられる寺院であろう。この寺は法観寺に隣接してあったが、この周辺にはほかに長楽寺、安養寺、双林寺、少し離れて霊山寺、清閑寺といった寺院が十世紀までには出現していた。

十世紀の鴨東で注目されるのは、空也上人（九〇三〜七二）の六波羅蜜寺であろう。この辺りは鳥辺野への道程、つまりは冥界への通り道とされ、その道筋に象徴ともいえる珍皇寺《ちんのうじ》（愛宕寺《おたぎでら》、六道珍皇寺とも）があった。空也は南無阿弥陀仏の六字名号を唱えながら市中を練り歩いて、貴賤を問わず幅広い層の人々に念仏を唱えることを勧めた。十世紀半ば、空也が鴨川原で般若経の供養を行った時には、六百人の僧が参加し、世俗の者も上は左大臣から下層の道俗男女まで大勢の人が参集して結縁したという（『日本紀略』『扶桑略記』応和三年八月二十三日）。その際に鴨川の東岸に一堂を建てたとあるが、この延長上に六波羅蜜寺を位置づけることができる。

なお正確を期すれば、空也の時には西光寺と称していたのを、彼の死後に弟子たちによって整備されて六波羅蜜寺の名となった。この地一帯が平安末期になると平家一門の館になることは先述のとおりである。

4　市から町へ

東市と西市

これまで京外への発展を個々の事例をあげて述べてきたが、それはとりもなおさず権力を持つ側の歴史であった。そこで今度は庶民たちの側に目を転じて、その暮らしを見ていくことにしよう。

平安京の住民たちの消費生活を一手に担ったのが、七条の地で朱雀大路をはさんで対称の位置に営まれた官営市場の東市と西市であった。言うまでもないが、朱雀大路東側の左京に設けられたのが東市、右京側が西市である。この東西両市の設営が遷都に先がけて行われているところに市の占める重要さを読み取ることができよう。市は、一ヵ月の前半が東市、後半が西市というように交互に開かれた。そこでは、左・右京職のもと市司の統括を受けて、市町に住む市人が肆《いちくら》と称する店舗において指定された品物を販売した。その商いの様子の一端は、四天王寺蔵の『扇面古写経』の下絵に描かれている魚棚などから窺い知ることができる。

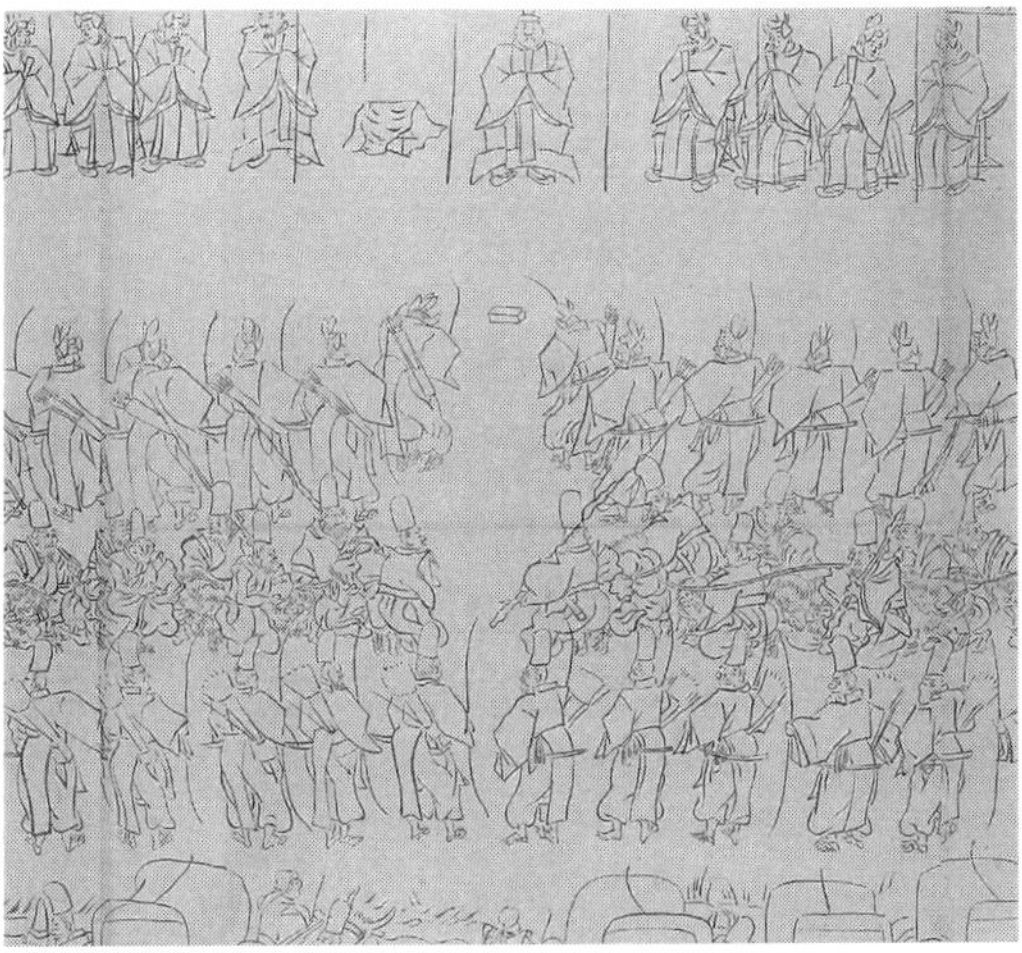

著鈦政（『年中行事絵巻』模本）

市屋道場（『一遍聖絵』）

市には種々の階層の人たちが集まって来るので、そこではさまざまなドラマが展開された。「よき人々市にいきてなむ、色好むわざはしける」（『大和物語』）とあるように恋愛もその一つである。また、群衆の前での見せしめをねらって催された著鈦政《ちゃくだのまつりごと》（「鈦」は鉄製の足枷の意で、「鈦著」で鈦を着ける意）などは年中行事化している。これは罪人に足枷を着けて引き出し、罪状を決めて獄所へ送る行事で、『年中行事絵巻』にその様子を伝える場面がある。

先にふれた空也も、当時はまだ仏教が一部の高貴な人々のものであったため、多くの庶民が集まる市でさかんに布教活動を行っていた。この僧が市聖《いちひじり》と呼ばれたゆえんである。そして鎌倉時代の後期になると、時宗を開き各地を行脚して京に入った一遍が、空也が東市に開いた市堂の故地に板屋を建てて踊念仏《おどりねんぶつ》を行った。これを市屋道場と呼んだが、その雑踏ぶりは『一遍聖絵』によって知られる。また一遍は四条京極の釈迦堂（現在の染殿院）にも七日間滞在して踊念仏を行っており、『一遍聖絵』のその場面でも同様の光景がみられる。

さて、既述のとおり右京の荒廃に呼応して、西市は早くも九世紀段階で衰退の兆しがみられ、やがて東市に一本化された。

近年、西市のすぐ南のところから平安前期の道路跡と、これに沿う形で建物の遺構が発見された。この発掘調査でもっとも重要な点は、これまで文献でしか知られなかった四行八門制が考古学上から確認されたことである。さらには、建物の規模が平安京の住居の最小単位である一戸主を示していることもわかり、当辺には庶民の生活空間が展開していたことが推察される。

市から店棚へ

平安末期ともなると、一本化されて残った東市も、律令官衙機構のゆるみなどによって衰退の一途をたどった。十二世紀末の文献には、商いの場所が都城に付設された七条の市から七条町へ移行していったこと、そして後者が私的なものであることが記されている。市を離れた商人や京外からやって来た人たちが、個人的に商いをするようになってきたのである。ここに消費経済に関わる者たちの「公」から「私」への変化をみることができる。彼らが店舗を構えた場所は、主として七条町のほかに三条町、四条町といわれるところであった。これらは、町小路（南北の小路で、「町口」「町尻」小路とも。現在の新町通）と三条・四条・七条大路との交叉する地点を中心とする広がりをもった一定の地区を指しており、この一帯に商工業者が進出していったのである。

このことは、先に述べた朱雀大路の退転に代わる道路として、左京の中央に位置していた町小路が都市形成のうえで大きな意味をもってきたことを物語っている。そもそも「町」とは、条坊制においては一定の空間を指していたが、それが転じて店屋の立ち並ぶ商いの場、すなわち繁華街を意味するようになった。町小路を中心とする帯状の地域における火災記事が十二世紀以降に頻出することからも、そうした町の発展を裏づけている。

じつは十世紀末ごろから、歩きながら商いをする物売りの姿が京内でみられていた。『源氏物語』（「東屋」の巻）では、三条大路にほど近いところに身を隠した浮舟の隠れ家へ忍んで来た薫は、自邸に帰る早朝、品物を頭の上に載せた物売りが一団となって売り歩く声を耳にしている。また『今昔物語集』には、販女《ひさぎめ》が鮎鮨を売り歩く様子が描かれている。こうした物語で語られる市女《いちめ》（市人《いちびと》）とか販女と呼ばれた行商人の姿は、絵巻でも確認することができる。『年中行事絵巻』には、野菜を入れた桶を頭上に載せて町を売り歩く女が見えるし、『直幹《なおもと》申文絵巻』には、干魚を入れた方形の木箱を頭上に載せ、足駄を履いて物売りに精を出す女がイキイキと描写されている。なかには諸国を回って仕入れた品物を売り歩く人もいたようで、彼らは京と地方の交流にも一役買っていた。三条・四条・七条町といった商いの町がいつどのように始まったのか、その起こりの詳細は不明だが、物を売り歩いていた行商人のなかには、一定の場所に定着して商いを始めた者もいたにちがいない。そうしたことから次第に町が形成されていったのではなかろうか。

鎌倉時代になると、三条大路の南北の小路と町小路との交点を中心とする地域において、それぞれ六

野菜売り（『年中行事絵巻』）

干魚を頭にのせて売る女（『直幹申文絵巻』）

角町供御人《くごにん》、姉小路町供御人と称する商人たちが、魚や鳥を商う店屋を開いている。供御人とは、諸官衙の管轄のもと宮中で用いる食品・雑貨類を貢納（供御）する人のことだが、彼らのなかから供御物の余剰品を販売する者が現れたのである。これも、三条町における店舗の進展の一環であった。彼ら供御人は官衙の管轄下にあった。いっぽう堀川沿いの五条・六条間に登場した材木商人や刀剣・綿などを扱う商工業者は、共同組織としての座を結成して商業活動を行っていたが、特定の寺社や権門勢家の支配下にあった。いずれにしても、町に進出した商人たちは、どこかしらと何らかの形で従属関係に置かれていたのである。そのため、商人たちはその支配者に対して税金などを納める義務があったが、その代わりにさまざまな特権を与えられ、国家に対する課役は免除された。

構えられた店舗の様子については、絵画資料によって知ることができる。例えば『長谷雄草紙』にみえる網代《あじろ》の板壁の店には、魚が並べられ、鳥や草履が吊してある。また『直幹申文絵巻』では、並んで建つ二軒の商店の棚に魚介類と果物や草履が並び、店先の道端には薪が並べて売られている。往時の活気ある光景が偲ばれる。

網代板壁の店（『長谷雄草紙』）

建ち並ぶ店舗と富裕商人

東市と至近のところにあった七条町は、市への往来などで寄り集まる人々を対象にして、私的に商いをする者が早いうちから登場した。それが、十三世紀前半の時点では「商賈《しょうこ》の百強」「商賈充満」（『明月記』）といわれるまでに成長している。七条界隈にあったのは商家ばかりではない。経師、仏具師、鋳物師、金銀細工師、薄打、武具製造者といった金属工人も当辺に集住していた。架空のものながら藤原明衡《あきひら》（九八九〜一〇六六）が書いた『新猿楽記《しんさるがくき》』には、当時のさまざまな職業人が列挙されており、そのなかに七条以南の保長《ほうのおさ》を務める金集百成《かなつめももなり》という人物が登場する。この人は鍛冶・鋳物師、金銀細工の上手とされ、名前からして財を成したことを印象づける。作者が生きた十一世紀中ごろの七条界隈には、百成のような金属工が集まって生活していたのであろう。

『新猿楽記』には、大仏師《だいぶつし》も顔を出す。大仏師ともなれば、その下にかなりの人数の仏師の集団をかかえている。彼らの作業所は仏所《ぶっしょ》と呼ばれた。十一世紀段階で京内に実在したものとしては七条仏所が知られる。七条大路南・東洞院あたりに所在し、仏師の祖といわれる定朝《じょうちょう》の工房兼宅地があったとされる。なお、平安末期から鎌倉前期にかけての当辺の遺構からは、仏具や刀装具の鋳型、坩堝《るつぼ》、鞴《ふいご》などが出土している。七条あたりが金属工人の集住地であったことを示すものといえよう。こんにちの京都市の七条通に仏具店が並ぶのはそうした歴史的伝統によるものであろうか。

この地が商工業で成功した富裕者たちの居住域であったことは、火事の記述からも知られる。藤原定家は文暦元年（一二三四）八月に起きた七条町を中心とする周囲十六町ほどの火事について「地を払って焼亡す」と、何も残らず焼失したことを記したあと、次のように続けている（『明月記』八月三・五日条）。

土倉は員数を知らず、商賈は充満し、海内の財貨は只其の所に在りと云々。黄金の中務は其の最となす。翌日より皆造作すと云々。商賈富有の同類相訪ぬれば山岳の如く積み置く。先ず大路を隔て各幔を引き其の中の境に居る。飲酒肴は勝げて計うべからず。

倉に財宝が満ちた商賈（商売、商人）の屋並みが目に浮かぶが、そんな繁華街が焼け野原となったのに、焼け出された人は仮住まいのところでも宴会をし、火事の翌日から家の造作に取りかかる、というのだから、その財力たるや相当なものである。なお、被災地区内の塩小路町は三年前にも火事に遭っているが（『民経記』寛喜三年）、その原因は、ここに集住する「金源三某」の一族の家に群盗が押し入って放火したことによるという。家長の俗名はいかにも金満家を思わせるものである。

肥満女（『病草紙』）

先の引用文で注目されるのは「土倉《どそう》」の語で、これが土倉記事の初出とみられている。土倉とは高利貸しを旨とする金融業者のことで、質倉（蔵）を所持していたことからの造語と考えられている。十四世紀初めには京都で三百軒を超える土倉がいたとされ、その多くは延暦寺の支配下にあった。

そもそも土倉というのは前身を借上《かしあげ》といい、十二世紀後半には記録にみえ、彼らが商工業者の中心となっていったと考えられる。借上がいかに富裕であったか、その豪奢な暮らしぶりは、絵と詞書から成る『病草紙《やまいのそうし》』の「肥満の女」に、「ちかごろ、七条わたりに借上する女あり。家富み、食ゆたかなるゆへに、身肥へ、肉あまりて、行歩たやすからず」という一文からもうかがえる。添えられた絵を見ると、七条で高利貸しをしている女は丸々と太って、両脇を抱えられるようにして歩を進めている。一人では歩けないほどに肥満するとは、いくら富を築いたとはいえ贅沢のしすぎである。

巷所と辻子

このような都のありようの変化に応じて、道路にも変化がみられた。そのひとつが「巷所《こうしょ》」の出現である。巷所とは道路を取り込んで耕地や宅地にすることで、その当然の結果として、碁盤の目状に設営された大路・小路が侵食されて道幅に出入りが生じ、所々で曲がりくねったり、極端な場合には遮断されたりした。白河上皇が御所とし、崩御の場となった三条西殿（三条烏丸西北）の発掘調査において、平安末期の三条大路がそうした状態になっていたことが実証されている。

巷所の初見は十二世紀初頭であるが、すでに十世紀初頭に水田化によって街路が狭められることへの禁止令がみえるから、実態は早くに見られたのであろう。また第二章で述べたように、街路を狭めないという条件付きで街路辺の湿潤な土地での水葱、芹、蓮などの栽培が許可されているが、こうしたことが道路を不法占拠して耕地とする行為につながり、ひいては巷所の出現を招くことになったのである。

そのことは、「宮城の東西ならびに朱雀大路の七条に至る」までの泥途《ぬかるみ》を掃除させ、「溝渠《こうきょ》を開鑿《かいさく》して往来を煩わし、田畝を耕作」する行為を停止させる宣旨（『兵範記』仁安三年〈一一六八〉）が証明している。この六年後に八条朱雀の西北角の巷所が売買の対象となっていることと併せて注目される。これが十二世紀末ともなると、もはや道路を耕作して巷所を企てることが常態化していたとみえ、頻繁に戒める命令が出されている。

巷所が道路の侵食を意味するのに対して、道路の新造を表すものに「辻子《ずし》」がある。これは、がんらい宅地でなかったところに住宅ができ市街地化されて新たに作られたか、もしくは土地を有効利用するために町の区画のなかに設営された道路のことであり、十二世紀以降に多くの例を見ることができる。言ってみれば、巷所と辻子の出現は平安京の基本であった条坊制の崩壊を招いたのである（足利健亮「京都の逗子について」、高橋康夫「辻子―その発生と展開」）。

また、新しい時代の息吹は、京内を「東と西」から「南と北」で区分するようになった変化にも感じ取ることができる。繰り返しになるが、そもそも平安京は朱雀大路を中心軸として左京と右京が左右対称につくられた。しかし、右京の衰退によってそれが崩れ、京の構成概念は左京中心に変化した。さらに左京域が拡大していくなかで、二条大路を境界として左京を南北に二分する概念が生まれたのである。

その北部を「上辺《かみわたり》」（上渡）といい、この地区が中心の大内裏と深く関わる諸司の厨町（諸々の役所に所属する下級官人の生活の場）と宮外官衙を核に発展したのに対して、「下辺《しもわたり》」（下渡）と称する南部は、先にみたように商工業地区としての展開を遂げていった。この「上辺・下辺」の語は十二世紀初頭にはみられ、時代が下がるにつれて「上町・下町」、さらには「上京・下京」へと名を変えてゆくのである。

第八章　平安京の災禍——疫病・飢饉・地震

1　鴨川の氾濫

寺社勢力の強訴

「御堂流」と呼ばれる自家への摂関家の固定の道をつけ、安定政権を樹立した藤原道長は万寿四年（一〇二七）十二月に六十二歳でこの世を去った。その半年後、朝廷に大きな衝撃を与える事件が東国で起きている。房総半島に勢力をもつ大豪族で下総権介《しもふさごんのすけ》の平忠常《ただつね》が反乱を起こし、三年にわたってこの地を混乱状態に陥《おとしい》れたのである。

朝廷は討伐軍を派遣するも、この「平忠常の乱」をなかなか鎮圧できず、最終的には「道長四天王」と称された有力武士の甲斐守源頼信《よりのぶ》（九六八〜一〇四八）を追討使として派遣するにおよび、やっと長元四年（一〇三一）に忠常は降伏した。東国でのこの種の反乱は、天慶二年（九三九）に起こった「平将門《まさかど》の乱」以来、約一世紀、絶えてなかったことであり、偶然とはいえ道長の死の直後に起きているのは、何か世の不安の到来を思わせるものである。実際、この二十年後には前九年の役、さらに後三年の役が

比叡山

園城寺

相次いで起きており、東国の動きが活発化して、中央にとって脅威の存在となりつつあった（元木泰雄「藤原頼通――欠け行く望月」）。

　不穏な動きは、東国に限ったことではなかった。お膝元の京でも朝廷の力は翳りを見せはじめていた。道長の跡を継いだ藤原頼通の摂関政治は、年数の長さからすると安定期のようだが、内実はおよそ安泰とは言えないものだった。というのも、寺社勢力が僧兵を抱え武力をもって無視できない存在となり、朝廷に強く圧力をかけるようになっていたのである。ことに天台宗（その成立については後述）では十世紀ごろから、慈覚大師円仁《じかくだいしえんにん》（七九四～八六四）を祖として延暦寺を本山とする山門派と、知証大師円珍《ちしょうだいしえんちん》（八一四～九一）を祖として園城寺《おんじょうじ》（三井寺）を本山とする寺門派との対立抗争が激化し、両者がそれぞれ自分たちの要望を通すために朝廷へ強訴《ごうそ》を繰り返していた。僧兵による武力での威嚇のみならず、神や仏法の権威をかざして無理難題を要求してくる強訴に対して朝廷はなす術もなく、懊悩《おうのう》を深めていた。

そんななか、事もあろうに、関白藤原頼通の名邸、高陽院《かやのいん》が叡山の天台衆徒によって放火される事件が起きた（『扶桑略記』長暦三年三月十六日条）。発端は天台座主《ざす》の補任をめぐる諍いであった。長暦二年（一〇三八）、「帝の師」（帝は後朱雀天皇、『春記』十月十一日条）といわれた天台座主の慶命《きょうみょう》が入滅した（『帝王編年記』九月七日条）。その補任にあたって、関白頼通は後朱雀天皇の意思を覆して、親近の明尊《みょうそん》（九七一～一〇六三）を後継に推した（『春記』十月十一日条）。入滅した慶命は山門派、明尊のほうは寺門派であったから、後朱雀天皇は山門派を推挙したものと思われる。ところがそれを反故にして、頼通が寺門派の明尊を推したため、山門派の衆徒三千人あまりが叡山を下って頼通の高倉殿に押し寄せて強訴におよんだのである。提出の愁状には「知証大師の門徒を以て補すべからず、慈覚大師の門徒を用いるべし」とあり、僧綱《そうごう》（僧尼を管理する僧官の職）以下が署名している。

これに対して、頼通は武士をしてひとまず追い返しているが、翌月には頼通の私邸高陽院が衆徒に放火され、焼失してしまう。はたして結末はというと、頼通が推した明尊ではなく、当初から予測されていた山門派の教円が補任されることとなった（『春記』長暦二年十月十六・二十七日条、『扶桑略記』長暦三年二月十八日、三月十二日条）。

右の事件を記す藤原資房は日記『春記』に、「一人の僧のことで一山の仏法が破亡し、王は臣に勝らんのか」と嘆き、山門派の僧徒については「弓箭《きゅうせん》を儲《もう》けて合戦の謀《はかりごと》を企《くわだ》つ。仏法の破滅なり」と述べている。武装した僧兵の姿を彷彿とさせる。

天下の三不如意

寺社勢力の強訴というと想起されるのが、白河法皇（一〇五三～一一二九）の、いわゆる「天下三不如《さんふにょ》

大水の鴨川

意《い》」（『平家物語』巻一）の逸話である。院政期に強力な権力をふるった白河法皇でさえ、「賀茂河の水、双六の賽、山法師。是ぞわが心にかなわぬもの」と嘆いたという。「賀茂河の水」とは、洪水を繰り返していた鴨川、「双六の賽」とは、双六のサイコロが出す目、「山法師」とは、比叡山の僧兵のこと。白河法皇でも、この三つは思い通りにならなかったのである。

鴨川については、前章の「歴史の静観者——鴨川」項で、禊ぎと穢れの視点から述べたが、皇族・貴族たちの禊祓の場となっていた鴨川は、護岸整備などなきに等しく、平常と雨後では様相を一変させる暴れ川でもあった。平時は水量もなかったから賀茂社へ向かう賀茂祭の祭使の一行（路頭の儀）や関白賀茂詣などは、鴨川を浮橋（何艘かの船を浮かべてその上に板を渡した橋）で渡るか、徒歩《かち》渡りであった。それだけに、少々の雨でも渡川が叶わなくなる。増水で賀茂祭の祭列の渡川が叶わず、勅使だけが神社に赴いて奉幣ということもあった。

この程度の増水ならまだいい。常は穏やかでも、鴨川は時に恐ろしい姿に豹変する。数日の雨で堤防が破れ、川水が京内に流れ込んで大変な被害をもたらすこともたびたびであった。

清和天皇の貞観十三年（八七一）の秋は雨が続き、河川が氾濫した。京内の道橋で流損したものが多く、被災者は、左京で三十五家、百三十人あまり、右京で六百三十家、四千人近くを数えたという

（『三代実録』閏八月七・十一日条）。人口密度の低い右京に被害が甚大なのは、朱雀大路以西の川の氾濫を暗示するものであろう。

この直後の閏八月十四日付「太政官符」（『類聚三代格』所収、『三代実録』同日条）をみると、鴨川堤に田畑が営まれたことが堤防決壊の原因となったので、洪水対策として私田の耕作を全面的に禁止し、公田でも堤防に害を与えるものについては禁じたとある。しかし、その効果はさほどあがらなかったのが実情のようで、その後も鴨川の氾濫がしばしば起きている。一条天皇の長保二年（一〇〇〇）秋のこと、藤原行成は日記に以下のようなことを記している（『権記』八月十六日条）。

夜来の大雨、鴨河の堤絶え、河水洛に入る。京極以西の人宅、多く以て流損す。就中《なかんづく》、左相府庭池を別せず汎溢すること海の如し。参入の人々、束帯の輩、履襪《りべつ》（鞋と足袋）を解き脱ぎ、布衣《ほい》（狩衣）・布袴《ほうこ》（准束帯、表袴→指貫）の者、上を括りて往還す、と云々。卿相或は馬に騎り、或は人に負われる、と云々。

法成寺跡の碑
（現在は新しいものになっている）

左相府とは左大臣藤原道長を指す。一夜の雨で鴨川の堤防が決壊し、濁流が東京極大路以西に流れ込んで多くの家が流され、とりわけ土御門殿は庭と池の見分けがつかず、一面が海といった状況を呈した、というのである。

当辺は『池亭記』の指摘を俟つまでもなく、高級住宅域であったが、この東北が高野川と鴨川の合流地点であったから、真っ先に被害に遭うことが多かった。三十年ほど後の長元元年（一〇二八）秋の洪水では、堤防を突き破った鴨川の水が、土御門殿と東京極大路を挟んで東に位置する広大な法成寺の東北の垣を壊して流入し、さらに東大門や北門からも流れこみ、西門からは中川の水も入ってきて、法成寺の境内は海のようであった、と『小右記』にある（九月三～五日条）。創建者である道長は前年に薨去しているので、この惨状を目にすることはなかったが、頼通は実見している。

中川は、京極川の称があるように東京極大路に沿って流れている。つまり、中川御堂の名もある法成寺は、中川と鴨川の二本の川に挟まれていたため、いったん洪水が起こると被害は免れなかった。中川といえば、『蜻蛉日記』の作者が一時期、この辺りに住んでいた。天延二年（九七四）秋の長雨で川が増水したおりに「この中川も大川もひとつにゆきあひぬべく見ゆれば、いまや流るるとさへおぼゆ」とあり、中川と鴨川が合流してしまいそうで、住んでいる家も流されるかとさえ思った、と述懐している。

洪水対策と防鴨河使

堤防決壊の大きな要因は、慶滋保胤が『池亭記』で指摘するように、川辺に家を建てて田畑を営む輩が、川を堰《せ》き止めて水を田に引き入れることで堤防を弱めることにあった。こうした河川の氾濫に対して朝廷では手を拱《こまね》いていたわけではない。防鴨河使《ぼうこうがし》を任命して堤防の修築にあたらせ、それが仕上がると覆勘使《ふくかんし》を遣わして実地検分させ、問題がなければ覆勘文を提出させて完了という具合に、厳格な手順を踏んで対策を講じていた。だが、「防河《ぼうが》の官《つかさ》、昨日その功を称《たたえ》られ、今日その破れに任《まか》す」（『池亭記』）とあるところをみると、堤防の決壊は後を絶たなかったようである。

史料によれば、洪水対策として寛弘元年（一〇〇四）三月、鴨川を新しく掘り込んで流れを東に移したところ滝のように流れ落ち、旧水路への水が止まったという。この工事は一条から近衛御門末路（こんにちの出水通り）にかけて行われ、新水路への流水の状況を道長が実見している（『御堂関白記』『権記』）。

摂関期の治水工事は川西がほとんどであるが、院政期になると川東でみられるようになる。十二世紀中期のこと、鳥羽法皇（一一〇三〜五六、在位一一〇七〜二三）は、祖父の白河法皇創建の法勝寺などが水害に遭うのを防ぐために、大炊御門末路（現在の竹屋町通りの平安京外東）より南の鴨川の治水工事を諸国に命じている。しかし、この工事が引き金になって、川辺の民家が多く流失する被害が起きている（『本朝世紀』康治元年八月二十五日、九月二日条）。その翌年には、摂政藤原忠通《ただみち》（一〇九七〜一一六四）が自邸の近衛第に鴨川の水を引き入れたことが原因で堤防が破れ、近衛第が海のようになっただけでなく、内裏の清涼殿の東庭や紫宸殿の通路も水浸しになり、出入の侍臣が難儀したという（『本朝世紀』康治二年五月五日条）。為政者の身勝手な行為が、時として市井の人々に悪影響をおよぼすこともあったのである。

ここで『本朝世紀』康治元年（一一四二）六月十八日条に注目しておきたい。

そもそも防河の事、近年絶えて修復なし。貴賤の輩、悉く居宅を鴨水の東に占め、各々堤防を東岸に築く。かくの如きの間、京洛、殆ど魚鼈《ぎょべつ》（魚とスッポン）の害となすか。

つまり、十二世紀中期においては、鴨川の堤防修復が絶えてなかったのである。このころには鴨川の東辺にまで人家が進出していたとあるが、それでも堤防は破れたままに据え置かれるといった状態にあったことになる。
やがて平安時代末期になって武士が台頭し、戦乱の世ともなると、合戦の場となったり、処刑や首実検が行われてその首が晒《さら》される場になったり、鴨川原は凄惨な状況を呈するようになっていく。

路上の汚穢

いったん鴨川が氾濫すると、当時の用便事情から、汚穢《おわい》を町中に押し流し、不衛生きわまりない様相を呈したことは想像に難くない。ただそれ以前に、そもそも氾濫せずとも、平安京の街路には糞便や汚穢物が平然と捨てられていた。

『今昔物語集』にこんな話が載っている。十世紀後半のこと、関白藤原頼忠《よりただ》（九二四～八九）の娘で円融天皇皇后の藤原遵子（九五七～一〇一七）が、多武峰《とうのみね》の増賀《ぞうが》（九一七～一〇〇三）聖人を宮に招いて剃髪してもらい、出家を遂げた。その帰りぎわ、聖人は「拙僧は年老いて風邪も重く、今は下痢がひどく、それを推して参上いたしたが、もはや堪えきれず急ぎ退出いたす」と、藤原公任《きんとう》（皇后宮大夫。皇后の実弟）に言って走り出ていき、西の対の南の放出《はなちいで》の縁にしゃがみ込み、尻をまくって、盥《たらい》から水をぶちまけるように下痢便をひり散らした。その音はきわめて汚らわしく、皇后のところまで聞こえた（巻第十九‐第十八「三条の大皇大后の宮、出家せる語《こと》」、『宇治拾遺物語』巻第十二ノ七に同文的同話）。

なんとも不浄のきわみのような説話だが、この絵画版といえるものが『病草紙《やまいのそうし》』（十二世紀末の成立）の「霍乱《かくらん》の女」の図である。この女性は、縁先で四つん這いになり、尻をまくりあげて庭に向かって下痢便を勢いよく噴出している。口からは嘔吐が止まらない様子である。服部敏良氏の『王朝貴族の病状診断』によれば、霍乱とは下痢・嘔吐を伴う急性胃腸炎の症状だそうで、本図の詞書にも「霍乱という病気は、急に腹が刺すように痛み、口から水を吐き、尻から下痢を漏らし、苦しみに悶絶し、まことに耐え難い」と記されている。

しかし、この霍乱の女は、病気だから庭先で用を足したわけではない。本書第三章で「宮中のトイレ」について説明したが、一般民衆はというと、家にトイレの設備などはなく、排泄はもっぱら外で行っていたと考えられている。この図に描かれているほかの登場人物たちも、女が庭へ排泄していることには動じる風もなく、日常の一コマといった顔をして女を介抱している。

霍乱の女（『病草紙』）

同じく『今昔物語集』の「駿河の前司《ぜんじ》橘季通《すえみち》、構へて逃げたる語《こと》」（巻第二十三－第十六）に、「此ノ殿ニ候女童《めのわらわ》ノ大路ニ屎《くそ》マリ居テ候ツルヲ」とあり、女童（貴人に仕える童女）が大路にしゃがんで大便をしていた、という描写がみえる。この女童が仕えていたのは、かなり身分高そうな家なので邸内に樋殿はあったと思われるが、それを誰もが使えたわけではないので、やはり女童のような下人は邸外の空き地で用を足していたのであろう。十世紀後半成立の『落窪物語』（巻之二）にも、雨降る闇夜に男主人公が小路から大路に出た辺りで、衛門府の役人に盗人かと疑われ、「座れ」と命じられてその場でしゃがんだら、「屎《くそ》のいと多かる上にかがまり居《ゐ》ぬ」、つまり糞便がたくさんしてある上に座ってしまった、という

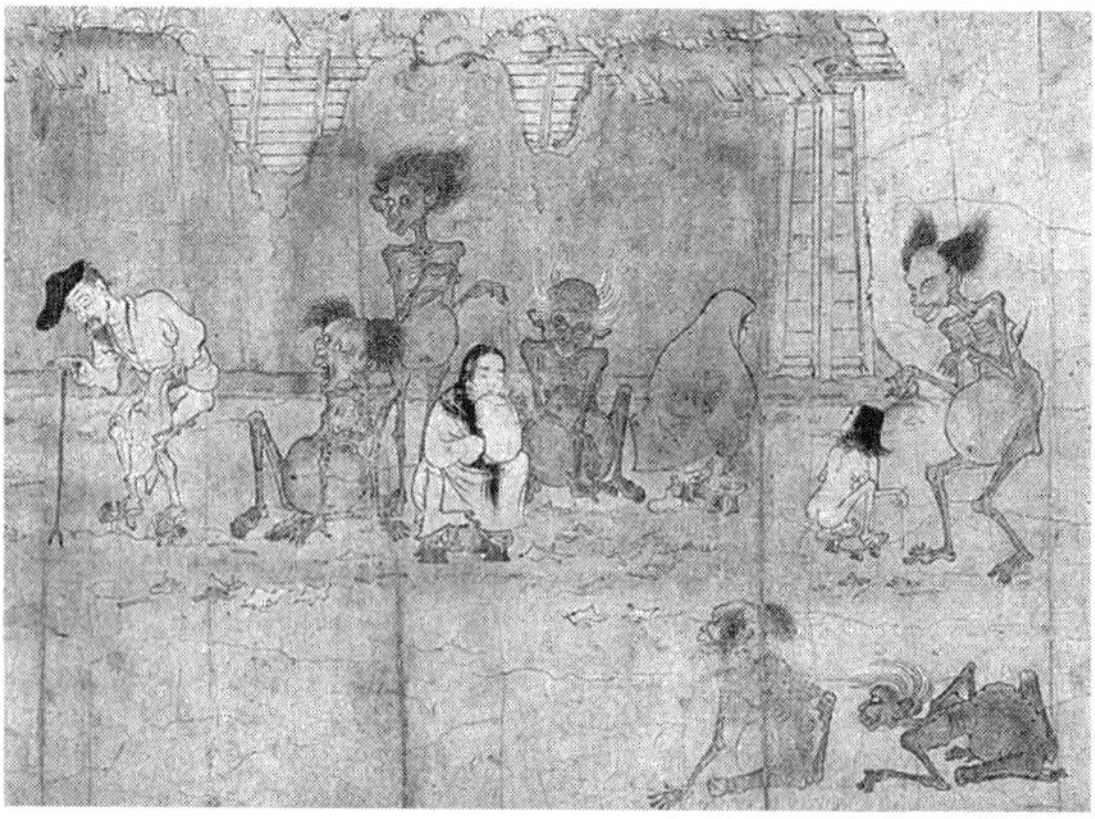

公衆便所（『餓鬼草紙』伺便《しべん》餓鬼）

崩れた築地や網代塀の街角で糞便をする老人や婦女子の傍らでそれを食らう餓鬼たち。街の片隅に設けられた排便所であろう。糞尿がかかるのを避けるために高下駄を履き，あちこちに籌木や紙切れが散乱している。庶民は家には便所などなくこのような公共排泄所を利用したものであろう。

籌木（糞ベラ）
（京都市埋蔵文化財研究所蔵）

場面がある。平安京の街路には、糞便がそこらへんに散らばっていたのが常態だったようだ。

ここで思い起こされるのが、『餓鬼草紙《がきぞうし》』（十二世紀後半の成立）のなかの「伺便餓鬼」図である。人の便を食うように宿命づけられた餓鬼が描かれているのだが、その餓鬼が人の糞便を求めて群がっている場所は、平安京のとある街角、崩れた築地塀や網代壁に沿った道端なのである。排便しているのは四人の老若男女。子供は素っ裸になって、大人も街頭で無防備に尻をまくりあげて用を足している。翁は中腰で立ったままという排便スタイルだ。みな一様に高足駄を履いているのは、足元や着物の裾などが汚れるのを避けるためと思われる。よく見ると、排便中の子供が右手に木片を持っている。終わった後に尻についた糞便を掻き取るための籌木《ちゅうぎ》である。人々の足元には、便とともに使用済みの籌木や紙（反故紙か）らしきものが散乱している。

この図の主題は餓鬼であるが、こうした様子は当時の庶民の排便事情を反映したものと考えられる。要するに、庶民は屋内に便所を持たず、こんなふうに道端で用を足していたのである。この場所は一種の共同便所であり、高足駄は共同使用していたのであろう。

錦小路の由来

平安京の四条大路を挟んで南北に綾小路、錦小路という雅な名の東西の街路がある。このうち錦小路については、『宇治拾遺物語』（巻第二ノ一「清徳聖奇特の事」）にこんな起源譚がみえる。

四条の北なる小路に穢土をまる。この尻に具したる者、ただ墨のやうに黒き穢土を、隙もなく遥々《はるばる》と
し散《ちら》したれば、下種《げす》などもきたながりて、その小路を糞の小路と付けたりけるを、帝聞かせ給ひて、
「その四条の南をば何といふ」といはせ給ひければ、「綾の小路となん申す」と申しければ、「さらば
これをば錦の小路といへかし。あまりきたなきなり」など仰せられけるよりしてぞ、錦の小路とはい
ひける。

「穢土をまる」とは、糞を垂れるという意味であり、前後を補足してこの話を要約すると――。今は昔、清徳という聖がいた。他の人にはまったく見えないが、徳を積んだその聖の後ろには、餓鬼・畜生・虎・狼・犬・数万の鳥獣などが無数に続いて歩いていた。この聖に、右大臣藤原師輔《もろすけ》が米を施行した。すると、連れの餓鬼、畜生らがすべてを食べつくしてしまった。そして聖が四条の北の小路で糞を垂れた。じつは聖の後ろに連れている者どもが垂れ散らしたのだが、まるで墨のように黒い糞を隙間もないほどずっと垂れ散らしたので、下人らも汚がって、その小路を糞の小路と名づけた。それをお聞きになった天皇が、「その四条の南を何と言うか」と尋ねたので、「綾の小路と申します」と申し上げたところ、「それではこれを錦の小路と呼ぶがよい。あまりに汚い名だから」と仰せられた。かくして錦の小路と呼ぶようになった。

藤原師輔（九〇八～六〇）が右大臣を務めていたのは、村上天皇の時代だから、その御代（在位九四六～六七）に佳名に改名されたことになる。その一方で、平安時代末期に成った百科全書の三善為康《みよしのためやす》（一〇四九～一一三九）が著わした『掌中歴《しょうちゅうれき》』（「京兆歴」）には、「具足小路、天喜二年（一〇五四）の宣旨により、名を錦小路に改む」とある。これだと村上天皇の時代よりもほぼ一世紀後のことになる。

勘案するに、当初は具足小路と呼ばれていたものが訛《なま》って糞小路となり、それが説話化されて『宇治拾遺物語』のような話となり、十一世紀中期の後冷泉天皇の時に錦小路と改名されたものであろう。

2　疫病と祭礼

疫病蔓延による惨状

先に述べた洪水のみならず、旱魃・飢饉・疫病・大火など、平安京は災禍が絶えなかった。たとえ地方での被害であっても、食糧を地方に頼っている都は、たちまち危機に瀕して京中の路傍には餓死者が続出し、目を覆う惨状を呈した。なかでも凄惨をきわめたのは一条天皇の正暦四年（九九三）、鎮西（こんにちの九州）から起こった疫病の流行であった。人口が半減するほどの勢いで日本国土を席巻し、人口密度の高い平安京の被害はとくに甚大であった。前年の夏には咳病《がいびょう》（咳《せき》をともなう病）と瘧病《ぎゃくびょう》（マラリア）が流行し、秋には疱瘡《ほうそう》が追い打ちをかけた。

年改まった正暦五年はさらにひどくなった。『本朝世紀』正暦五年四月二十四日条には、「京中路頭に仮屋を構えて薦筵《こもむしろ》で覆い、病人を収容させた。あるいは空車に乗せ、あるいは薬王寺に運ばせたが、死亡者が路頭に満ち、行き交う人は鼻を掩《おお》って通り過ぎた。烏や犬は死骸を食べるのに飽き、骸骨が巷《ちまた》を塞《ふさ》ぐ」という惨状が記されている。そして五月には、街中の堀の水が溢れたのを利用して、検非違使が下僚に命じて放置されていた死人を掻き流させている（『本朝世紀』五月三日条）。

こんな混乱状態ともなると流言蜚語《りゅうげんひご》も生まれてくる。ある男が、「京の左京の三条油小路の南西に、今は水が涸《か》れて泥が深く溜まり、普段は使っていない小さな井戸があるが、その水を飲んだ者は疫病を免れる」と妖言《ようげん》（人を惑わせる根拠のない噂）を広めた。これを信じた都人は貴賤を問わず、その水を桶や瓶で汲んでは盥《たらい》に貯えたという。こんなデマを人々が簡単に信じてしまうことに対して、平安末期に『本朝世紀』を編纂した藤原通憲（信西、一一〇六～五九）は、「偏《ひとえ》に病死の千万を恐れ、妖言の真偽《しんぎ》を尋ねざるものなり」（『本朝世紀』五月十六日条）と感想を記しているが、後世の人は何とでも言えよう。渦中の人にはそんな真偽を確認するような余裕はなく、災害のさなか、こういった話は藁にも縋《すが》りたい人には実《まこと》らしく聞こえてしまうものである。

こんな噂も横行した。六月十六日に疫神《えきじん》（疫病をはやらす疫病神《やくびょうがみ》）が横行するというのである。おかげで、その日は京中では公卿から庶民まで門戸を閉めて往来の人はなかった（『本朝世紀』同日条）。この種の妖言に対しては、貧富貴賤に関わりなく共通した人間心理から、貴族も下人も対応に違いはなかったのである。

一方でその十日ほど後には、疫神祓いの御霊会《ごりょうえ》が行われている。二基の御輿を造って北野と船岡山に祀《まつ》り、仁王経を講じて楽人に音楽を献上させた。この御霊会に集まった人は「幾千人を知らず」とあり、みなが幣帛を捧げ、その列が街に溢れたという（『本朝世紀』六月二十七日条）。

夏を最盛期としたこの疫病は、年が代わっても終息の気配なく、春には悪疫天変を理由に「正暦」から「長徳」に改元されている。しかし長徳になっても勢いは弱まらず、道路に死骸を置くほどであり、初秋の時点での死者は公卿が八人、四・五位の者（公卿を除く殿上人）が七十人ほどで、それ以下は数えきれないとある（『日本紀略』七月二十三日条）。当時、公卿は二十四人いたので三分の一の人が薨去したことになる。庶民に至っては「推して知るべし」である。

ひとたび疫病が蔓延してしまったら、防御対策の未発達な当時にあっては、読経、お祓いなど専《もっぱ》ら神仏にすがるしか術《すべ》はなく、多くの死者をもってようやく鎮静化するという虚しい結末で終わるのである。それから一世紀が経った疾疫流行においても、「凡《およ》そ夭亡の者、勝《あ》げて数うべからず。京中の路頭、河原の辺、近日、骸骨を積む、大疫と謂うべし」（『中右記』嘉承元年〈一一〇六〉六月五日条）という状況であった。

怨霊鎮めの祭り

こうした疫病をはじめとして、この時代に洪水・旱魃・大火・飢饉があると、人々は天災とか人災とは考えず、恨みを抱いて死んでいった人の怨霊の祟りと考えた。そこでその怨霊を慰撫して鎮めようとした。

第一章で述べたように、桓武天皇が実弟の早良《さわら》親王（七五〇？～八五）を廃太子に追いこんで自死に至らしめたあと、代わって皇太子となった息子が病に倒れ、妻や母親など身近な人が次々に亡くなり、疫病や洪水が相次ぐなど、天皇の身辺を立て続けに不幸が襲った。桓武天皇をはじめ当時の人々は、これを早良親王の怨霊による祟りだと恐れたのだった。そのため、長岡京を棄てて逃げるように平安京に遷った桓武天皇は、遷都から六年後の延暦十九年（八〇〇）、淡路に葬られていた早良親王に崇道《すどう》天皇の名を追贈し、淡路国に使いを遣わして早良親王の山陵に鎮謝（神霊を鎮め、なだめること）した。さらに、宝亀六年（七七五）に廃后となっていた井上《いのえ》内親王（七一七～七五、父の光仁天皇の皇后）についても皇后に追称し、その墓を山陵と称した（『日本紀略』延暦十九年七月二十三日条）。怨霊となって桓武天皇を苦しめたのは、早良親王を筆頭に、皇位をめぐる政争の犠牲となった井上内親王と皇子の他戸《おさべ》親王（七六一～七五）、不破《ふわ》内親王（生没年不詳、八世紀の皇女）と氷上川継《ひかみのかわつぐ》（生没年不詳、不破内親王と氷上塩焼の息子）の両母子の霊であった。

こうした怨霊を鎮める祭りが御霊会であり、怨霊を祀ったのが御霊神社である。御霊会の早い例としては、桓武天皇崩御から半世紀ほど経た貞観五年（八六三）、神泉苑で行われたものが知られる。御霊六前（早良親王をはじめ桓武天皇皇子の伊予《いよ》親王と母の藤原吉子〈桓武崩御の翌年に謀反の疑いをかけられ服毒自殺〉ほか非業の死を遂げた六人の御霊）を祀り、花菓を供え、金光明・般若心経を講じ、楽人をして奏楽し、雑伎・散楽を演じて霊を慰めている（『三代実録』貞観五年五月二十日条）。この御霊会を機に、彼らを祭神とする御霊神社（上・下御霊神社など）や、早良親王（崇道天皇を追称）を祀る崇道神社が創祀され、現在も京都に存在する。

ちなみに怨霊といえば、その代表格は菅原道真であろう。配流先の大宰府で非業の死を遂げた道真は、怨霊の中心的存在としてその後の歴史に大きく作用することになる。言うまでもなく道真を祭神として祀っているのが北野天満宮である。

祇園御霊会

京都の三大祭の一つである祇園祭も、当初の祇園御霊会（平安時代の文献にはこの名辞での出典が圧倒的に多い）の名が示すように怨霊鎮めの祭りとして始まった。上掲の神泉苑の御霊会の六年後のことである。社伝『祇園社本縁録』によると、貞観十一年（八六九）六月七日、全国に蔓延する疫病を鎮めるため当時の国の数にちなんで六十六本の鉾（矛）を担いで祇園社から神泉苑に送ったのが始まりとされている。これが初見記事であるが、祇園社の年中行事となるのは十世紀に入ってのことだ。

当初の主たる行事は、三基の神輿が祇園社から御旅所へ向かう六月七日の「御輿迎《みこしむかえ》」と、御旅所に一週間とどまった神輿が祇園社へ還る十四日の「神幸行列」である。現在の祇園祭では絢爛豪華な山鉾巡行がハイライトとなっているが、当時の祭りの主役はあくまでも神輿であった。鉾の形態もこんにちとは全く異なり、悪霊を祓う祭具として、長い柄の先に両刃の剣をつけた鉾が神輿に随従していたと考えられている。

祇園御霊会（『年中行事絵巻』）

興味深い記事が、『本朝世紀』長保元年（九九九）六月十四日条にみえる。祇園御霊会の時、無骨《むこつ》という雑芸者《ぞうげいしゃ》が「大嘗会の標山《しめやま》」に似せたものを作って社頭に渡したというのである。標山とは、大嘗会の際に大嘗宮の前の庭に設けられる作り山のことで、そこにさまざまな意匠が施されていたという。こうした山車の原形のようなものが現れて、見物人の目を引いたのである。

また、十二世紀中ごろの儀式や祭事、風俗などの様子を伝える『年中行事絵巻』巻九の「祇園御霊会」には、三基の神輿とともに剣鉾が描かれている。四人の男が担ぐこの剣鉾は、「四神の鉾」（四神＝青竜・朱雀・白虎・玄武）とされ、神輿や獅子舞を先導している。おそらくこれが、祭祀に用いられる鉾の典型的なものだったのであろう。

この絵巻には、現在のような山や鉾はいっさい見られず、その代わりに注目されるのは、祭列の先頭に田楽が登場していることである。藺笠《いがさ》に水干《すいかん》姿の田楽法師の一団が、笛や太鼓や編木《びんざさら》を鳴らしながら田楽踊りをしている。編木とは、薄い木の板を紐でつづり合せた打楽器で、両端の取っ手を握って動かすと板同士が打ち合って音が鳴る。一団のなかには鼓を投げ上げる芸を見せている者までおり、賑々しい雰囲気が伝わってくる。田楽といえば「永長の大田楽」が想起される。永長元年（一〇九六）の夏、京中において貴族から庶民に至るまで僧俗あい乱れて、来る日も来る日も田楽に狂った（『中右記』永長元年六月十二日条）。そのマス・ヒステリー（集団的熱狂）ぶりは大江匡房《まさふさ》（一〇四一～一一一一）の『洛陽田楽記《らくようでんがくき》』に詳しいが、重要なのは、それが祇園御霊会の期間中に行われていることである。そこに、この祭りと芸能の接点を垣間見ることができよう。

山鉾の大型化

こんにちの最大の見物対象となっている山・鉾の登場がはっきりするのは、京都の町の様子を描いた『洛中洛外図屛風』であろう。その多くに街中を行く山鉾が描かれているが、いずれも十六世紀以降のものゆえ応仁・文明の乱（一四六七～七七）後の姿である。大型鉾がいつごろ登場したのか、その手がかりになる有力な史料がある。それは、大臣にまで至った三条公忠《きんただ》の日記『後愚昧記《ごぐまいき》』である。その永和二年（一三七六）の祇園御霊会に関する記述に、「鉾が祇園社に還る行列を足利三代将軍義満が三条東洞院の桟敷から見物していた。……その時、高大な鉾が転倒して老尼が圧死した」と記されているのである（六月七・十四日条）。

人を押しつぶすほどの大きさとすると、この鉾が従前の「人が担いで歩ける剣鉾」とは異なることはいうまでもない。つまり、遅くとも十四世紀後半には鉾は大型化していたことになる。嚆矢は知り得ないが、鎌倉時代以降、武家社会に入ってのことではあろう。なお、先の義満が見物した時の祭列には、神輿は造作中のため渡御がなかったとあり、それでも祭礼行列があった事実は、鉾が見物の対象として大きな要素を占めていたことを暗示していよう。

さて、現代に伝わるような壮麗な山鉾が中世以降ということになると、天皇を中心に貴族が大きな力をもって政治を推進した平安時代、都大路を練り歩いた祇園御霊会の見どころは何であったのか。

山鉾（上杉本『洛中洛外図屏風』）

院政をはじめた白河法皇の十二世紀前半の「祇園御霊会」の行列を覗いてみると、「馬長《うまおさ》、童、巫女《みこ》、種女《たねめ》、田楽各数百人……舞人十人」、金銀錦繍《きんしゅう》で飾りたてた、その風流さ美しさは筆致に尽し難い、とある（『中右記』大治二年〈一一二七〉六月十四日条）。なかでも花形とされたのは、馬長《うまおさ》〈美しく着飾った小舎人童《こどねりわらわ》らが馬に乗って参列〉であった。

『年中行事絵巻』に描かれた馬長は、雉の羽に菖蒲の花をつけた綾藺笠《あやいがさ》を被り、大幣を担ぐ男を先頭に、後ろには供奉の雑色たちを従えている。豪華な衣裳を着た馬長が馬に乗って参列するさまは大層きらびやかで、都人の熱い視線を集める行列は風流《ふりゅう》だったらしく、院政期に入ると、天皇・上皇・東宮・女院ら皇族や公卿らが、競って馬長を献じた。その数は二十騎前後、時には七十騎におよぶこともあったという。かの清少納言も『枕草子』の中で、「心地よげなるもの」（気持ちよさそうなもの、八十段）として「御霊会の馬の長」を挙げている。

平安時代を代表する賀茂祭

祭りの話が出たので、平安時代以前から見られた賀茂祭についてもみておこう。平安時代にはみられた稲荷祭、松尾祭とともに賀茂祭は四月に行われ、六月の祇園祭とともにすべて夏の挙行であり、王朝期の夏はまさに祭りの季節であった。なかでも賀茂祭は、天皇主体で貴族が関わる祭りであったため平安時代が最盛期であり、民衆の祭りとして定着した祇園祭の繁栄は中・近世であったから、時代相を反映していて興味ぶかい。

馬　長（『年中行事絵巻』）

田　楽

さぎ舞

下鴨神社

上賀茂神社

賀茂祭の祭列は、平安京の北端の一条大路を通った。この街路の中央部分は大内裏と南接しており、大内裏のなかに天皇の生活空間である内裏があった。祭使（勅使）が内裏の天皇のもとから出発して最初に向かうのが下鴨社だったから、この大路を用いたのであろう。

いうまでもなく賀茂社は下・上両社がある。この呼称は所在地によるもので、正しくは前者を賀茂御《かもみ》

賀茂祭（『年中行事絵巻』）（304～305頁の図の左に続くもの）

祖《おや》神社、後者を賀茂《かも》別雷《わけいかずち》神社という。下鴨社の祭神である賀茂建角身命《たけつぬみのみこと》の娘、玉依姫命《たまよりびめのみこと》の子の賀茂別雷命《みこと》が上賀茂社の祭神ということで、両社は親子の関係にある。

京都最古の神社とされる賀茂社は、桓武天皇による平安遷都後には王城鎮護の社として尊崇され、山城国一宮として行幸や式年遷宮などすべてが伊勢神宮に準じて行われた。斎院の制度もその一つで、平安初期に伊勢の斎宮にならって始められた。斎宮に対して、賀茂社に奉仕する未婚の皇女は斎院と呼ばれた（斎宮、斎院あわせて斎王というが、以下において斎王は斎院を指す）。その居所は「紫野の斎院」と言われることからわかるように、紫野にあった。初代の斎王は、九世紀初めの嵯峨天皇皇女の有智子《うちこ》内親王（八〇七～四七）で、十三世紀前半の後鳥羽《ごとば》天皇皇女の礼子内親王（一二〇〇～七三）まで、その歴史は四百年におよんでいる。賀茂祭に奉仕することは斎王としての重大な任務であった。

そもそも賀茂祭は、天皇が天下安寧と五穀豊穣を

祈願して両賀茂社に奉幣することを目的としたもので、天皇の名代となる人を勅使（祭使とも。近衛府の中・少将が多い）と称した。当時、勅使が登場する、いわゆる国家の祭り（勅祭）は、大和国の春日祭、山城国の石清水祭と賀茂祭の三祭のみで、単に祭りといえば賀茂祭を指すほどに平安時代を代表する祭りであった。この祭りは当初から葵と桂の葉で飾りたてられたが、葵祭の名はなかった。この俗称の出現は、応仁・文明の乱のあと二百年ほど途絶えていた「路頭の儀」が、徳川幕府の肝いりで再興された時からである。その背景には徳川家の葵紋が意識されており、これ以降、「葵祭」の名で親しまれるようになった。

賀茂祭は、『源氏物語』（「葵」の巻）の葵の上と六条御息所との車争いの場面に象徴されるように、当時から見物客が押し寄せ、都人が心待ちにする行事であった。清少納言は、賀茂祭を控えた人々の様子を以下のように描写している。現代語訳で要約を紹介しよう（『枕草子』二段）。

「四月、賀茂祭のころは本当に素晴しい。上達部や殿上人も、白地のいかにも涼しそうな装束で爽やかな感じがする。木々の葉も、まだすっかり茂りきってはいないで一面の緑が若々しく、からっとした晴れた空の様子が、なんとなく人の心を浮き浮きさせる。……祭り近くになって、人々が青朽葉《あおくちば》や二藍《ふたあい》の夏の着物地を持って忙しげに行き来するのは、いかにもこのころらしい。末濃《すそご》（裾を濃く染めたもの）やむら濃《ご》（濃淡むらに染めたもの）の染物も、ふだんより風情があるように見える。子供たちも、履物の準備をせがんだりして、早くお祭りの日にならないかなと、はしゃいでいるのも、ほほえましい。」娯楽が極端に少ない当時にあっては、祭りを心待ちにする人々の期待には、現代人の想像をはるかに超え

馬上の舞人（『年中行事絵巻』）

る熱いものがあったのであろう。

祭列行列の見物

賀茂祭の中心となる儀式は、四月の中の酉の日に行われる「路頭の儀」であった。これは、天皇の名代として勅使が両賀茂社へ奉幣するために内裏から向かうもので、五百人ほどからなる勅使一行が徒歩・騎馬・車駕などで連なり、華麗な行列巡行となった。その日の朝、内裏に赴いて天皇から宣命と幣物を拝受した勅使の一行は、大内裏の陽明門を出て大宮大路を北へ一条大路まで進み、そこから東へ。途中の堀川小路辺の「列見《れけん》の辻」で、待機していた斎王の一行（紫野の斎院から南下してきた）が祭列に合流して下鴨社へと向かい、「社頭の儀」（勅使が天皇の宣命を奏上し、幣物を奉納する）を行う。その後、上賀茂社へ向かい、ここでも「社頭の儀」を行い、勅使は内裏へ還って天皇に報告する。いっぽう斎王は、上賀茂社の神館《かんだち》に泊まって翌日に紫野の斎院へ還る。これを還立《かえりだち》（＝「祭のかへさ」）と称した。清少納言はこの「祭りのかへさ」の行列を見物した時のことも、生き生きと描写している（『枕草子』二百八段）。

路頭の儀の三日前の午の日には、斎王は、社頭の儀に奉仕するために二百人ほどの行列をなして紫野の斎院から鴨川に赴き、禊をした。これを斎王御禊《さいおうごけい》という。この折にも華やかな行列が仕立てられ、人々が見物に集まった。『源氏物語』の車争いは、この斎王御禊列の見物場所をめぐって起こったものである。

隙間がないほどに車が立ち並んだ一条大路。後からやってきた葵の上の車を立てる場所がない。そこで従者たちはよい場所に陣取っていた六条御息所の車を押しやって、そこへ車を立てた。人目を忍んで密かに見物に来ていた六条御息所は、身分が露わになったうえに車まで壊されたが、権勢の前にはいかんともしがたく、この恨みから生霊となって葵の上に取り憑《つ》き、殺してしまう、という結果を生む。紫式部は、見物場所をめぐっていざこざになる、こうした光景を実際によく目にしていたのであろう。

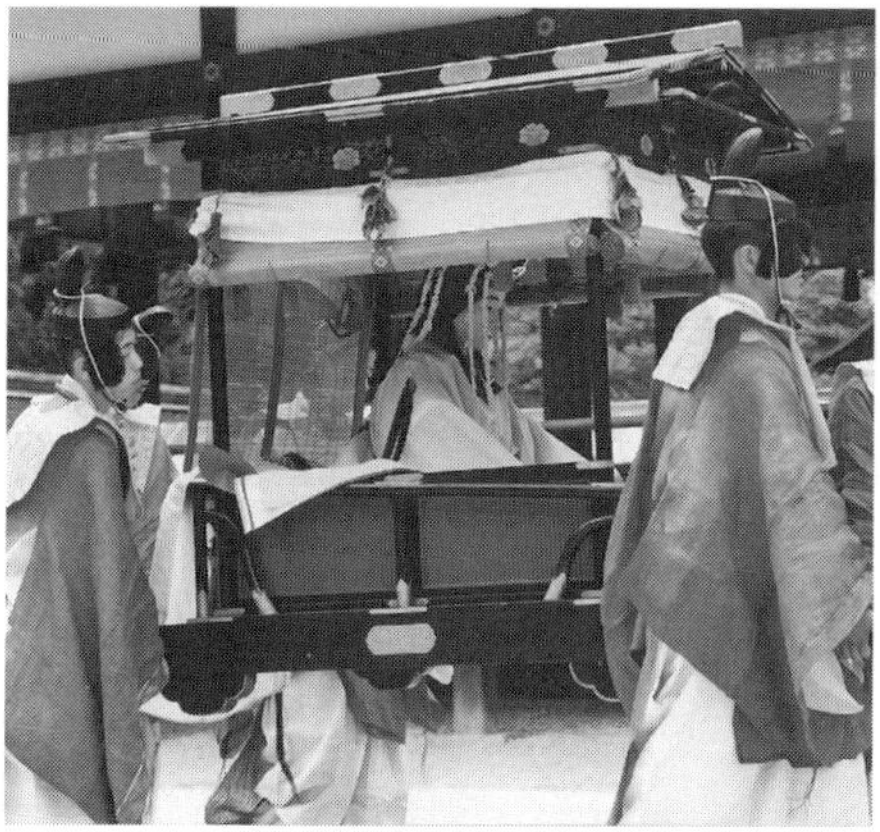

賀茂祭（葵祭）の斎王代（1993年５月）

一条大路の両側には見物のための桟敷が設けられ、物見車も立った。摂関の頂点を極めた藤原道長は一条院内裏の近くに、檜皮葺《ひわだぶき》で高欄《こうらん》などをもった豪華な桟敷を構えていた（『栄花物語』巻第二）。寛弘二年（一〇〇五）の路頭の儀を、道長は妻の源倫子とここから見物している。これは常設桟敷だったが、たいていは「棚」とか「仮床」の語が示すように、取り外し可能な仮設的な桟敷であった。「一条大路これ祭場」（『小右記』長和五年正月十三日条）と、道長と同世代の藤原実資《さねすけ》が日記に書いているように、一条大路では、賀茂祭のほかに天皇の賀茂社行幸や摂関《せっかん》賀《か》茂《も》詣《もうで》な

（『年中行事絵巻』）

ども見物の対象となっていた。この時期から、一条大路沿いの堀川小路から高倉小路にかけて桟敷が集中して登場し始め、院政期には隆盛を極めたことが、日記などから知られる。

院政の創始者、白河上皇の賀茂祭見物は頻度が高かった。それは三人の皇女が堀河・鳥羽両天皇代の斎王をつとめたことと無関係ではない。嘉保二年（一〇九五）の折には、皇女の郁芳門院《いくほうもんいん》（媞子《ていし》内親王、一〇七六～九六）と町尻末路（一条町小路北）に設けられた桟敷から見物している。それは檜皮葺の五間三面と十間の二宇から成っており、前者は上皇と女院および前摂関の藤原師実《もろざね》（一〇四二～一一〇一）、後者は公卿と殿上人の席とされた。この桟敷の前を通る時には、祭列の一部の人たちは下車や下馬している。この年の路頭の儀は四月二十日であったが、暑い日で堀河天皇（一〇七九～一一〇七、在位一〇八六～一一〇七）から上皇たちに雪の差し入れがあった。この桟敷は、近臣の藤原顕季《あきすえ》（一〇五五～一一二三）がわずか三日間で造作して人々を驚かせたという（『中右記』嘉保二年四月二十日条）。

高貴な人たちの祭列見物は、桟敷のほかに物見車からされることもあった。白河上皇も、十三歳の愛娘、媞子内親王と一つ車から見物している。十世紀終わりに成った『宇津保物語』には「一

賀茂祭の桟敷

条の大路に物見車ども数知らず。殿の御車ども、ものしたる榻《しじ》ども立てつつ」と、牛を外してそこに榻（牛車の牛を外した軛《くびき》〈牛の後頸にかける横木〉を載せて置く台）を置いて車を水平にした物見車の様子が記されている。

『蜻蛉日記』の作者の藤原道綱母は、康保三年（九六六）の祭列見物に出かけた際、藤原時姫（?〜九八〇）の車を見つけて大路の向かい側に車を立て、行列を待つ間に歌を交わしている。時姫は、藤原兼家の正室で道隆・道兼・道長らの母である。九人ほどいた藤原兼家（時に三十八歳、従四位下・左京大夫）の妻のうち、正室で最初の妻である時姫と、二番目の妻である道綱母の複雑な感情を吐露した歌である。

平安時代の路頭の儀を描いた唯一ともいえる絵画資料が『年中行事絵巻』（巻十六）にある。騎馬の乗尻《のりじり》（騎手）や舞人《まいびと》、徒歩の御幣持《ごへいもち》・傘持ほか舎人《とねり》・雑色《ぞうしき》らの行列のあと、末尾の方で二人の拯《くちとり》の牽《ひ》く黒い馬に乗った人が勅使（四位の近衛少将）である。その近くには牛をつけたままの二輛の物見車があり、一輛からは出衣《いだしぎぬ》がのぞく。中央には二宇の桟敷が見え、右手の七間の方は僧侶の座、九間の方の桟敷は、東の四間には貴族たち、西の五間には御簾が下りているから皇族など高貴な席であろう。その周辺

車争い図屏風（部分）（狩野山楽筆，東京国立博物館蔵）

の路上に控えているのは随身や警固《けいご》の輩である。いっぽう、地べたに坐りこんだり、木に登ったり、梯子をかけて築垣《ついがき》の板屋根に上がって見物している人たちは庶民である。階層を異にする人たちがこのように一堂に会することは、祭りの時ぐらいであろう。

路頭の儀、斎王御禊、還立の行列に参加する人については、身分に応じた装束や従者の人数などに規制があったが、人目をひくために華美な服装をして「憲法を破る」とか「過差甚《はなは》だし」として咎められることが多い（『小右記』長和二年四月二十一・二十四日条）。しかしこの年の反省からか、翌年には「次第のこと違濫《いらん》（法を無視し秩序を乱す）太《はなは》だ以て多々なり、ただし過差《かさ》（分に過ぎたこと、華美）のことなし、倹約の宣旨を守るか」（『小右記』長和三年〈一〇一四〉四月十八日条）と行列の順番を大きく逸脱はしたが、過差は見られなかった。そもそも祭礼行列は参加者にとっては晴れ舞台であったから、華美に走るのは無理もないことである。

その後、賀茂祭はいくたびかの中絶や変遷を経て、現在に至っているが、祭列巡幸が五月十五日に定着したのは明治以降、太陽暦の導入によるものである。とはいえ、かつて陰暦四月の中の酉の日に行われていたころと、季節感に変わりはない。今でも賀茂祭は、若葉が芽をふき、新緑がもっとも青味をおびた初夏の雰囲気のなかで挙行される祭りなのである。また、それに先立って五月四日には「斎王代」の御禊が行われる。斎王は鎌倉初期に廃絶しているのだが、それから八百年あまり後の昭和三十一年（一九五六）、斎王に倣って斎王代が創設され、それ以降、京都の一般市民の未婚女性から選ばれた斎王代が斎王の代理を務めている。きらびやかな十二単を身にまとい、髪型はおすべらかし、頭に金属製の飾り物「心葉」をつけ、額の両側には白い「日陰の鬘《かづら》」を垂らし、手には「檜扇《ひおうぎ》」という、平安の雅を体現する斎王代は、現代の葵祭のヒロインとも言われている。

3　現世の地獄

源信が説く厭離穢土

疫病から話が御霊会、そして三大祭りの賀茂祭におよんだが、いずれにも神仏が深く関わっていることが注目される。とりわけ疫病や災害・飢饉による惨状を目の当たりにした当時の人たちは、そこに地獄の光景を想い描いたにちがいない。それは、『往生要集』に描かれた地獄の光景に通じるものであったろう。

作者の恵心僧都源信（九四二～一〇一七）は『往生要集』を十部門に分け、その第一の「厭離穢土《えんりえど》」で地獄の恐ろしさを細かに描写している。それによると、地獄には等活《とうかつ》・黒縄《こくじょう》・衆合《しゅごう》・叫喚《きょうかん》・大叫喚《だいきょうかん》・焦熱《しょうねつ》・大焦熱《だいしょうねつ》・無間《むけん》の八ヵ所があるという。そのうちの「衆合地獄《しゅごうじごく》」（互いにひしめき合い、打ち合う地獄）の相のなかの一節に、次のような描写がある。

極悪の獄鬼、幷《ならび》に熱鉄の師子・虎・狼等のもろもろの獣、烏・鷲等の鳥、競ひ来りて食ひ噉《は》む。また鉄炎の嘴《くちばし》の鷲、その腸を取り已《おわ》りて樹の頭に掛け在《お》きれを噉み食ふ。

この描写は、先述の「死者が路頭に満ち、烏や犬が死骸を食べ、骸骨が巷を塞いでいた」（『本朝世紀』正暦五年四月二十四日条）という、正暦五年（九九四）の京の光景さながらである。源信が『往生要集』を著したのは、寛和《かんな》元（九八五）年のこと。この惨事とほぼ同時代であり、当時は、旱魃や大暴風雨、火災、地震などの凶事を断ち切るために「天暦」から「天徳」へ改元（九五七年）、「天禄」から「天延」（九七三年）、「天延」から「貞元」（九七六年）、「貞元」から「天元」（九七八年）、「天元」から「永観」（九八三年）と、目まぐるしく災異改元（災害・災厄から免れるための改元）が繰り返されるほど、末世の到来を思わせる世情であった。『往生要集』の地獄の描写が見てきたように現実味があるのは、当時の人々がつねづね目にしていた平安京が実際にそんな姿を呈していたからに他ならない。

『源氏物語』の背後の地獄

しかし正暦といえば、一条天皇の御代。摂関政治の全盛期で、藤原道隆の娘定子《ていし》に続いて、道隆の弟である道長の娘彰子《しょうし》も入内し、定子には清少納言、彰子には紫式部や和泉式部が仕えて、ひときわ雅《みやび》な王朝文化の花が開いた時代である。才女たちの手で綴られた王朝貴族の優雅な暮らしぶりからはおよそ想像もつかないが、現実の京の路上には死臭漂う世界が広がっていたのである。

そんななか、紫式部が『源氏物語』最終帖の一つ前「手習《てならい》」帖に登場させる「横川《よかわ》の僧都《そうず》」のモデルを、同時代を生きていた源信にしたのは偶然ではなかろう。

「宇治十帖」のヒロイン「浮舟」は、宇治川への入水を思い立って彷徨《さまよ》い、倒れていたところを「横川の僧都」に救われる。僧都は、尼となっていた母と妹が初瀬（長谷）参詣の帰途に母が急病となったので山を下りて駆けつけ、加持祈祷を行って治した。その一行が宇治院に泊まっている時に意識不明の浮舟を発見したのだった。そして僧都は浮舟を尼たちの住む小野山荘に連れて行って出家を遂げさせる、というのが第五十三帖「手習」のストーリーである。この横川の僧都は、比叡山のもっとも奥にある横川を拠点に活動している僧都の位を持った僧侶という設定で、僧都の位も、拠点が横川であることも、まさしく恵心僧都源信と同じである。紫式部が強い影響を受けたことは否めない。

源信像（聖衆来迎寺蔵）

源信が修行を積んだのは比叡山においてである。比叡山は、京都側からもっとも近い東塔（根本中堂、大講堂、戒壇院など）、さらに少し奥まったところに西塔（釈迦堂、法華堂、常行堂、浄土院など）、そして一番奥の北塔（横川《よかわ》）の三塔から成っている。伝教大師最澄（七六七～八二二）が八世紀末の延暦年間に一乗止観院（現在の根本中堂）を創建して比叡山寺と号したことにはじまるから、いわば東塔が天台宗発祥の地である。最澄は九世紀初めに唐に渡り天台山国清寺《こくせいじ》で学んで帰国し、天台宗を開いた。その高弟の慈覚大師円仁（七九四～八六四）と智証大師円珍（八一四～九一一）も入唐して研鑽を積み、帰国後に延暦寺座主となった。ところが

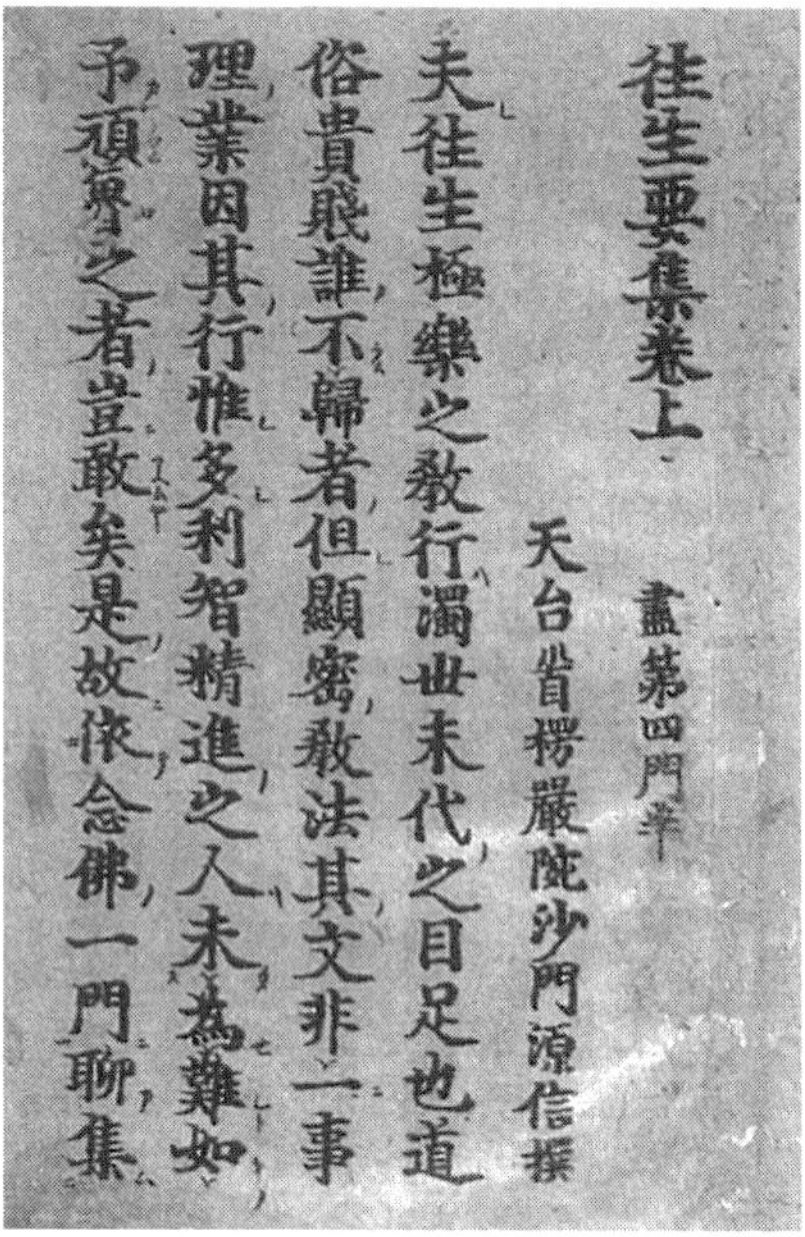
往生要集巻上　盡第四門半
天台首楞嚴院沙門源信撰
夫往生極樂之教行濁世末代之目足也道
俗貴賤誰不歸者但顯密教法其文非一事
理業因其行惟多利智精進之人未爲難如
予頑魯之者豈敢矣是故依念佛一門聊集

『往生要集』の写本
（建長5年〈1253〉に写されたもの）

十世紀末に円珍門徒（寺門派）が山を下りて園城寺（三井寺）に拠って以来、円仁門徒（山門派）との対立が深まり、互いに堂舎の焼討ちや殺戮を繰り返し、この争いは鎌倉時代末期あたりまで続いて、叡山の衰亡を招いたことは先にもふれたところである。

源信は、円仁によって開かれた横川の出身で、念仏の根本道場である華台院《けだいいん》（恵心堂）を横川に建立し、そこに隠棲して修行と著作に励んだ。『往生要集』は、源信がこの堂に籠もって著わしたものといわれている。この著作は浄土教の基本仏典とされ、とりわけ末法入りの十一世紀中期以降は大いに流布したのである。

源信の活躍期は、紫式部が『源氏物語』を執筆していた時期とぴったり重なっている。知的好奇心が強い紫式部は、きっと『往生要集』を読んでいたはずである。事によると源信の説教を聴聞していた可能性も高い。『源氏物語』の背後にある地獄の思想は、源信の教義によるものであろう。

強盗・殺人・放火①——紫式部も遭遇した盗賊事件

『往生要集』が世に流布した当時、そこに描かれた地獄のごとき災禍によって、人心は荒廃して強盗・闘乱・殺害・放火といった不法行為が日常化し、とりわけ夜の街衢《がいく》は物騒きわまりない様相を呈していた。ここでは摂関期だけでなく、平安時代四百年間において象徴的な事件を抜き出してみておくことにする。

最初に指摘しておきたいのは、強盗の類は単独犯が少なく群盗の例が多いということである。たとえば但馬守宅に押し入った強盗は数十人という（『日本紀略』天元三年〈九八〇〉十二月一日条）。押し入るのはほとんど「夜半」で、彼らの放火によって火事が起きているのも全体を通じて見られる現象である。

早い例としては九世紀前半から後半にかけて、京をはじめ畿内諸国に群盗が横行し、六衛府の官人（検非違使を兼務する者が多い）や看督長《かどのおさ》（検非違使庁の下僚で犯人逮捕や獄舎の管理などに従事）、左右京職、諸国司を遣わして逮捕させている（『続日本後紀』承和五年〈八三八〉二月十二日、嘉祥三年〈八五〇〉正月二十六日、二月三日条）。元慶二年（八七八）にはあろうことか、盗人が内裏はおろか紫宸殿にまで侵入し、軟障《ぜじょう》（壁代《かべしろ》の一種の幔幕。部屋を区切るとともに室内装飾も兼ねた）を剝ぎ取る事件まで起きている（『三代実録』二月二十七日条）。夜警の近衛府の舎人に捕まったものの、警固が厳しいはずの紫宸殿も、夜ともなると不用心きわまりなかったようだ。

十世紀半ばの村上天皇の時には清涼殿にまで押し入っている。夜のこと、殿上の間に押し入り宿直《とのい》していた侍従藤原真忠《まさただ》の衣装を持って逃走している。それが一度ならず五度もあったという。さらに六日後の真夜中には、左少弁橘好古《よしふる》の宿直所に押し入って衣装を盗んでいる。この一件があったことにより諸衛府に命じて夜行をさせている（『貞信公記抄』『日本紀略』天暦二年十二月四・十日条）。

十一世紀になって道長政権下、内裏の西に所在する蔵人所の藤原量能《かずよし》の宿所に盗人が押し入った。その盗人は見つかって逃走。月華門を通って紫宸殿の南庭を東へ走り、日華門を抜けてまんまと走り去っている（『御堂関白記』寛弘二年〈一〇〇五〉四月三十日条）。

ある時などは、内裏北部に建ち並ぶ後宮《こうきゅう》の藤壺（飛香舎）と梅壺（凝花舎）をつなぐ渡殿《わたどの》（廊下）に盗人が忍び込んで来たので、候宿していた藤原道長が西の蔀《しとみ》を引いて声をかけたところ、北方へ走り去った、と本人が日記に書きつけている（『御堂関白記』長和二年〈一〇一三〉十二月九日条）。また、清涼殿の近くに押し入った盗人は、清涼殿と後涼殿を結ぶ北道において主殿司《とのものつかさ》の女の衣装を悉《ことごと》く剝ぎ取っている。しかも、刀を頸にあてて声を出せないようにしていたというから凄まじい（『小右記』寛仁三年〈一〇一九〉四月十二日条）。

『紫式部日記』には、寛弘五年（一〇〇八）末の盗賊事件のことが記されている。大晦日の夜、鬼やらいの儀も早く済んで寛《くつろ》いでいると、弁内侍《べんのないし》がやって来ていろいろ話などして先に寝てしまった。しばらくすると中宮の御座所の方で大声がする。そのうち、泣き騒ぐ声が聞こえて、恐ろしくてわけがわからない。火事かと思ったが、そうではない。そこで弁内侍をゆり起こして、女官と三人で震えながら行ってみると、裸の二人の女が蹲《うずくま》っていた。中宮の女蔵人《くろうど》であった。盗賊に襲われたのだと知って、身の毛がよだった、とある。中宮台所係の男性も、中宮職の侍や天皇警固の滝口《たきぐち》（蔵人所に属し天皇・宮中を警護した武士）も、鬼やらいが終わったらみな退出してしまい、手を叩いて大声で呼んでも応答がなかった、ともあれ、その盗賊は宮廷が手薄になることを知っていて狙ったのである。

この大晦日の事件の三ヵ月あまり前に、道長の初孫の敦成親王が土御門殿で誕生したことについては先に述べた。この皇子と母の彰子が天皇のいる内裏に還啓したのが十一月中旬のことだから、その一ヵ月あまり後の事件であった。

強盗・殺人・放火②——狙われた豪華な女性装束

野宮神社（中田昭撮影）

それから二十年後、敦成親王が即位して後一条天皇となった時代のこと。丑の刻（午前一時～三時）に内裏の殿上に盗人が侵入して主殿司の女官の衣装を剝ぎ取り、その後、女官が大声で叫んだのを聞きつけた滝口武士に追いかけられて中和院《ちゅうかいん》（内裏の西に隣接の建物）の前で射殺されている（『左経記』長元元年〈一〇二八〉十一月三十日条）。

長久元年（一〇四〇）には、太々《ふてぶて》しくも、天皇の寝所の夜御殿《よるのおとど》にまで押し入った盗人もいた。その輩は、後朱雀天皇（三十二歳）と女房たちが夜御殿の南戸口の外にいた間に、中に侵入して御衣（綿の御衣三領、単御衣一領）を掠め取った。出てきたところで女房と目が合い、驚いて東渡殿の遣戸《やりど》から逃げ去り、その際に御衣を板敷の下に落としていったという（『春記』長久元年五月二十二日条）。

当時は衣装、とりわけ女性の装束は貴重品であったから、これまで見てきたように、しばしば盗品の対象となったのである。花山天皇が即位して一年後の寛和元年（九八五）

九月二十八日には、盗賊が野宮《ののみや》に入り、侍女の衣装を盗み取っている。野宮とは、伊勢に下向する斎王（斎宮）が宮中の初斎院《しょさいいん》に入ったあと移ってきて、一年間潔斎のために籠る宮。そんな清浄な場所に盗賊が押し入るなど前代未聞の出来事だったという。伊勢斎王となった済子女王（醍醐天皇の孫）が宮中の初斎院から野宮入りしたのは、この事件の二日前のことであった（『日本紀略』）。盗賊はそのことをどのようにして知ったのか、興味あるところである。

なお余談だが、済子女王は野宮で潔斎生活を送っている最中に、滝口武士の平致光と密通の噂が立って退下している（『本朝世紀』寛和二年六月十九日条）。もっとも、このスキャンダルがなくても、花山天皇が突然譲位してしまうので（『本朝世紀』寛和二年六月二十三日条）、どちらにしても済子は退下する運命にあったということか。

強盗・殺人・放火③——多発する強盗による放火

円融天皇代の天延元年（九七三）夏の夜には、強盗の放火によって三百余家が焼失する事件が起きている。強盗が前越前守源満仲《みつなか》邸（左京一条三坊内に所在か〈朧谷『清和源氏』〉）を取り囲んで火を放ち、それが周囲に燃え広がったのである。この時、満仲邸に居あわせて闘った越後守宮道弘氏《みやじのひろうじ》が、盗人の放った矢にあたって命を落としている。このことがあってか、朝廷では武芸者を陣頭（宮中の要所か）に配置している（『日本紀略』四月二十四日条）。ちなみに満仲は受領である。この例のみならず強盗が狙う対象は、一般貴族よりも受領宅が多いことが史料から読みとれる。第六章で既述のとおり、彼らは数国の受領を歴任することでたんまりと蓄財していたから、富で溢れる屋敷の倉は強盗の狙い所であったのである。

満仲邸の火事のことが『蜻蛉日記』にみえる。四月二十三、四日のころ近所で火事騒ぎがあった。驚き騒いでいると、あの人がとても早く駆けつけてくれた。風が吹いて長時間燃え、火がだんだんと遠のいていくうちに、一番鶏が鳴いた。「もう大丈夫だ。それでは」と言ってあの人は帰って行った、とある。「あの人」とは、言うまでもなく、藤原兼家《かねいえ》のことである。作者は一条西洞院に住んでいたので（朧谷『源頼光』）、火元と近く、このころには足が遠のきがちだった兼家も、さすがに案じて駆けつけたのであろう。

受領と強盗ということで注目されるのは大江公仲《おおえのきんなか》という男である。十一世紀末のこと、散位従四位下の大江公仲は散位藤原資俊宅に押し入り、放火・殺害の容疑で検非違使庁に三度の出頭を命じられたが、応じなかったため隠岐国へ流罪となった（『中右記』嘉保元年十二月二十九日条）。これに伴って家地や所領を親族らに譲与した嘉保二年正月十日付の処分状が残っており、それによると、京内の三ヵ所に一町規模の家地を所持し、そのほかに山城・大和国などに多くの所領を持っていたことがわかる（『平安遺文』一三三八・一七六一・二二七七号）。これだけの資産がありながら何故の強盗かと思うが、三年後には召還されて本位に復し、加階の申文まで提出しているが、「本の罪甚だ重く、いったん本位に復さると雖も忽ちに加給の恩に浴し難し」（『中右記』康和四年正月五日条）という理由で却下されている。時の右大臣藤原忠実は公仲を「件の男、極めて非常の者なり」（『殿暦』同日条）と評した。

先に、後朱雀天皇の夜御殿にまで盗賊が押し入った長久元年（一〇四〇）の事件について述べたが、その年の都の治安は最悪の状態だったらしい。『春記』長久元年四月二十九日条に、「京中では弓箭《きゅうせん》を帯びた者が遍満《へんまん》し、濫悪《らんあく》の法師らが刀剣を持って横行し、殺害におよぶなど暴悪の限りを尽くしている。また貴賤を問わず毎日のように放火が繰り返されている。このような状況は王化《おうか》（君主の徳に民が従い世の中がよくなること）の滅亡にほかならない」と記されている。放火は冬になっても止まず、禁中の近くでも起こったことから、朝廷は検非違使に近辺の夜行を命じ、滝口や諸陣の参候を促がしている（『春記』長久元年十一月二日条）。自身の日記『春記』にこの一件を記している藤原資房《すけふさ》（一〇〇七〜五七）は、時の後朱雀天皇の蔵人頭であったから先頭に立って対応に走り回っている。

強盗・殺人・放火④――院政以降の強盗殺人事件

資房が『春記』に書いたのは十一世紀中ごろまでの出来事である。その後、十一世紀末以降のことは、藤原宗忠《むねただ》（一〇六二〜一一四一）が寛治元年（一〇八七）から保延四年（一一三八）まで書き継いだ『中右記』に詳しい。院政初期を知る第一級の史料とされている日記で、「中御門右大臣の日記」を略して『中右記』と称している。

宗忠（三十三歳）がまだ右中弁《うちゅうべん》だった時分の嘉保元年（一〇九四）十一月九日の裏面（「裏書」という）に、「去る夜、梁上公蔵人宗佐《むねすけ》の私宅に入り、衣裳《いしょう》の如きを皆悉く竊《ぬす》み取られる由、聞く所なり」と書き残している。盗人が蔵人藤原宗佐宅に入って衣裳をことごとく持ち去った、というのである。「梁《りょう》上公《じょうのきみ》」とは「梁上の君子」のことで、『後漢書』（陳寔伝）に依拠する話から、梁の上に潜む盗賊の指称とされ、転じて鼠の別称ともなった。後漢の地方官であった陳寔《ちんしょく》（一〇四〜八七）の故事にちなんだ語を使うあたり、学殖豊かな宗忠ならではである。

康和四年（一一〇二）二月二十四日条には、実務官僚として優れていた藤原為房《ためふさ》（一〇四九〜一一一五）の九条宅が焼失した記事が見え、強盗の所為によるものであった、としている。為房は白河院の近臣として鳥羽天皇の蔵人頭をつとめ、関白藤原師実《もろざね》・師通《もろみち》父子の家司となるなど、院や天皇、摂関家の信頼も篤く、子の顕隆《あきたか》（一〇七二～一一二九）は「夜の関白」と言われたほどである。それだけに多くの恨みも買ったであろうから、個人的な怨恨によるものだったのかもしれない。

院政開始からすでに十数年が経過している長治元年（一一〇四）には、三河前守の藤原長明が強盗に斬りつけられ（一週間ほどして死去したらしい）、子の僧侶が殺害されている（『中右記』長治元年十月七日条）。強盗が美福大路、五条南に所在の小屋に乱入して来たとあるので、ここに邸宅があり、そこの倉が狙われたのであろう。長明は故三条内大臣（藤原能長《よしなが》）の息男とあり、能長の祖父は道長になる。長明には僧となった二人の子がいるが、殺害された人が誰かは知り得ない（『尊卑分脈』第一篇「頼宗公孫」）。この強盗殺害について宗忠は、「近日、京中、強窃・二盗・闘乱・殺害毎日、毎夜なり。誠に恐あり、慎むべし」と記している。

院政創始の白河法皇が七十七歳で崩御したのは大治四年（一一二九）七月七日のことであるが、権大納言となっていた宗忠（六十八歳）は、その一ヵ月後の日記に、京中では毎夜のように殺人、強盗が見られ、「天下大乱の頃なり。何を為さんや」（『中右記』大治四年閏七月七日）と嘆いている。

それから半世紀後、代表的な京仏師の法眼《ほうげん》明円《みょうえん》宅に強盗が押し入った（『山槐記』治承三年〈一一七九〉十月二十九日条）。その邸は三条南、京極東とあるから平安京外すぐの東に所在したことがわかり、三条仏所との関わりを考えるうえで注目される。明円は留守にしていて助かったが、妻と小仏師が殺害された。気になるのは、文末に記された「或云嫡所為云々」の文言である。嫡男の犯行という意味に解せるのだが、はたして身内の犯行だったのであろうか。

やがて武家が登場してくると、「群盗があちこちに出没して、尊卑を問わず生きた心地がしない。とくに去年の十二月三日に太皇太后宮《たいこうたいごう》に入り込み、宮に仕える大夫《たいふ》進《さかん》仲賢をはじめとする男女を殺害してからというもの、おおむね一晩おきに強盗事件が起きている。強い武士たちを派遣し、とくに警戒していただきたい」と、『吾妻鏡』文治三年（一一八七）八月十九日条にあり、朝廷が武士の派遣を依頼するようになる。建久三年（一一九二）六月二十日条では、「洛中の群盗を鎮めるため」として、鎌倉幕府の前右大将《さきのうだいしょう》源頼朝の政所《まんどころ》から美濃国の家人らに、「最近、洛中に強賊の犯行が発生している。その連中を取り押さえるためにおのおの京へ上り、洛中警備の大番役を勤めるように」との命が下っている。

以上、手もとの史料（京都市編『京都の歴史⑩年表・事典』ほか、史料散見の折々に目についた平安京関連の記事の蒐集）の中からいくつか特色あるものを選んで取りあげた。年表の強盗・略奪・殺人の項を見ると、平安時代四百年にかぎっても百件あまりの項目を拾うことができる。貴族の日記や公的記録に記されたものだけでもこれだけの数になるのだから、現実にはどれほど多くの事件が起きていたことであろうか。

都市の治安維持

都において人々が安心して生活を続けるためには、なんといっても治安の維持が重要問題である。それに関しては、遷都間もない九世紀初頭の嵯峨天皇の時に、令外の官として新設された検非違使が、主として担ってきた。しかし、摂関期から院政期にかけて平安京が都市的発展を遂げ、これにともなって犯罪が増え続けると、検非違使だけでは対処しきれない状況が露呈していた。というよりも正しくは、検非違使の機能の低下が犯罪者を蔓延《はびこ》らせたというべきかもしれない。

天元五年（九八二）、円融天皇の蔵人頭であった藤原実資《さねすけ》（二十六歳）は日記に、「このところ平安京では毎日のように強盗が横行し、殺害、放火におよんでいる。その理由としては検非違使の職務怠慢が挙げられる」と嘆き、「検非違使庁の責任者は、職掌を怠った官人がいたら免職すると公言した」と書き留めている（『小右記』二月二十七・二十八日条）。しかし、その後も強盗の横行が跡を絶たなかったことは歴史が証明している。

強盗・放火・殺人などの犯罪の増加を許している京の状況を少しでも打開するために講じられたのが、道守屋《ちもりや》の設置である。

「道守屋」の初見は、『西宮記《さいきゅうき》』（源高明著の宮廷儀式書）の平安中期の延長三年（九二五）の記述にみられる。この年の春、京中には群盗が頻出したといい、それを取り締まる目的で設置された。以降、道守屋は強盗が横行する非常時に設けられ、次は村上天皇の天暦二年（九四八）、強盗横行により（『日本紀略』三月二十九日、四月三日条ほか）、朝廷は左右京職と検非違使に命じて道守屋を造らせている（『貞信公記』六月三日条）。

篝屋（『一遍聖絵』）

道守屋が最後に置かれたのは、道長政権下の寛仁三年（一〇一九）のことである。この年は、京中の所々で昼夜を分かたず盗賊による放火が頻発し、荒っぽい群盗の動きも目立っていた。前項で紹介した、主殿司《とのものつかさ》の女が刀を頸にあてて脅され、衣装を剝奪された事件も、この年の四月のことである。こうした事態に対処するため、公卿らが道長のもとに参集した。そこで権大納言藤原公任《きんとう》（九六六〜一〇四一）が平安京の一条、二条といった条ごとの夜回りを申上し、大納言藤原実資が「道守舎」の造作を提案して、それを受けて「この二、三日間、諸条に道守舎を造る」と、『小右記』（四月十三日条）にある。これが記録に現れる最後の例と見られている。

けっきょく道守屋の制度は、ほぼ一世紀にわたって存在したことになるが、それが治安の維持にどの程度の効果をあげたかは詳らかでない。が、期待したほどでなかったのは、世情不安の高まりの過程で消失していることが物語っている。上部組織の検非違使が十分に作動していないところでは如何ともしがたかったのであろう。

この道守屋の精神を引き継いだものとして位置づけられるのが篝屋《かがりや》である。これが初めて設けられたのは、寛喜《かんぎ》の大飢饉（寛喜二年〈一二三〇〉以後、数年間続いた全国的な飢饉）の直後、十三世紀前半のことである。源頼朝が鎌倉に幕府を開いて武家政治を開始後、朝廷の監視や京都の警固などを目的とした施設が幕府の手によって鴨東の六波羅の地に設けられた。これが六波羅探題とよばれるようになったのは、篝屋が登場する少し前のことであった。

建武元年（一三三四）八月に成立した「二条河原の落書」が「町ゴトニ立篝屋ハ、荒涼五間、板三枚、幕引マワス役所鞆《ども》、其数シラズ満々タリ」と記すように、篝屋は、五間と三間の広さのところに幕を張った程度のものだったようだ。その絵画版を『一遍聖絵』で、四条釈迦堂（四条大路と東京極大路とが交わる東北に所在）の東の築垣の傍らで四条大路に面してある描写に見ることができる。

このような篝屋が町の辻々に造られていき、そこには六波羅探題の管轄下に置かれた篝屋守護人と称する武士が配され、篝火を焚いて夜も警備に当たった。その結果、「万人、枕を高くす」（みなが安心して寝られた）と『葉黄記《ようこうき》』にあり、篝屋は十三世紀以降の京都の治安維持には欠かせない存在となった。

しかし、平安時代も末期ともなれば、検非違使や道守屋では荒んだ世相をどうすることもできず、右大臣藤原兼実（二十九歳、一一四九〜一二〇七）をして、「凡そ近日、京中に毎夜、七、八所、十余所、この災に逢わざるは無し」（『玉葉』治承元年〈一一七七〉）と言わしめるありさまで、まさに「末世」というほかない状況であった。

4　『方丈記』にみる災禍

太郎焼亡・次郎焼亡

平安末期から鎌倉初期にかけての十二世紀後半、日本は度重なる災禍に見舞われている。地震、大火、旱魃、飢饉、疫病蔓延が連年のように起こり、乞食や行き倒れが京の内外にあふれた。保元の乱の前年に生まれたとされる鴨長明（一一五五〜一二一六）は、そんな地獄絵さながらの情景を『方丈記』につぶさに記している。

真っ先に取り上げているのは、四百年の平安時代を通じて最大規模とされる平安京内の大火災である。安元三年（一一七七）四月二十八日、真夜中に平安京の五条京極から出た火は、折からの風に煽《あお》られて西北に末広がりに燃え移り、大内裏の東南部にまで達した。関白藤原基房ら十数人の公卿の邸宅をはじめとして類焼した人家は二万余家、焼死者は数千人におよんだという。百八十余町が被災したというから、左京の三分の一近い区域が焼失したことになる。大内裏では、大極殿を含む八省院全部と朱雀門・応天門などが一晩で灰となり、大極殿は以後再建されることはなかった。この火事により、年号が「安元」から「治承」に改元されている。

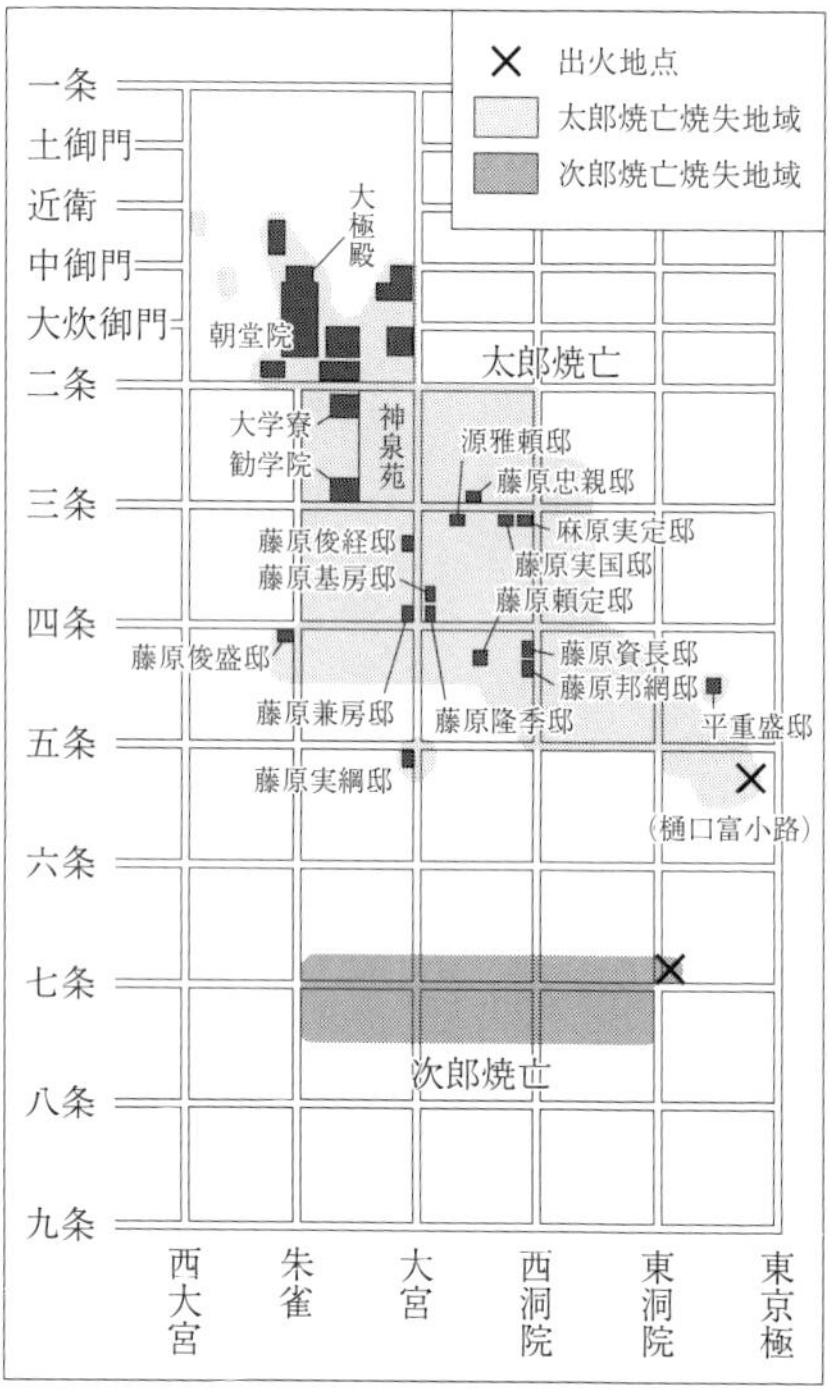

「太郎焼亡」と「次郎焼亡」

さらに一年後の治承二年四月二十四日には、左京の南部が七条大路沿いに朱雀大路まで延焼した大火があり、人々は打ち続いた二つの火事を「太郎焼亡」「次郎焼亡」と呼んだ。このような大火になると、消火機能が未発達な当時にあっては手の施しようがなく、呆然《ぼうぜん》と見守るしかなかった。

　この大火のあと平家滅亡までの数年の間、天災が打ち続き、人々は乱世の到来を予感して慄《おのの》いたのであった。治承四年（一一八〇）四月には、中御門京極のあたりから大きな辻風が起こり、三、四町を吹き荒れる間に家々をことごとく吹き飛ばした。屋根が木の葉のように舞い、家具調度が空中を飛ぶ凄《すさ》まじさであった。『方丈記』には「辻風はつねに吹く物なれど、かゝる事やある。たゞ事にあらず」として、神仏のお告げではないかと疑った、とある。

養和の飢饉

翌年の養和元年（一一八一）から、その翌年にかけては、諸国が大飢饉に見舞われた。世にいう「養和の飢饉」である。春と夏に日照りが続き、秋には大風・洪水などが続いて、穀物はまったく実らず、深刻な食糧危機に直面した。明くる年は、飢饉のうえに疫病までが加わっていっそうひどいことになり、世人はみな飢えて日が経つにつれて困窮していったという。目を覆いたくなるような惨状を、長明はこう記している。

はてには、笠うち着、足ひき包み、よろしき姿したるもの、ひたすらに家ごとに乞ひ歩く。かくわびしれたるものどもの、歩くかと見れば、すなはち倒れ伏しぬ。築地のつら、道のほとりに餓死ぬる者のたぐひ、数も知らず。取り捨つるわざも知らねば、くさき香世界に充ち満ちて、変りゆくかたち有様、目もあてられぬ事多かり。いはむや、河原などには馬車のゆきかふ道だになし。

（ついには笠をかぶり、足をくるみ、よい身なりをしている者が、ひたすら家ごとに物乞いして歩きまわっている。そのように困窮して何もわからなくなった人々が歩いているかと見ると、いきなり倒れ伏してしまう。土塀のそばや道端には、飢死者のたぐいが数えきれない。死体を取り片づける方法もわからないので、くさい臭いがあたり一面に充満し、変わってゆく顔や体のありさまは、目も当てられないことが多い。ましてや、鴨川の河原などには死体が散らばっていて、馬や車が行き来する道さえない。）

こうしたなか、御室の仁和寺の隆暁《りゅうぎょう》法印は死人に行き会うたびに、額に「阿」字を書いて往生を願った。その人数を四月と五月の二ヵ月の間に数えたところ、左京域で四万二千三百人あまりにのぼったという。当時、平安京には十数万の人がいて、その多くは左京域に居住していたとされる。そのうちの四万人超とは恐るべき数である。この前後にも死んだ者は多く、鴨川原、白河、西の京などの周辺を含めればきりがない。ましてや全国となると、いったいどれほどか。

養和の飢饉については、鎌倉時代末期に成立した歴史書『百錬抄』の養和元年（一一八一）六月の記事に「天下の飢饉、餓死する者その数を知らず」とある。また年が変わっても「嬰児《えいじ》を道路に棄て、死骸が街衢《がいく》に満つ」といった状況で、蔵人の類でも餓死者が多出するほどで、「飢饉《ききん》は前代を超えた」という（『百錬抄』養和二年正月条）。

治承から養和と改元してわずか十ヵ月後、この飢饉・疫病により寿永元年（一一八二）に改元された。時に公卿二年目であった参議藤原経房《つねふさ》（四十歳、一一四三〜一二〇〇）は、日記に押小路高倉の火事を記すなかで「近日、強盗・火事、連日連夜の事なり。天下の運すでに尽きるや。死骸は道路に充満す。悲しむべし、悲しむべし」と書き留めている（『吉記』寿永元年三月二十五日条）。

鴨長明が体験した文治地震

平安末期には地震にも見舞われている。栄華を誇った平家一門が治承・寿永の乱の末に壇ノ浦の海に沈んで四ヵ月後の元暦二年（一一八五）七月九日、大地震が都をはじめ各地を襲った。これが理由となって「文治」に改元されている（『山槐記』『玉葉』『吉記』文治元年八月十四日条）。その凄まじさは鴨長明が『方丈記』にあますところなく記している。

……おびたゝしく大地震《おほなゐ》振《ふ》ること侍りき。そのさま、世の常ならず。山は崩れて川を埋《うづ》み、海は傾《かたぶ》きて陸地《ろくぢ》をひたせり。土さけて水わきいで、巌《いわほ》われて谷にまろびいる。渚漕ぐ船は波にたゞよひ、道ゆく馬は足の立ちどをまどはす。都のほとりには、在々所々、堂舎塔廟《だうじやたふめう》、ひとつとして全《また》からず。

或いは崩れ、或は倒《たふ》れぬ。塵灰立ち上《のぼ》りて、盛りなる煙《けぶり》の如し。地《ぢ》の動き、家の破るゝ音、雷《いかづち》にことならず。家の内にをれば、忽ちにひしげなんとす。走り出づれば、地われさく。羽なければ、空をも飛ぶべからず。竜《りよう》ならばや、雲にも乗らむ。恐れのなかに恐るべかりけるは、只地震《なゐ》なりけるとこそ覚え侍りしか。

（とんでもない大地震があった。そのさまは尋常ではなかった。山は崩れて川を埋め、海では津波が発生して陸を襲った。地面は裂け水が湧き上がり、岩は割れて谷に落ち、渚を漕ぐ船は波に漂い、道を行く馬は足元が定まらない。都のあたりでは、あちらこちらの社寺の建物も塔も一つとして無事ではなかった。あるものは崩れ、あるものは倒壊した。塵灰が立ちのぼって、もうもうと立ち込める煙のようだ。大地が震え、家が壊れる音は雷鳴のようである。家の中にいたらたちまち押しつぶされそうになる。走り出れば地面が割れ裂ける。人は羽がないので空を飛ぶこともできない。龍なら雲にも乗れよう。しかし人間はどうにもならない。恐ろしいことのうち、もっとも恐るべきものは、ただもう地震であると思い知らされたことだ。）

右記の記述では、地震にともなって発生した土砂崩れや河川閉塞、津波、家屋倒壊など、さまざまな現象が克明に描写されており、悪夢のような被害のさまがひしひしと伝わってくる。このような壮絶な体験をしたとあっては、『方丈記』冒頭に「ゆく河の流れは絶えずして、しかももとの水にあらず。よどみに浮ぶうたかたは、かつ消えかつ結びて、久しくとゞまるためしなし」とあるように、無常を訴えたくなるのも宜《むべ》なるかな、と思えてくる。

むろん、この大地震を体験したのは、長明一人ではない。同時代人たちも日記にそれぞれの地震体験を記している。その中から、権大納言藤原忠親《ただちか》（五十五歳、一一三一〜九五）の日記『山槐記』と、右大臣藤原兼実《かねざね》（三十七歳）の日記『玉葉』を紹介しておこう（文治元年〈元暦二〉七・八・九月条）。

まずこの大地震を評して、忠親は「およそ未だ曾《かつ》て有らざる震動なり」と前置きして、目は眩《くら》んで頭痛がし、心神違乱、まるで船に乗っているようで「天下の破滅、已に此の時にあるや」と嘆き、兼実は「およそ往古來今、異域他郷、惣じて以て未だ此の如きの事あらず。末代の至り、天地の悪」と述べている。当然のことながら、誰にとっても、この世の地獄の様相であったのである。

二人は当日の自分自身や家族の行動、さらには天皇の動向についても細かく書き残している。地震が起きたのは正午ごろ。その時、忠親は「五十年巳来、未だ覚悟せず」と感じ、家人らはみな家を出て竹原の下に避難している。いっぽう兼実は、古来より大地震はあったけれど「未だ人家を損亡した例を聞かず」とし、しばらくじっとしていた。だが、家が崩れそうになったので、妻や嫡男の権大納言良通《よしみち》（十九歳、一一六七〜八八）らを車に乗せて庭中に引き出し、車のまま待機させ、自分は独り仏前に伺候していたという。家は傾いて棟が折れ、壁は崩れ、築垣はすべて倒れた。京中の築垣は、東西方向の壊れがひどくて南北の築垣は被害が少なく、人家は多く倒れたという。

白河天皇御願の法勝寺八角九重塔（高さ八十一メートル）は、瓦ほか垂木から上のものはみな落ち、阿弥陀堂と金堂の東西廻廊、鐘楼、南大門、西門、北門が顚倒して一宇として完全なものはなかった。地面は所々裂けて水が湧いていた。忠親が人を遣わして見分させたところによると、鳥羽法皇御願の得《とく》長寿院《ちょうじゅいん》（平忠盛《ただもり》造進、千体聖観音像、蓮華王院〈三十三間堂〉の前身）が顚倒、法成寺も数ヵ所の回廊や築垣が倒れた。京内では摂政藤原基通《もとみち》（一一六〇〜一二三三）の五条第（五条東洞院西南）の築垣が四面とも倒れ、寝殿や回廊の一部が破損したが、不幸中の幸いで摂政は近衛殿（近衛烏丸西南）の方にいて難を逃れたらしい（『山槐記』文治元年七月九日条）。

閑院内裏におられた後鳥羽天皇は、腰輿で庭中に出て鳳輦で中島に出御し、庭中に大床子を出して「終日御座」したという（『山槐記』文治元年七月九日条）。しかし、閑院は地震による破損が甚だしく、修造の間、左大臣藤原経宗《つねむね》（一一一九～八九）の大炊御門《おおいみかど》亭を仮の皇居とし、二週間後に行幸している（『山槐記』文治元年七月二十二日、八月十四日条）。

いっぽう後白河法皇は、御所の六条殿（平業忠《なりただ》宅〈六条西洞院西北〉『吉記』寿永二年十二月十日条、『山槐記』文治元年八月十四日条参照）の庭に竹屋を構えてそこに避難し、寝殿が傾危して御所として使えなくなったので、北の対に入っている。また女院こと八条院（暲子内親王、一一三七～一二一一、鳥羽皇女で母は美福門院得子）は御所（八条烏丸東北、『山槐記』文治元年八月十四日条）内の庭中で車に乗ったままおられたという。忠親・兼実自身も庭に避難しており、九日は終日、終夜「小動」とある。「上下或は車に乗り、或は屋形を構えて庭中に在り」と『山槐記』にあるから、身分の上下を問わず地震を感じたら庭に出る、というのが当時の常識になっていたようだ。

長明によれば、七月九日当日の激しい揺れは短時間で止んだが、余震がその後しばらく続き、強く揺れる地震が一日に二、三十度もあったが、十日、二十日と経過していくうち、だんだん間遠になって、一日に四、五度、あるいは二、三度となり、やがて一日おき、さらに二、三日に一度となっていった。結局、余震は三ヵ月ばかり続いた、というから前代未聞であろう。

京を襲った地震

『方丈記』には、「昔斉衡のころとか、大地震《おほなゐ》振《ふ》りて、東大寺の仏の御頭《みくし》落ちなど、いみじき事ども侍りけれど、なほこの度にはしかずとぞ」ともある。東大寺大仏の仏頭が落ちたのは、斉衡二年（八五五）

五月二十三日の地震による（『文徳実録』）。その時をはるかに上回る規模の文治地震を体験して、鴨長明は「恐れのなかに恐るべかりけるは、只地震《なゐ》なりける」と独《ひと》り言《ご》ちたのであった。思えばこの述懐は、阪神淡路大震災や東日本大震災という近年の未曾有の大地震を体験した私たちの思いともそのまま重なっている。そこで本章の締めくくりに、地震をほかにも何件かみておこう。

京都に都が遷って三十年ほど経過した淳和天皇代の天長四年（八二七）の後半は、地震が多発しており、「地大いに震い、多くの舎屋頽《くず》れる。一日の内、大いに震うこと一度、小動は七、八度」という日もあった。七月はほぼ毎日で、日に数回のこともあり、八・九月は三日に一度、十〜十二月は十日に一度の割で地震が起きている（『類聚国史』巻第百七十一「災異五、地震」、天長四年七月十二日、および七〜十二月条）。

さらに六十年後、光孝天皇譲位直前の仁和三年（八八七）秋の地震は、さらに規模が大きなものであった（『三代実録』仁和三年七月三十日条）。午後四時ごろに大揺れが来て、数時間止むことがなかったという。天皇は仁寿殿《じじゅうでん》を出て紫宸殿《ししんでん》の南庭に居られ、そこに七条の幄屋を二宇立てて御在所とした。平安宮の諸官衙や左右両京の屋舎が顚倒し、その下敷きになって圧死した者のほか、地震によるショックで死亡する者も多かった。この地震は京に止まらず全国的な規模で起き、津波による溺死者は数えきれないほどで、とりわけ摂津国の被害が酷《ひど》かったという。

翌月に入っても日に数度の余震があり、ある時は昼に五度震って、夜は大いに震い、京の人たちは家を離れて街路に屯《たむろ》していたという。加えて月の下旬には大風雨に見舞われ、木は引き倒されて多くの家屋が倒壊し、圧死者が多数出た。さらに鴨川と西の葛野川（現在の桂川）が氾濫して洪水被害も発生していたから、大変な災難が続いた年であった（『三代実録』仁和三年八月五・二十日条）。

十世紀に入って初めの四半世紀ほどは鳴りを潜《ひそ》めていた地震が、朱雀《すざく》天皇の承平年間（九三一〜三八）

あたりから、またちらほら見られる。末年には「地大いに震い、京中垣墻《えんしょう》悉く以て破れ壊る。内膳司《ないぜんし》（宮内省に属し天皇の食膳の調進を掌る役所）の屋顚倒し、壓死する者四人」との記述が見え（『日本紀略』天慶元年〈九三八〉四月十五日条）、この日から月末までの半月は毎日震っている。また鴨川が溢れて京内に押し寄せ、多くの民家が漂っていたという（『日本紀略』六月二十日条）。承平八年（九三八）は、この地震と東国における平将門の内乱により天慶元年に改元されている（『日本紀略』五月二十二日条）。

その四ヵ月後には、夜十時ごろ二度の大地震に見舞われている。『本朝世紀』によると、平安宮の築垣や人家が倒壊し、人々はみな家から出て庭に避難した。朱雀天皇（九二三～五二、在位九三〇～四六）は、御輿で清涼殿から北の後宮七殿の一つ常寧殿《じょうねいでん》（皇后・女御の居所）の前庭へ移動した。庭には上畳を敷き、屏風と几帳で取り巻いた御座が設けてあり、天皇はそこに居られたのである。その間にも雷鳴のような音がして、午前二時にも地震があった、という（天慶元年八月六日条）。

これ以降、村上天皇（九二六～六七、在位九四六～六七）におよぶ四十年近くは記録に見えず、円融天皇代（九五九～九一、在位九六九～八四）に入って大きな地震が起きている。貞元元年（九七六）六月のことである（『日本紀略』『扶桑略記』六月十八日条）。

夕刻の地震で宮内では内裏をはじめ諸司の築垣が倒れ、朝堂院、豊楽院が被害に遭った。京内でも多くの築垣が破壊し、東寺、西寺ほか家屋の多くが顚倒したり壊れたりし、「地震の甚しさ未だ曽てあらず」とある。翌日から月末までの十日あまりの間、毎日のように十回前後の地震が起きており、これが理由で七月に「天延四年」から「貞元元年」に改元されている。

この地震のほぼ一ヵ月前、内裏が二度目の焼失に遭い、円融天皇が内裏の東隣の職御曹司《しきのみぞうし》（中宮職の曹司）に避難していた。その間に地震に遭ったのである。天皇は南庭に幄を立てて御所とし、そこに難を避けている。その後、天皇は内裏再建までの一年ほどを皇后藤原媓子の実家の関白藤原兼通の堀河院で過ごすことになるが、そのことについては第二章（「里内裏の系譜」）で述べたとおりである。天皇が遷るに際して、堀河院は突貫工事で部分的に造作中であったが、ここも地震に見舞われている。なお堀河院の修築にあたっていた数百人の工人のうち三十人あまりが倒れてきた築垣の下敷きになって死んでいる。清水寺では僧俗あわせて五十人の圧死者が出た。

十世紀末の一条天皇から十一世紀の三条・後一条天皇までの半世紀余りは地震に悩まされることは少なかったようであるが、院政期に入ると、ふたたび見舞われるようになる。

京だけでもこんな具合である。全国に目を向ければ、前出の貞観十一（八六九）年六月七日の祇園御霊会の直前の五月二十六日には、陸奥国東方沖で「貞観地震」が発生している。これは東日本大震災と類似するとされ、地震の規模はマグニチュード八・三以上、津波被害も甚大だった。そして貞観地震から九年後の元慶二年（八七八）九月二十九日には、関東直下型の「相模・武蔵地震（関東諸国大地震）」が起き、それから九年後の仁和三年（八八七）七月三十日には、東海・東南海・南海が三連動した南海トラフ沿いの巨大地震「仁和地震」が発生している。こうした様相は、現在の状況と不気味に類似している。美しくも厳しいこの列島の気候風土は、今も、千年以上前の平安の昔も変わらない。そういう意味でも、私たちは平安人と意外に近しいように思えるのである。

参考までに一九八五年に京都市歴史資料館が実施した特別展「京の災害―地震と火事―」の展示パネル「災害年表」によると、平安時代四百年および京都が都であった千年、このいずれの場合も三十数年に一度の割で大きな地震に見舞われている。専門家たちが「京都には地震がいつ来てもおかしくない」と公言するのが実感として迫ってくる。

終　末法と浄土の世

四百年の平安時代を通じて貴族社会の頂点を極めた人として、藤原道長をあげることに異論はなかろう。その道長は権勢とは裏腹に健康に恵まれず、持病に悩まされることが多かったが、『源氏物語』（「若菜上」の巻）に光源氏が孫に囲まれて四十賀《しじゅうのが》を祝ってもらう場面が描かれているように、四十歳ですでに老境の入り口だった時代に、六十二歳まで生きた。後継者の頼通は、半世紀あまりも摂関の地位にいながら身内から一人の天皇も出すことができずにその地位を去り、藤原氏を外戚としない後三条天皇の即位を許して宇治に隠棲してしまった。時に七十六歳。その七年後に八十三歳で他界、同じ年の八ヵ月後には上東門院（彰子）が八十七歳で亡くなっている。白河天皇になって数年のことである。さらに一年後に関白藤原教通が八十歳で他界。頼通の子の師実（三十四歳、一〇四二〜一一〇一）が関白を継承した。道長のあと御堂流を堅持してきた三人の姉弟の相次ぐ死は大きな痛手であり、第五章で述べたように、その後の摂関家は弱体化して白河上皇による新たな政治体制（「院政」）へと移っていくのである。

藤原摂関家が栄華を極めた時代は、疫病や飢饉などの凶事に見舞われつつも、宮廷ではみやびな王朝

平等院鳳凰堂

文化が花開いた。そんな摂関期の貴族社会の雰囲気を今に伝えるのが、頼通が隠棲した宇治である。

宇治は、嵯峨野とともに古くから遊興の地として貴族に愛され、多くの別業（別荘）が営まれてきた。現在の平等院の地も、もとは光源氏のモデルの一人とされる源融の山荘だったところで、『源氏物語』の「宇治十帖」では、光源氏の遺産である宇治の山荘として登場する。それが左大臣源重信の後家の手を経て、長徳四年（九九八）に藤原道長の別荘「宇治殿」となった。それを頼通が受け継ぎ、末法に入った年、すなわち永承七年（一〇五二）に、極楽往生を願って寺院に改め、「平等院」と名づけた。頼通はその翌年には、現在も鳳凰堂として知られる阿弥陀堂を完成させ、西方極楽浄土の教主とされる阿弥陀如来像を祀り、堂内を金箔や螺鈿、飾金具、極彩色の絵画で荘厳に装飾し、この世の浄土を出現させた。

ここで末法思想の説明を簡単にしておこう。仏教では、釈迦入滅後の未来を「正法《しょうぼう》」「像法《ぞうほう》」「末法」の三時期に区分し、正法の時代は仏の教えを理解・実践し、悟りを得ることができたが、像法に入ると教えと実践はあっても悟りを得る者はなくなり、末法に入ると教えがあるのみで実践し悟りを得ることが叶わなくなる、とされる。正法・像法の長さについては五百年、千年と諸説あるが、平安中期ごろには釈迦入滅の年（中国では紀元前九四九年に当てるのが一般的）から正法千年、像法千年という考え方が流布し、それでいくと永承七年が末法入りに当たるとされていた。そして末法が一万年続いた後には、仏の教えさえも滅ぶ「法《ほう》滅《めつ》」の時に入るという。

仏教記事に重点を置く私選史書の『扶桑略記』（天台僧皇円《こうえん》〈?～一一六九〉著と伝える）の永承七年条には、年明け早々に大極殿において千僧による観音経《かんのんきょう》の転読《てんどく》（経典の題名と初め、中途、終りの数行を読んで全体を読んだことに代えること）を挙行したとある。これは前年の冬から疫病が流行し、年が改まっても勢いが増すばかりであったためだが、こう記した後に「今年始めて末法に入る」と書きつけている（正月二十六日条）。

末法の世になると、仏教が衰え、道徳が乱れて救いがたい世の中になると考えられていた。それゆえ、第八章でみたような天災が打ち続いて人心が荒《すさ》び、悪行が横行する世のありさまに、多くの人がそれを実感して末法思想が浸透していき、貴族も庶民もみなが極楽浄土を願うようになった。それとともに、穢れた現世を厭い（「厭離穢土《えんりえど》」）、阿弥陀仏の導きにより西方極楽浄土への往生を願う（「欣求浄土《ごんぐじょうど》」）、浄土教の教えが広まっていったのである。

浄土教は早くから仏教界を支配しており、阿弥陀如来像を本尊とする阿弥陀堂の建立がすでにみられた。たとえば道長は、栄華の舞台となった土御門殿の東に阿弥陀堂（法成寺《ほうじょうじ》）を建立し、多くの御堂の出現で「浄土はかくとこそは見えたり」（極楽浄土もこのとおりであろうと見えた）」と言わしめるほどであった（『栄花物語』巻第十八）。阿弥陀堂には九体の阿弥陀如来像が安置されており、『栄花物語』によれ

浄瑠璃寺九体阿弥陀像

無量寿院を偲ばせる阿弥陀堂外観

ば、道長はその御手から引いた糸を握り締めながら彼岸へ旅立った、という。もっとも、実際はそんな美しい往生ではなく、背中の腫物《はれもの》に悩まされての悶絶死《もんぜつし》だったとされる（『小右記』）。

宇治の平等院阿弥陀堂（鳳凰堂）の本尊も、先述のとおり阿弥陀如来像である。苑池の中にある島の上に建てられている鳳凰堂は、あたかも水上に浮かぶ楼閣のようで、極楽浄土の宮殿はかくやと思わせる美しさだ。その中心となる中堂に安置された阿弥陀如来像の尊顔の高さのところに格子窓が開けられていて、苑池越しに阿弥陀仏を拝することができるようになっている。造像当時には、「極楽いぶかしくば、宇治の御堂を敬《うやま》ふべし」（極楽浄土が疑わしいと思ったら宇治の平等院の阿弥陀仏を拝むがよい）と童謡《わざうた》（時事の風刺を歌った民間の流行歌）に歌われたように、平等院鳳凰堂はまさにこの世の極楽浄土に他ならなかった。多くの人々が阿弥陀仏に手を合わせ、ひたすら欣求浄土を祈ったのであろう。

道長によって創建された法成寺（現在は廃寺）と、平等院阿弥陀堂の両方の造像を手がけたのは、当代の巨匠、仏師定朝《じょうちょう》（?～一〇五七）とされ、とくに現存している平等院の阿弥陀如来像は、定朝作の確証ある現存唯一の作品である。九体阿弥陀像の方は、定朝の父の康尚《こうじょう》が中心となった。康尚は早くに道長造立の浄妙寺《じょうみょうじ》（先祖の木幡墓地に造った菩提所。木幡寺ともいう）の仏像も手がけている（『御堂関白記』寛弘二年〈一〇〇五〉十月二十三日条）。

大規模な造像には仏師集団をもってあたったが、その規模はどれほどであったろうか。万寿三年（一〇二六）、後一条天皇の中宮威子の安産を祈願して二十七体の等身仏を造像の時には、定朝の下に二十人の大仏師がおり、これに率いられる百人あまりの小仏師が関わっていたとされる。その工房は、平安京の左京七条に所在したところから七条仏所と呼ばれた（江里康慧『仏師から見た日本仏像史』）。

浄土教との関わりで見落とせないのが、前章でも取り上げた天台僧の源信（九四二～一〇一七）である。彼は八歳のとき比叡山に登るが（東塔）、僧侶の世俗化と堕落を嫌って横川《よかわ》（北塔）に隠棲し、恵心院に籠って修行に専念した。恵心僧都とか横川僧都と呼ばれるのはこのゆえである。

源信と康尚には接点があった。『山門堂舎記《さんもんどうしゃき》』（延暦寺の諸院・堂宇・仏像の由来、縁起などを記した書物。

『群書類従』巻第四百三十八所収）には、横川の霊山院に関して、この御堂は正暦年間（九九〇～九五）に源信が建立したもので、彼の発願により等身の釈迦如来像は康尚が造像し安置したのだ、とある。この数年後に康尚は「土佐講師《こうじ》」（講師とは経文の講義などさまざまな任務を行った僧）の宣旨《せんじ》（天皇の勅を記した文書）を得ている（『権記』長徳四年〈九九八〉十二月二十四日条）ので仏師僧（僧侶で仏師）となったことがわかる。

空也像（六波羅密寺）

長保四年（一〇〇二）、一条天皇は前年に亡くなった母の東三条院詮子（円融天皇女御、女院の初例）のための法華八講（法華経八巻を朝座・夕座に一巻ずつ四日間に八人の講師により読誦・供養する法会）を一条院の東の対を御堂として行っている。その時の阿弥陀如来像、普賢・文殊菩薩像の三体（高さ一尺以下の白檀仏）を造像したのは「仏師僧康尚」であった（『本朝世紀』長保四年十月二十二日条）。

いっぽう、源信が横川の地で寛和元年（九八五）に著したのが『往生要集』であり、この書のなかで末世の衆生救済にもっとも必要な教えは浄土教であると説き、念仏を奨励したのである。源信のこの書は「天下に流布せり」（『扶桑略記』）と言われたように社会に広く受け入れられ、末法の世ともなれば、人々の浄土信仰の拠りどころとなった。

もっとも、『往生要集』を読み解き、浄土教そのものを理解できる人となると、ごく一部に限られ、多くの庶民たちは蚊帳の外であった。庶民たちは、皇族・貴族が出入りする高名な寺院への参詣なども ままならず、彼らが帰依したのは、辻々で直接語り聞かせてくれる僧たちの教えであった。

そのような役割を担った僧として空也《くうや》（九〇三〜七二）が有名である。すでに述べたように彼は自坊を持たずに人が多く集まる場所を狙って説法して歩き（遊行僧《ゆぎょうそう》）、人々に念仏を唱えることを勧めた。とりわけ、さまざまな階層の人が集まる市での説法が多かったとみえて「市聖《いちひじり》」の異名があり、結縁者が多かった。庶民に寄り添った僧をもう一人挙げるなら行円《ぎょうえん》であろう。これもすでにふれたが、「皮《かわ》聖《ひじり》」の異名をもつ僧で、南無阿弥陀仏を唱えれば極楽往生が叶うと、街中を説いて回った。

また、『大鏡』の作者が記す「雲林院の菩提講」からも察せられるように、極楽往生を求めて法華経を講説する法会「菩提講」には、上は貴族から下は庶民まで多くの聴衆が詰めかけた。こうした寺院での講師《こうじ》による説法も、衆生を仏道へと導くのに大いに貢献したのである。

十一世紀中期に末法入りしたわが国は、第八章で取りあげた項目を見て明らかなように時代の変革期に向かっており、天変地異にも頻繁に見舞われていた。さらには、貴族一辺倒の社会において護衛役に甘んじていた武士が力をつけてきて、ついに政権の一翼を担うまでになり、僧兵を擁する寺社勢力も力を強め、その一方で、貴族文化は急速に勢いを失っていった。ここに桓武天皇が願いをこめて命名した貴族全盛の「平安」の時代は、終わりを告げることになるのである。

あとがき

こんにちの都市としての京都は、桓武天皇の平安遷都に淵源をもち、天皇を中心に貴族・官人らによる政治と暮らしが続いた四百年あまりの間に形成されたと言ってよい。そこで繰り広げられた様々な営みを多角的にみてきたが、千年を経たこんにちにおいてなお、払拭できない同じ悩みがあることを知った。それは、今まさに直面している疫病と災害への対応である。

本にすることなど意識なく、なんとなくパソコンに打ちこみ始めたのはコロナ騒ぎの前のことであった。そんなある日、鴨川の散歩で思いついたことをメモっておこうと机に向かい、書きだした瞬間（二〇二一年十二月三日午前九時二十六分）グラグラッ、と来た。そして、ラジオから「午前九時二十八分ごろ近畿地方で強い地震が発生し、和歌山県で震度五弱を観測した……津波の心配はありません」とのニュースが流れ、各地の震度の詳細な報告が続いた。このようにメディアの発達のお蔭で私たちは、たちどころに、どこで、何が起きたかを知ることができる。小著で取りあげた貞観・文治の大地震に遭った当時の人々は情報の入手など皆無にひとしかった。その不安の差異は想像を超えていよう。

今世紀の前半にはかなりの確率で起きると言われている南海トラフ地震、数十万の人が命を落とすとも言われている。現在の私たちは、こういう予測に基づいて備えは可能である。しかし、平安朝の人々はそれも叶わなかった。ただ、現代人でも抑えこむことはできない。文明の力も自然を前にしては弱いものだ。コロナ、しかりである。この二年というもの世界中がコロナに振りまわされ、いまだに終息の気配を見ない。多くの人が命を落とした。ただ地震と異なるのは、人間の力で対処が叶う、つまり薬効に期待がもてるということである。

平安時代以降、いく度も疫病の流行に脅かされ、そのつど大きな犠牲を強いられてきた歴史を考えると、科学や医学がめざましく進歩してもなお、ウイルスなどは人類にとって脅威的な存在であることに変わりない。ただ、異なるのは過去の事例から学ぶことによって不測の事態に、客観的に、冷静に対処できるという点である。こんにちの私たちが歴史から学ぶとは、そういうことであろう。

「平安京よもやま話」というようなテーマを脳裏におき、専門家を対象にしたものではなく、王朝時代の暮らし向きを一人でも多くの人に知ってもらおうという意図のもとに書き始め、間もなくコロナが起こり、当時の人たちは疫病と、どのように対処したのか、新たな問題意識がわいたのである。そうして、いちおうレポートの集積のようなものができた。それを、懇意にしているミネルヴァ書房の堀川さんに話したら「本にしましょう」ということになった。しかし、それからが大変だった。構成からはじまって文章の統一ほか書籍化に向けての作業を考えると気が重くなった。ここで強力な助っ人が現われたのである。過去に一緒に仕事をしたことがあり、著書もある、優れた編集者の伊東ひとみさんである。伊東さんは深いところまで踏み込んで修正を施すなど、その作業は筆舌に尽くしがたいものがあった。そのお蔭で、ごつごつとした岩石が御影石に変形できたのである。ある意味、共著者と言ってもよく、編集協力者として名を連ねさせていただいたゆえんである。感謝をささげたい。なお、第三章の「1　殿上人にとっての夜」の「出世と家柄」を除く項、「2　王朝貴族の暮らし」の「庶民の食事」以外の項、「3　男性日記と女房文学」の「日記の意味するもの」の項に関しては参考文献に掲示の先稿「王朝の昼と夜」（村井康彦編〈京の歴史と文化1　長岡・平安時代〉『雅　王朝の原像』講談社、一九九四年）に所収の旧稿を転載していることをお断りしておく。ただ、項目によっては大きく加筆しているものもある。

カバーをご覧いただきたい。私が愛犬との散策で日々、目にする北山と賀茂の流れを彷彿とさせる。ある展覧会で目にした日本画家、奥村美佳さん（京都市立芸術大学准教授）の「ゆく河」という作品。「スケッチブックを携えて辿る家路から眺める鴨川の景色は、その日の出来事をすべて忘れてしまうほど美しく、いつも時と共に刻々と移ろう情景に見入っている間に暗くなります。ただ、残像と共に心に残った情景を留めたく描きました」との添え書きを見て、やはり鴨川であったかと……。執筆中からこの本の表紙には鴨川を取り込めたらと考えていたが、このような形で叶えることができたのは望外の喜びである。ご提供いただいた奥村さんに感謝いたしたい。そして出版のたびごとにお世話になっている編集者の堀川健太郎さんの労を多とする。完全原稿を堀川さんに預けた直後、二〇二四年のNHKの大河ドラマが「紫式部」に決まったというニュースを耳にした。過去の大河ドラマで扱う時代が平将門についで二番目に古く、王朝ものとしては初めてとのこと、王朝時代がブームになることを願っている。

二〇二三年三月

コロナが落ちつきはじめた新春に

朧谷　寿

参考文献

本書に関わる著者関連の著書・編著・論文（発表年順）

『源頼光』吉川弘文館、一九六八年
『清和源氏』教育社、一九八四年
朧谷・加納重文・高橋康夫編『平安京の邸第』望稜社、一九八七年
『王朝と貴族』〈『日本の歴史』6〉集英社、一九九一年
『藤原氏千年』講談社、一九九六年
『源氏物語の風景』吉川弘文館、一九九九年
『平安貴族と邸第』吉川弘文館、二〇〇〇年
『藤原道長――男は妻がらなり』ミネルヴァ書房、二〇〇七年
朧谷・山中章編『平安京とその時代』思文閣出版、二〇〇九年
『藤原氏はなぜ権力を持ち続けたのか』〈NHKさかのぼり日本史⑨平安〉NHK出版、二〇一二年
『堀河天皇吟抄』ミネルヴァ書房、二〇一四年
『平安王朝の葬送』思文閣出版、二〇一六年
『藤原彰子――天下第一の母』ミネルヴァ書房、二〇一八年
「摂関家と多田満仲」（古代学協会編『摂関時代史の研究』吉川弘文館、一九六五年）

「大和守源頼親伝」（『古代学』第十七巻第二号、一九七〇年）
「兼好の結婚観――平安時代中期の結婚」（東書高校通信『国語』第一三六号、東京書籍、一九七四年）
「意外 新しかった京都六角堂」（『歴史と人物』第九十四号、中央公論社、一九七九年）
「賀茂祭の桟敷」（『角田文衛古希記念古代学論叢』古代学協会、一九八三年）
「賀茂祭にみる〝過差〟について」（『古代学研究所紀要』第一号、一九九〇年）
「平安京王朝の風景」（山中裕・鈴木一雄編『平安貴族の環境』至文堂、一九九一年）
「京の内外」「旅と地方の生活」（山中裕編『源氏物語を読む』吉川弘文館、一九九三年）
「平安京への誘い」「京の顔――鴨川」ほか（角田文衛編著『平安の都』朝日新聞社、一九九四年）
「王朝の昼と夜」（村井康彦編〈京の歴史と文化1 長岡・平安時代〉『雅――王朝の原像』講談社、一九九四年）
「変貌する平安京」（村井康彦編〈京の歴史と文化2 院政・鎌倉時代〉『武――貴族と鎌倉』講談社、一九九四年）
「平安京の沿革――平安後期」（角田文衛総監修『平安京提要』角川書店、一九九四年）
「源氏平氏と平安京」（森浩一編『平安京の不思議』ＰＨＰ研究所、一九九四年）
「賀茂祭管見」（『賀茂文化研究』第四号、一九九五年）
「平安京と宮殿」（『国文学解釈と鑑賞』別冊『源氏物語の鑑賞と基礎知識』一「桐壺」至文堂、一九九八年）
「里内裏とくらし」（『国文学解釈と鑑賞』別冊『源氏物語の鑑賞と基礎知識』七「帚木」至文堂、一九九九年）
「平安京の住み分け」（『国文学解釈と鑑賞』別冊『源氏物語の鑑賞と基礎知識』八「夕顔」至文堂、二〇〇〇年）
「宇治の別業・木幡の墓地」（『国文学解釈と鑑賞』別冊『源氏物語の鑑賞と基礎知識』二十五「浮舟」至文堂、二〇〇二年）
「賀茂祭」（『国文学解釈と鑑賞』別冊『源氏物語の鑑賞と基礎知識』三十五「若菜下」至文堂、二〇〇四年）
「王朝期の鴨川」（『国文学 解釈と鑑賞』別冊『源氏物語の鑑賞と基礎知識』三十六「蓬生・関屋」至文堂、二〇〇四年）

「邸宅の売買と相続」（倉田実編『王朝文学と建築・庭園』竹林舎、二〇〇七年）
「王朝期の住まい――里内裏と京の風景」（日向一雅編『源氏物語と平安京』青簡舎、二〇〇八年）
「貴族階級と源氏物語の世界」・「受領の世界」（瀧浪貞子編『源氏物語を読む』吉川弘文館、二〇〇八年）
「日本古代の地震――平安時代を中心に」（紫式部学会編『むらさき』第五十二輯、二〇一五年）
「王朝文学と受領」（紫式部学会編『むらさき』第五十三輯、二〇一六年）
「王朝社会の疫病・御霊会」（『〈京都通の文化誌〉創造する市民』一一六号、京都市生涯学習振興財団、二〇二一年）
発掘成果を主とした参考文献（発表年順）

京都府教育庁指導部文化財保護課編『平安京跡（右京一条三坊九町）昭和五十四年度発掘調査概要』『埋蔵文化財発掘調査概報』一九八〇 - 第三分冊、京都府教員委員会、一九八〇年
京都府教育庁指導部文化財保護課編『平安京跡（右京一条三坊九・十町）昭和五十五年度発掘調査概要』一九八一 - 第一分冊、京都府教員委員会、一九八一年
京都市埋蔵文化財研究所編『平安京右京六条一坊――平安時代前期邸宅跡の調査』『京都市埋蔵文化財研究所調査報告』第十一冊、京都市埋蔵文化財研究所、一九九二年

なお、平安京に関して全体像を述べた参考文献を二、三挙げておくと、建都千二百年記念に合わせて刊行された角田文衞監修『平安京提要』（角川書店、一九九四年）がある。また京民の暮らしや都の動向に焦点をおいた近作に西山良平『都市平安京』（前掲）があり、西山良平・藤田勝也編『平安京の住まい』（京都大学学術出版会、二〇〇七年）は共同研究をベースにした平安京の住宅について多角的に説いた論集である。

本書執筆に際して参照した文献（発表年順）

沢田吾一『奈良朝民政経済の数的研究』冨山房、一九二七年

これによれば、平城京の人口割り出しに明治期の総人口と東京のそれの比（三十五対一）を援用しているが、一極集中の度合に開きがあるから問題もあろう。したがって見当をつける目安に過ぎない。

高群逸枝『招婿婚の研究』理論社、一九五三年

竹内理三「口伝と教命」『律令制と貴族政権Ⅱ』お茶の水書房、一九五八年

岸上慎二『清少納言』吉川弘文館、一九六二年

角田文衛「右京の侍従池領」（『古代文化』第十巻第二、四号連載、一九六三年）

足利健亮「京都の逗子について」（藤岡謙二郎編『現代都市の問題』地人書房、一九六六年）

今井源衛『紫式部』吉川弘文館、一九六六年

橋本万平『日本の時刻制度』塙書房、一九六六年

滝川政次郎『京制並に都城制の研究』角川書店、一九六七年

村井康彦『平安貴族の世界』徳間書店、一九六八年

中村直勝「延喜銭『拾』貫文」（古代学協会編『古代学』第十六巻第二・三・四合併号、一九六九年）

角田文衛「関白師実の母」『王朝の映像』東京堂出版、一九七〇年（初出一九六六年）

藤井一二「平安時代の土地売買について」（日本歴史学会編『日本歴史』二七一号、一九七〇年）

白石太一郎・伊東玄三・近藤喬一「平安京三条西殿跡発掘調査報告」（『平安博物館研究紀要』第三輯、古代学協会、一九七一年）

清水好子『紫式部』岩波書店、一九七三年

村井康彦『古京年代記』角川書店、一九七三年

馬場あき子『鬼の研究』三一書房、一九七四年

藤井一二「平安時代の銭貨と土地売買」(日本歴史学会編『日本歴史』三一二号、一九七四年)
村井康彦『王朝貴族』〈『日本の歴史』第八巻〉小学館、一九七四年
田中元『古代日本人の時間意識』吉川弘文館、一九七五年
服部敏良『王朝貴族の病状診断』吉川弘文館、一九七五年
京都市編〈京都の歴史⑩〉『年表・事典』(林屋辰三郎責任編集)学芸書林、一九七六年
笠井昌昭「古代における〝中央的なるもの〟と〝地方的なるもの〟」(日本思想史学会編『日本思想史』3、ぺりかん社、一九七七年)
高橋康夫「辻子——その発生と展開」『京都中世都市史研究』思文閣出版、一九八三年(初出『史学雑誌』八六編六号、一九七七年)
目崎徳衛「桓武天皇と怨霊」『王朝のみやび』吉川弘文館、一九七八年
西村亨『王朝びとの四季』講談社、一九七九年
鈴木進一「東朱雀大路考」(国学院大学史学大学院会編『史学研究集録』第六号、一九八〇年)
足利健亮「突抜考——歴史地理学的史料批判」(大阪府立大学『社会科学論集』第十一・十二合併号、一九八一年)
瀧浪貞子「東朱雀大路と朱雀川」(京都女子大学史学会編『史窓』四〇号、一九八三年)
田中嗣人『日本古代仏師の研究』吉川弘文館、一九八三年
目崎徳衛『百人一首の作者たち——王朝文化論への試み』角川書店、一九八三年
足利健亮「越前国司下向の旅」(随想たけふ編集委員会編『随想たけふ』武生市(現越前市)一九八四年)
上村悦子『赤染衛門』新典社、一九八四年
鎌田元一「日本古代の人口について」(『木簡研究』第六号、一九八四年)
岸俊男「人口の試算」『古代宮都の探求』塙書房、一九八四年
渋沢敬三・神奈川大学日本常民文化研究所編『新版絵巻物による　日本常民生活絵引』平凡社、一九八四年

山中裕『和泉式部』吉川弘文館、一九八四年
清水好子『恋歌まんだら 和泉式部』〈王朝の歌人6〉集英社、一九八五年
直木孝次郎『持統天皇』吉川弘文館、一九八五年（新装版）
村井康彦「都鄙意識の形成」『王朝文化断章』教育社、一九八五年（初出一九八三年）
橋本義彦「貴族政権の政治構造」『平安貴族』平凡社、一九八六年（初出一九七六年）
増田繁夫『冥き途——評伝 和泉式部』世界思想社、一九八七年
横田健一『道鏡』吉川弘文館、一九八八年（新装版）
市川久編『蔵人補任』続群書類従完成会、一九八九年
村井康彦「王権の継受——不改常典をめぐって」（国際日本文化研究センター編『日本研究』一号、一九八九年）
村井康彦『平安京と京都』三一書房、一九九〇年
栄原永遠男『天平の時代』〈『日本の歴史』4〉集英社、一九九一年
高群逸枝編、栗原葉子・弘校訂『日本古代婚姻例集』高科書店、一九九一年
瀧浪貞子『平安建都』〈『日本の歴史』5〉集英社、一九九一年
村井康彦「国風文化の創造と普及」『文芸の創成と展開』思文閣出版、一九九一年（初出『日本歴史4〈古代4〉』岩波書店、一九七六年）
村井康彦「私日記の登場——男日記と女日記」『文芸の創成と展開』思文閣出版、一九九一年（初出、東京大学国語国文学会編『国語と国文学〈王朝日記の研究〉』第六十四巻第十一号、至文堂、一九八七年）
井上満郎「平安京の人口について」（『京都市歴史資料館紀要』第十号、京都市歴史資料館、一九九二年）
中川真『平安京 音の宇宙』平凡社、一九九二年
保立道久「文献と絵画史料からみたトイレ」ほか（文化庁文化財保護部監修『月刊文化財』三五〇号、第一法規出版、一九九二年）

網野善彦「日本人の聖なる空間」(『波』二十七巻五号、新潮社、一九九三年)
足利健亮「辻子と突抜」(足利健亮編『京都歴史アトラス』中央公論社、一九九四年)
鬼頭清明「古代都市における人口問題」『日本史研究』三八八号、一九九四年
金田章裕「〝京都〟をどう呼んだか——京都・洛中・洛陽・上辺・上京」(『日本「歴史地名」総覧』(『歴史読本』特別増刊))一九九四年
黒板伸夫『藤原行成』吉川弘文館、一九九四年
古代学協会・古代学研究所編『平安京提要』角川書店、一九九四年
古藤真平「京内荘園の伝領——侍従池領」(角田文衞編著『平安の都』朝日新聞社、一九九四年)
竹居明男「平安京街路名異称集成(稿)——平安時代を中心に」(古代学協会編『古代文化』第四十六巻第一号、一九九四年)
角田文衞監修、古代学協会・古代学研究所編『平安時代史事典』角川書店、一九九四年
村井康彦『平安京物語』小学館、一九九四年
村井康彦編『図説 平安京』淡交社、一九九四年
山田邦和「平安京の化物屋敷——鬼殿」(角田文衞編著『平安の都』朝日新聞社、一九九四年)
『甦る平安京』〈平安建都一二〇〇年記念〉京都市、一九九四年
寺升初代「平安京の土地売券」(古代学協会編『古代学研究所研究紀要』第五輯、一九九五年)
村井康彦編『よみがえる平安京』淡交社、一九九五年
保立道久『平安王朝』岩波新書、一九九六年
村井康彦『平安京年代記』京都新聞社、一九九七年
山中章『日本古代都城の研究』柏書房、一九九七年
吉川真司『律令官僚制の研究』塙書房、一九九八年

橋本義則「平安時代のトイレと便器に関する予察」・「平安時代のトイレと便器関係漢文史料（稿）」（奈良国立文化財研究所編〈研究代表者 黒崎直〉『トイレ遺構の総合的研究――発掘された古代・中世トイレ遺構の検討』「第Ⅳ章 トイレ研究の現状と課題」奈良国立文化財研究所、一九九八年）
藤原京、平城京、長岡京、平安京、鴻臚館跡、平泉の柳之御所・伽羅御所ほかのトイレに関しても上記報告書および各発掘調査報告書を参照。
藤本宗利『感性のきらめき 清少納言』新典社、二〇〇〇年
大津透『道長と宮廷社会』〈日本の歴史 第6巻〉講談社、二〇〇一年
植木朝子『「梁塵秘抄」とその周縁――今様と和歌・説話・物語の交流』三省堂、二〇〇一年
吉川真司「平安京」（吉川編『日本の時代史5 平安京』吉川弘文館、二〇〇二年）
米田雄介『藤原摂関家の誕生――平安時代史の扉』吉川弘文館、二〇〇二年
倉本一宏『一条天皇』吉川弘文館、二〇〇三年
瀧浪貞子『女性天皇』集英社、二〇〇四年
西山良平「平安京のイエと排泄・トイレ」『都市平安京』京都大学学術出版会、二〇〇四年
畑正高『香三才――香と日本人のものがたり』東京書籍、二〇〇四年
美川圭「後三条天皇――中世最初の帝王」（元木泰雄編〈古代の人物⑥〉『王朝の変容と武者』清文堂、二〇〇五年）
元木泰雄「藤原頼通――欠け行く望月」（元木編〈古代の人物⑥〉『王朝の変容と武者』清文堂、二〇〇五年）
金田章裕編『平安京――京都 都市図と都市構造』京都大学学術出版会、二〇〇七年
角田文衛『紫式部伝――その生涯と『源氏物語』』法藏館、二〇〇七年
西山良平・藤田勝也編『平安京の住まい』京都大学学術出版会、二〇〇七年
鈴木拓也『戦争の日本史3 蝦夷と東北戦争』吉川弘文館、二〇〇八年

元木泰雄「源氏物語と王権」(瀧浪貞子編『源氏物語を読む』吉川弘文館、二〇〇八年)
植木朝子『梁塵秘抄の世界――中世を映す歌謡』角川書店、二〇〇九年
黒崎直『水洗トイレは古代にもあった――トイレ考古学入門』吉川弘文館、二〇〇九年
増田繁夫『平安貴族の結婚・愛情・性愛――多妻制社会の男と女』青簡社、二〇〇九年
山田邦和『京都都市史の研究』吉川弘文館、二〇〇九年
倉本一宏『三条天皇――心にもあらでうき世に長らへば』ミネルヴァ書房、二〇一〇年
古瀬奈津子『摂関政治』岩波新書、二〇一一年
北村優季『平安京の災害史――都市の危機と災害』吉川弘文館、二〇一二年
今正秀『藤原良房――天皇制を安定に導いた摂関政治』山川出版社、二〇一二年
西山良平・藤田勝也編『平安京と貴族の住まい』京都大学学術出版会、二〇一二年
木本好信『藤原四子――国家を鎮安す』ミネルヴァ書房、二〇一三年
増田繁夫『評伝　紫式部――世俗執着と出家願望』和泉書院、二〇一四年
青島麻子『源氏物語虚構の婚姻』武蔵野書院、二〇一五年
木本好信『藤原種継――都を長岡に遷さむとす』ミネルヴァ書房、二〇一五年
西山良平・鈴木久男・藤田勝也編『平安京の地域形成』京都大学学術出版会、二〇一六年
山本淳子『紫式部日記と王朝社会』和泉書院、二〇一六年
瀧浪貞子『藤原良房・基経――藤原氏のはじめて摂政・関白したまう』ミネルヴァ書房、二〇一七年
池田節子『紫式部日記を読み解く――源氏物語の作者がみた宮廷社会』〈倉本一宏監修「日記で読む日本史」六〉
臨川書店、二〇一七年
橋本義則『日本古代宮都史の研究』青史出版、二〇一八年
海上貴彦「大殿の政務参加――藤原道長・師実を事例として」(古代学協会編『古代文化』第七十巻第二号、二〇

一八年）
河添房江『源氏物語越境論――唐物表象と物語享受の諸相』岩波書店、二〇一八年
橋本義則『日本古代宮都史の研究』青史出版、二〇一九年
吉岡幸雄『吉岡幸雄の色百話――男たちの色彩』世界文化社、二〇二〇年
樋口健太郎「藤原道長の権力継承構想とその展開」（『龍谷大学論集』第四九六号、二〇二〇年）
山中章「平安京と遊猟」広瀬数尾・山中章・吉川真司『王宮と王都』〈講座 畿内の古代学 第Ⅲ巻〉雄山閣、二〇二〇年
藤田勝也『平安貴族の住まい――寝殿造から読み直す日本住宅史』吉川弘文館、二〇二一年
本間洋一『詩人たちの歳月――漢詩エッセイ』和泉書院、二〇二一年
江里康慧『仏師から見た日本仏像史――一刀三礼、仏のかたち』ミネルヴァ書房、二〇二一年
高松百香「〝一帝二后〟がもたらしたもの――一条天皇、最後のラブレターの宛先」（『日本歴史』編集委員会編『恋する日本史』吉川弘文館、二〇二一年）
大津透『藤原道長――摂関期の政治と文化』〈日本史リブレット一九〉山川出版社、二〇二二年

歌集・史書など

竹内理三編『平安遺文』全十五巻、東京堂出版、一九四七年～八〇年
川口久雄校注『菅家文草・菅家後集』〈日本古典文学大系72〉岩波書店、一九六六年
阿部秋生・秋山虔・今井源衛校注・訳『源氏物語』〈日本古典文学全集〉全六巻、小学館、一九七〇～七六年
石田譲二訳注『枕草子』上・下、角川書店、一九七九・八〇年
武田早苗・佐藤雅代・中周子『賀茂保憲女集・赤染衛門集・清少納言集・紫式部集』〈久保田淳監修「和歌文学大系」二十〉明治書院、二〇〇〇年

『袋草紙』〈藤原清輔著の歌論書〉「続群・和歌」藤岡忠美校注『袋草紙』〈新日本古典文学大系二九〉岩波書店、一九九五年
『元輔集』圖書寮蔵『桂宮本叢書』第一巻「私家集一」養徳社、一九六二年
『古今和歌集』〈日本古典文学全集七〉校注・訳小沢正夫、小学館、一九七一年
黒板伸夫・森田悌編『日本後紀』集英社、二〇〇三年

平安京の四〇〇年
——王朝社会の光と陰——

2023年9月30日　初版第1刷発行　〈検印省略〉

定価はカバーに
表示しています

著　者　朧　谷　寿
編集協力　伊　東　ひとみ
発行者　杉　田　啓　三
印刷者　江　戸　孝　典

発行所　株式会社　ミネルヴァ書房
607-8494 京都市山科区日ノ岡堤谷町1
電話代表（075）581-5191
振替口座 01020-0-8076

共同印刷工業・新生製本

ISBN978-4-623-09569-8
Printed in Japan

《著者紹介》

朧谷　寿（おぼろや・ひさし）

1939年　新潟県生まれ。

　　　　同志社大学文学部文化学科文化史学専攻卒業。

　　　　平安博物館助教授，同志社女子大学教授を経て，
現　在　同志社女子大学名誉教授。公益財団法人古代学協会理事長。社団法人紫式部顕彰会副会長。平成16年度京都府文化賞功労賞受賞，令和３年度京都市芸術振興賞受賞。

主　著　『源頼光』吉川弘文館（人物叢書），1989年。

　　　　『日本の歴史６　王朝と貴族』集英社，1991年。

　　　　『藤原氏千年』講談社現代新書，1996年。

　　　　『平安貴族と邸第』吉川弘文館，2000年。

　　　　『藤原道長』ミネルヴァ書房（ミネルヴァ日本評伝選），2007年。

　　　　『堀河天皇吟抄』ミネルヴァ書房（叢書・知を究める），2014年。

　　　　『平安王朝の葬送——死・入棺・埋骨』思文閣出版，2016年。

　　　　『藤原彰子』ミネルヴァ書房（ミネルヴァ日本評伝選），2018年，ほか。

《編集協力》

伊東ひとみ（いとう・ひとみ）

1957年　静岡県生まれ。
　　　　奈良女子大学理学部生物学科（植物学専攻）卒業。
　　　　京都大学木材研究所，奈良新聞文化面記者を経て，
現　在　文筆家・編集者。
主　著　『恋する万葉植物』（千田春菜・絵）光村推古書院，2010年。
　　　　『漢字の気持ち』（高橋政巳と共著）新潮文庫，2011年。
　　　　『キラキラネームの大研究』新潮新書，2015年。
　　　　『地名の謎を解く——隠された「日本の古層」』新潮選書，2017年，ほか。

人名索引

さ　行

た　行

な　行

は　行

ま　行

や　行

ら・わ行

事項索引

あ　行

か　行

さ 行

た 行

な　行

は　行

ま　行

や　行

ら・わ行